조선 국왕의 상징

본 저서는 2013년 대한민국 교육부와 한국학중앙연구원(한국학진흥사업단)의
한국학 총서(왕실문화총서) 사업의 지원을 받아 수행된 연구임(AKS-2013-KSS-1230005)

조선 국왕의 상징

초판 1쇄 발행 2018년 2월 28일

지은이 | 정재훈
펴낸이 | 조미현

편집주간 | 김현림
디자인 | 정은영

펴낸곳 | (주)현암사
등록 | 1951년 12월 24일 제10-126호
주소 | 04029 서울시 마포구 동교로12안길 35
전화 | 365-5051~6 · 팩스 | 313-2729
전자우편 | editor@hyeonamsa.com
홈페이지 | www.hyeonamsa.com

ISBN 978-89-323-1909-4 04910
ISBN 978-89-323-1908-7(세트)

이 도서의 국립중앙도서관 출판예정도서목록(CIP)은 서지정보유통지원시스템 홈페이지
(http://seoji.nl.go.kr)와 국가자료공동목록시스템(http://www.nl.go.kr/kolisnet)에서
이용하실 수 있습니다.(CIP제어번호 : CIP2018007107)

왕실문화
총서
1

조선 국왕의 상징

정재훈 지음

6 현암사

필자는 조선 전기의 유교정치사상을 공부하여 2001년 여름 박사학위 논문으로 제출하였다. 조선을 이끌었던 유교정치사상에서 경전인 『대학(大學)』의 중요성과 그것이 역사적 현장에서 실천되었던 측면을 살피다가 자연스럽게 조선시대의 '제왕학'에 관심을 갖게 되었다. 마침 학위를 마치고 서울대 규장각에서 연구와 일을 병행하면서 조선시대 국왕에 관련된 풍부한 자료를 접할 수 있게 되었다.

　사실 박사학위 논문에서도 언급하였지만 필자의 주된 관심은 조선시대 국왕이 절대적인 존재가 아니었다는 사실(史實)이었다. 왕조라는 피상적인 틀에서만이 아니라 조선왕조의 역사적 흐름과 변화를 자세하게 살펴보면 '국왕'이라는 왕조의 절대적인 존재도 끊임없이 견제되고 통제되며 신하들과 끊임없이 긴장 관계를 만들면서 존재할 수밖에 없던 측면이 있었다는 점을 확인할 수 있다. 이러한 특징은 매우 흥미로운 조선시대 역사의 특징이 아닐까 하는 문제의식에서 필자는 아직도 맴돌고 있다.

　하지만 규장각이 조선 후기에 왕실 도서관으로서의 역할을 하였던 곳이기에 규장각에 소장된 자료를 통해서 조선시대 국왕의 실상을 조금이나마 접하게 되면서 이전에 피상적으로 알고 있던 것과는 너무나 다른 면이 있음을 알게 되었다. 대체로 최근 20여 년 사이에 전통문화에 대한 관심이 높아졌고, 국왕과 왕실에 관한 내용에 대해서도 콘텐츠 활용의 측면에서 깊이 인지된 분위기와도 관련이 있을 것이다.

그러던 과정에서 필자는 서울대 인문학연구원을 거쳐서 경북대에서 교편을 잡게 되면서 국왕과 관련된 직접적인 연구에서 약간의 거리를 갖게 되었다. 자료의 물리적 활용에서는 한계를 가지게 되었지만 필자의 관심은 여전히 조선시대 국왕의 실체와 의미를 탐구하는 것이 주요 관심의 영역 가운데 하나이다. 다만 그동안 공부하고 정리한 내용을 한 번쯤 재점검할 필요를 느끼고 있었다.

그러던 차에 마침 한국학중앙연구원의 과제로서 '조선 국왕의 상징'이라는 주제로 국왕에 대해 전반적으로 정리할 기회를 갖게 되었다. 국왕 연구에 1차적인 정리를 생각하던 차에 이러한 주제는 필자에게 매우 큰 의욕을 갖는 계기가 되었다. 2013년 여름부터 시작된 3년에 걸친 연구 작업은 '조선시대 왕실 문화의 상징 코드'라는 대주제 아래 7개 분야(국왕, 왕비, 국새와 어보, 종묘와 신주, 국장과 왕릉, 의궤, 등록)에서 각각 교양 저서를 내는 것을 목표로 하였고, 이 책 역시 그 가운데 한 결과물이다.

각자의 주제는 달랐지만 공동연구팀은 3년의 연구 기간 동안 자신의 중간 연구 결과를 발표하였고, 서로 조언을 아끼지 않았다. 또한 필자의 경우 경북대 사학과의 대학원에서 관련 내용을 검토하고, 연구 내용을 정리하기도 하였다. 그러나 지금까지의 국왕 연구를 총결산하겠다는 초기의 과욕과 주위의 많은 도움에도 불구하고 지금 돌이켜보면 이 정도의 내용밖에 완성할 수 없는가 하는 자괴감이 드는 것도 사실이다.

하지만 이러한 내용 정도라도 조선시대 국왕을 이해하는 데에 약간의 도움이 되지 않을까 하는 생각이 들기도 한다. 이 책은 제목에서도 알 수 있듯이 조선 국왕의 상징에 관한 것을 내용으로 한다. 그래서 상징을 세 가지 방면에서 접근하였다. 즉, 전통적인 사유 체계와 연결하여 사상적 측면과 천지인(天地人)의 측면, 그리고 의식주의 측면이다.

전통적인 사유 체계와 관련하여서는 조선시대의 국왕을 유학, 곧 성리학으로만 설명하지 않고 원시 신앙이나 불교, 도교의 다양한 사상적 요소를 고려하려고 시도하였다. 물론 조선시대 국왕을 상징하는 최대의 요소는 성리학에서 찾을 수 있다. 그러나 이 역시 성리학에서 국왕을 어떻게 이해하였는지에 대해서는 새롭게 이해할 수 있는 측면이 적지 않음을 유의하였다.

천지인의 세 가지 방면에서 국왕의 상징을 분석한 것은 아마 필자의 이번 시도가 처음이 아닐까 생각된다. 조선시대 국왕이 하늘을 대리하는 상징을 가진 존재이지만 동시에 여기에 제한이 되는 요소를 살폈다. 또 땅과의 관계에서, 그리고 사람의 측면에서 국왕이 어떤 상징을 가졌는지에 대해서도 살펴보았다.

의식주의 측면에서는 국왕을 구체적으로 상징하는 것이 매우 많다. 자세하게 살펴본다면 그 세부적인 내용 하나하나가 방대한 내용이 되겠지만 여기서 최소한으로 살펴본 것은 세부적인 내용의 연구에서 필자가 가진 한계가 분명하기 때문일 것이다.

거듭 밝히지만 국왕의 상징에 관련된 이 정도의 내용도 기존에 국왕에 관련된 연구가 크게 진작되었기 때문에 거기서 힘입은 바가 크다.

그러나 필자가 거듭 주장한 바와 같이 조선시대 국왕은 이전의 어떠한 지배자보다 고도의 상징을 가진 존재였지만 그러한 상징은 결국 국왕을 떠받치는 백성과 함께 존재하지 않으면 소용이 없는 것이었다. 민생과 민본이 결국 최고의 상징으로 뒷받침되지 않는 국왕의 상징이란 힘없이 무너질 수밖에 없는 표지에 불과하기 때문이다.

이러한 작은 연구 성과에도 많은 이들의 도움이 있었음을 기억하지 않을 수 없다. 공동연구의 책임자로서 분투하고 격려해주신 경상대 김해영 교수님과 공동연구원 선생님들, 그리고 책의 내용을 검토하는 과정에서 조언을 준 김정운 박사, 사진 자료 등을 구하는 데에 도움을 준 이민식 수원박물관 학예팀장님, 이현진 박사, 양웅렬 박사, 이인복 석사 등의 도움은 필수적이었다. 그리고 현암사의 조미현 대표님과 김현림 주간님의 수고가 없었다면 이 책이 나오는 것은 어려웠을 것이다. 머리 숙여 깊이 감사를 표하는 바이다. 또한 한결같이 지지와 성원을 보내는 가족들에게도 이 책이 조그마한 보상이 되길 기대한다.

2018년 2월
베이징대학교 연구실에서
정재훈 씀

국왕과 상징

우리가 전통시대라고 하면 가장 쉽게 머리에 떠오르는 나라가 조선이다. 조선왕조는 근대 이전 가장 가까운 왕조이면서 현재까지 우리의 구체적인 삶과도 이어지는 왕조이기도 하다. 그런 조선왕조에 대해서는 그사이 너무나 많은 이미지들이 교과서, 그림과 사진, 드라마, 영화, 소설 등의 다양한 형식으로 제공되었기에 조선왕조에 대해 상상하기는 어렵지 않다. 오히려 다른 왕조에 비해서 우리가 아는 것이 상대적으로 매우 많은 듯도 하다.

조선왕조의 임금은 다른 시대와는 달리 당대에 그린, 혹은 당대를 반영하는 초상화까지 남아 있기에 아주 구체적으로 떠올릴 수 있다. 너무나 친숙한 태조 이성계나 영조의 어진은 다른 시대의 임금과는 달리 매우 구체적이다. 더구나 조선왕조의 유적은 지금도 곳곳에 남아 있어서 그들의 구체적인 일상을 쉽게 접근할 수 있을 것만 같다.

하지만 지금까지 알려진 조선왕조의 실상을 한 꺼풀만 거두면 그리 간단하지 않은 조선왕조의 속살을 다시 확인할 수 있다. 가장 대중적으로 널리 알려진 국왕의 경우에도 과연 우리가 알고 있는 것이 전부인지 혹은 정확한 사실인지 다시 질문하지 않을 수 없을 정도로 그 내용이 빈약하거나 잘못 알려진 것이 적지 않다.

조선시대의 국왕은 국권을 소유한 절대적인 존재였다. 그러한 왕은 매우 다양한 형태로 표현되었다. 상징은 그 가운데서 왕을 떠올릴 수 있는 매우 구체적인 것이다. 원래 상징은 직접 지각할 수 없는 의미나 가치 등의 무엇인가를 어떤 유사성에 의해서 물건이나 동물 등으로 구상화한 것을 말한다. 왕관이라든가 궁궐, 어진(御眞)과 같은 초상화가 왕의 상징이 되는 것처럼 왕의 상징이란 이를 통해서 왕을 떠올릴 수 있게 하는 것이다.

그러나 이 책에서 다루는 왕의 상징은 구상화된 것만을 의미하지는 않는다. 왕이라는 상징은 구상화된 어떤 것에 의해서도 표현되지만 구상으로 표현되지 않아도 왕이라고 느낄 수 있는 것이 있다. 예를 들어 조선시대 기록화에 국왕은 표현되지 않는 존재였다. 국왕의 신체를 직접 그리지 않는 것 자체가 국왕에 대한 존엄을 표시하는 방법이었고, 비어 있는 의자에 국왕을 그리지 않음이 곧 왕의 상징이었다.

뿐만 아니라 무형의 것에도 왕의 상징을 상정해볼 수 있다. 왕도(王道) 정치가 조선시대 국왕이 마땅히 해야 할 것이라면 '왕도 정치' 역시 왕의 상징이며, 이와 비슷한 '민본(民本)' 역시 왕의 상징이었다. 왕통(王統)과 도통(道統)의 일치를 구현하는 성인 군주를 드러내는 '군사(君師)'라는 용어 역시 조선시대 국왕의 상징이라고 볼 수 있다.

요컨대 단순하게 구상화되고 외형화된 것을 기준으로 한다면 왕의 상징은 왕을 나타내는 구체적인 것이라고 할 수 있으나 국왕이라고 할 때 떠오르는 이미지 가운데는 구체화된 것만이 아니라 무형의 것도 왕의 상징으로 이해할 수 있다. 사실 외형화된 구체적인 것도 그 이면에는 왕으로 대표되는 어떤 무형의 이미지를 염두에 두고 이를 구체적인 사물과 연결시킨 것이 대부분이다.

따라서 이 책에서는 왕의 상징에 대해 구상화된 것과 무형의 것을 통합하여 이해하려고 한다. 물론 이를 나누어 설명하기도 하지만 경우에 따라서는 구상화된 상징과 무형의 상징을 연결하여 설명하기도 할 것이다. 또한 국왕의 상징에 대한 것을 다양한 방식으로 이해해보려 한다.

조선의 국왕은 우리나라에서 국왕 제도의 역사적 발전 가운데 마지막 단계에 해당하며, 같은 시기의 중국이나 유럽과도 대비해 볼 수 있다. 한편 왕의 상징은 당시 유행하던 사상과 깊은 연관이 있을 수밖에 없다. 그러나 조선시대라고 하여 왕에 대한 상징이 유학 내지 성리학과만 연결될 것이라고 보는 것은 단편적인 이해일 수 있다. 이 점에 유의하여 유교만이 아니라 원시 신앙, 불교, 도교에서 유래한 왕의 상징성은 없는지, 있다면 어떤 관련성이 있는지 살펴보려 한다. 물론 조선시대 국왕의 상징에 가장 큰 영향을 준 것은 유교라는 분명한 사실을 전제하면서이다.

그리고 왕(王)이라는 글자 자체가 하늘과 땅, 사람을 연결하는 존재에서 출발하는 만큼 조선시대 국왕의 상징성에 관해 하늘·땅과 연관된 상징, 사람과 연관된 상징으로 나누어 살펴본다. 특히 사람과 연관된 상징 속에는 국왕이라는 존재가 혈연적으로는 왕통의 계승자이지만 동시에 도통(道統)의 계승자로서 성인(聖人)의 학문인 성학(聖學)을 이은 존재라는 점을 지적하려 한다. 이를 위해서 필요하였던 세자나 세손의 교육에 대한 설명도 부가하였다. 그리고 조선의 제왕학으로서 성학의 내용은 무엇인지 또 어떻게 변화하였는지도 살펴본다.

　마지막으로 살펴본 것은 국왕은 의식주의 모든 영역에서 그 상징성을 분명하게 드러내는 존재였다는 점이다. 국왕의 모든 일상 속에는 일반인과 달리 구분되는 명확한 것들이 많았다. 이러한 구체적인 것에는 모두 국왕을 빛나게 하는 상징들이 들어가 있었으며, 경우에 따라서는 국왕에게 검약과 절제를 요청하는 것들도 있었다. 국왕의 상징에는 국왕에 대한 존엄과 동시에 국왕에 대한 기대도 포함되었기 때문이다.

　이 책에서 주목하는 것은 조선시대 국왕의 상징이 단지 국왕이 일반인과 얼마나 차별되었는지를 밝히는 데에 있지 않다. 최근에 국왕과 왕실에 대한 연구 결과가 종래에 비해 많이 제출되었는데, 대부분의 연구는 이전까지 잘 밝혀지지 않았던 미시적인 연구에 착목하여 조선시대의 국왕과 왕실의 구체적인 실상, 운영의 구체적인 모습에 초점을 두는 경우가 많다. 이러한 연구가 축적되어 국왕과 왕실에 대한 구체적인 이해에 도움을 주는 것은 바람직하다고 할 수 있다. 하지만 조선시대 국권의 주체인 국왕이라고 하더라도 국왕은 결국 국가의 구성원인 백성이 없으면 의미 없는 존재이고 국왕의 상징은 백성들을 타자로 설정하지 않으면 의미가 없는 것이었다. 백성들로부터 존경을 받을 때라야 상징으로 존엄을 갖출 수 있기 때문이다. 상징이 상징으로 이해되고 존중받게 될 때 국왕의 상징은 국왕을 국왕답게 할 수 있었던 것이다. 이 책에서 다루고자 하는 것은 바로 이러한 상징들이 얼마나 제대로 상징성을 발휘할 수 있었는지, 상징의 변화는 없었는지 하는 문제이다. 이러한 문제들을 얼마나 효과적으로 다루었는지는 앞으로의 서술 과정에서 판단해볼 수 있을 것이다.

국왕의 시공간적 좌표

1. '왕' 제도의 역사적 변천

1) 중국에서의 변천

왕에서 황제로

조선시대에 국왕을 가리키는 용어에는 여러 가지가 있다. '왕(王)', 묘호(廟號)로서의 '~조(祖)'나 '~종(宗)', 존호(尊號), 시호(諡號) 등이 있고, 『조선왕조실록』에서는 일상적으로 당대의 임금을 가리킬 때 '상(上)'이라는 표현을 쓰기도 한다. 최고 지배자를 부르는 명칭이 다양한 것은 그 상황, 즉 시기나 조건에 따라 달라질 수 있다. 그럼에도 대체적으로 조선시대의 최고 지배자를 부르던 가장 일반적인 명칭은 '왕'이라고 볼 수 있다.

그렇다면 이 '왕'이라는 호칭은 어떻게 나온 것일까? '왕'은 역사적으로 볼 때 수많은 제도의 축적 속에 나온 것으로 볼 수 있다. 특히 최고의 지배자를 가리키는 용어로서 '왕'은 역사적인 유래를 추적해보면 중국에서 처음 등장하였다. 상(商)나라나 주(周)나라에서 최고의 지배자를 뜻하는 용어로서 '왕'이 쓰였던 것이다. 아직은 '천자(天子)'나 '황제(皇帝)'라는 용어가 없던 때이므로 '왕'은 천자에 해당하는 최고의 지배자를 의미하였다.[1]

『설문해자(說文解字)』에는 '왕'에 대해서, 천하가 귀의(歸依)하는 곳이라고 하였다. 또 동중서(董仲舒)의 말을 빌려서 옛날에 문자를 만드는 사람이 세 번 획을 긋고 그 가운데를 이어서 '王'이라고 하였다고 했다. 이때 세 개의 획은 하늘, 땅, 사람을 의미하며 이 세 가지를 관통하는 것이 '왕'이라고 하였다. 또 공자의 말을 인용하여 하나로써 세 가지를 관통하는 것이 왕이라고도 했다. 이런 설명을 염두에 둔다면 '왕'이라는 용어 하나만으로도 더 이상의 존칭이 존재하지 않는, 하늘과 땅과 사람을 모두 관장하는 최고의 지배자라는 의미가 된다.

'왕'이라는 호칭이 등장한다는 것은 '왕'이 지배하는 대상, 곧 일정한 영역에서 왕의 지배가 실현되는 정치적 기구가 존재한다는 의미이다. 실제로 중원의 황토 지대에 흩어져 있던 많은 읍(邑)이 유력한 읍을 중심으로 중층(重層)적으로 편성된 조직으로서의 국가에서 최고 수장을 의미하는 것이 왕이었다.

춘추시대(春秋時代)에는 점차로 주나라의 통치 능력이 약화되어 군웅이 할거하는 시대가 되었지만 주왕(周王)의 책봉을 받은 군주가 스스로 왕이라고 칭하는 경우는 없었다. 초(楚), 오(吳), 월(越)나라가 왕을 스스로 칭하였던 것은 주나라를 무시하는 것으로 보았다. 그러나 봉건

---

1   상나라에는 제(帝) 또는 상제(上帝)라는 개념이 있었으나 이는 종교적 관념과 연관되어 자연과 인사를 주재하는 지상신이었으며, 이는 정치적 지배자를 가리키는 용어는 아니었다.

제가 붕괴하기 시작한 전국시대(戰國時代)에는 왕 아래에 있던 제후들이 스스로 왕이라 칭하면서 왕의 칭호가 지니는 절대적 가치가 크게 떨어지게 되었다. 최고 지배자에 대한 칭호가 다시 새로운 절대적 위상을 가지며 된 것은 '황제' 칭호가 제정된 이후이다. 전국시대를 통일한 진왕 정(政)은 일찍이 없었던 이 천하통일이라는 대업의 위상에 맞게 '황제(皇帝)'라는 칭호를 만들었다.

'황제'의 등장은 춘추전국(春秋戰國)이라는, 군웅이 할거하는 정치적 혼란과 그에 따르는 극심한 전쟁의 참화에서 벗어남을 의미하였다. 나아가 관세의 장벽과 도량형의 차이를 극복하고, 역사적 전통과 문화를 공유하는 새로운 공동체의 형성을 뜻하였다. 따라서 우주 질서의 주재자인 상제(上帝)를 뜻하는 황제의 칭호를 채택한 것은 진시황(秦始皇)의 업적이 그에 필적한다는 자신감의 발로이기도 했다. 진시황이 극묘(極廟)와 아방궁(阿房宮)을 천궁(天宮)의 모형으로 만든 것이나 한(漢)나라의 도성인 장안성(長安城)의 남벽과 북벽을 각각 남두(南斗)와 북두성(北斗星)의 형상에 맞추어 건설한 것은 이러한 관념이 투영되어 나타난 산물이다.

따라서 왕보다 우위에 있다는 의미로서 '제(帝)'의 개념이 성립되었다. 이 '제'의 개념이 만들어지는 데에는 도가(道家) 계열에서 자주 등장하였던 '황제(黃帝)'가 영향을 주었다. '황제'는 무력 통일 전쟁의 주역이자 최후의 승리자로 묘사되었고, 전국시대에 진왕을 비롯한 각국의 군주들은 스스로 '황제'임을 자임하였던 점을 고려해볼 때 왕보다는 우월한 존재로서의 황제를 희구하였고, 그 실현으로서의 황제를 설정하였던 것이다.

후대의 문헌인 『한서(漢書)』에는 "옛날에 황제(黃帝)가 있었다. 배와 수레를 만들어 백성에게 천하를 돌아다닐 수 있게 했다."라고 기록되어 있다. 그리고 "황제(黃帝) 헌원(軒轅)이 중국의 모든 나라를 건설했고 이에 따라 천하가 평화로워졌다"라며 황제(黃帝)를 칭송하여 황제가 구체적으로 헌원에게서 유래하였음을 밝히고 있다. 이러한 인식 때문에 황제는 이상적인 제왕의 모습으로 여겨져 전국시대에는 황제(黃帝)의 정치에 관한 황학(黃學)이 학문으로 등장하기도 하였다.

그 결과, 기원전 221년 진(秦)이 천하를 통일하고 진시황은 새로이 황제라는 칭호를 제정할 수 있었던 것이다. 비록 '황(黃)'을 '황(皇)'으로 바꾸기는 하였지만, 새롭게 출현한 '황제(皇帝)'는 종래 우월한 지배자, 현명한 사람이라는 의미에서의 왕이나, 천명을 받은 사람이라는 의미의 천자보다 명칭으로만 한 단계 높아진 것만은 아니다. 진시황이 황제(皇帝)라는 명칭을 통해 구현하려고 했던 것은 초월적이면서도 절대적인 황제권의 구축이었다. 그 황제권의 반대편에는 종래와는 다른 백성들에 대한 지배 방식으로서 제민(齊民) 지배 체제가 황제권을 뒷받침하였던 것은 당연한 귀결이다. 봉건제 아래에서 느슨하게 지배 질서가 구축되었던 상나라나 주나라와는 달리 군현제(郡縣制)를 기반으로 호적제도를 통해 개별 인민을 철저하게 파악하고, 이들로부터 최대한의 노동과 봉사를 강요하였던 체제가 제민 지배 체제라고 볼 때 강화된 황제권 안에는 그만큼의 강력한 지배가 숨어 있었다고 할 수 있다.

'황제(皇帝)'의 등장과 함께 종래 왕은 그 위치가 상대적으로 크게 낮아지게 되었다. 왕은 황제 아래에 있는 존재로 여겨져서 황제의 일족이나 공신에게 내려주는 칭호가 되었던 것이다. 또 대외적으로는 황제의 지배가 미치지 않는 외국의 군주를 왕으로 책봉하여 황제가 지배하는 세계의 일원이 되게 하기도 하였다. 따라서 이후 중화 문명권에서 '왕'은 중국 황제로부터 부여받는 칭호이며, 이는 곧 중국 황제에게 부속되어 복종한다는 의미이기도 하였다. 그리고 외국의 군주는 국왕(國王), 국내 황족의 경우는 친왕(親王) 또는 군왕(郡王) 등에 봉하였으며, 국왕은 군왕 등보다는 지위가 높았다. 그 때문에 외국의 왕이라 해도 별로 중요시하지 않는 나라의 경우에는 군왕 등으로 격하하는 칭호를 주는 경우도 있었다.

유가에 의한 황제의 수식(修飾)

진시황 이후 황제(皇帝)는 분명하게 최고 지배자를 지칭하는 용어가 되었지만 그러한 개념이 곧 최고 지배자의 배타적인 권리와 권한을 무한정으로 보장하는 것은 아니었다. 진의 멸망은 진의 전제주의를 지탱해 주었던 법가(法家) 사상이 백성들에 대한 군주의 일방적인 지배만을 의미했을 뿐 군주권의 정통성이나 국가의 공공성에 관한 논리를 결여했을 때 나타난 필연적인 결과일 수 있었다. 그에 대한 반성으로 진(秦) 다음에 등장한 한(漢) 왕조는 절대적인 황제권을 상정하면서도 한편으로는 황제 지배의 정통성을 새롭게 추구하였다. 한 왕조가 왕도(王道)와 패도(覇道)의 조화를 추구하고, 그 실제의 내용에서는 유가(儒家)와 법가(法家)의 절충을 추구하였던 것은 이유가 있었던 것이다.

한 왕조는 그렇게 유가 이념으로 분식(粉飾)한 법가적 지배를 추구하였는데, 유교를 국교화하면서 유교적 군주관을 드러내는 '천자(天子)'

는 황제와 나란하게 최고 지배자를 지칭하는 칭호로 복권되었다. 제국 내부를 대상으로 할 때에는 황제라는 칭호를 사용하였고, 주변국이나 민족과의 교류, 혹은 제사를 지낼 때에는 천자라는 호칭을 사용함으로써 절대적 통치자와 천명(天命)의 수임자로서의 신성성을 동시에 확보할 수 있게 되었다. 법가적 '황제'와 유가적 '천자'의 통합은 전제주의와 덕치주의의 결합이었다.

유교의 국교화 덕분에 현상적으로는 유가의 이념을 지배 이념으로 내세우게 되면서 유교는 최고 지배자인 황제에게 새로운 지배의 내용을 제공하게 되었다. 무력으로 황제권을 획득할 수는 있지만 영구한 지배를 폭력으로만 해결할 수는 없는 노릇이었다. 신민의 자발적인 지지를 끌어내는 것은 지속적인 지배를 위해서도 필수적인 요소였다. 이를 위해서는 황제 자신이 천하의 소유를 정당화할 수 있는 이념을 제시해야 했으며, '천하가 공공이다(天下爲公)'라는 생각은 이에 적절한 이념이었으며 공공은 천명(天命)을 받은 것으로 합리화되었다.

한나라 이전에도 천명의 주체로서 하늘은 생명의 원천으로서 인식되었다. 여기에 원시 국가에서는 하늘과의 교통 능력을 과시하는 무당적 성격의 지배자가 최고 지배자가 될 수 있었다. 다만 주나라 이후로는 지고의 신인 천(天)에 조상신의 성격이 없어지면서 우주의 이법(理法)이 덧붙여지고, 이에 따라 천명은 불변이 아니라 덕이 있는 자에게 옮겨질 수 있다는 사상이 나타났다.

한나라 이후에 유교가 국교화되면서 유가의 천명사상은 유가의 예악설(禮樂說)에 입각하여 만들어진 황제의 의례와 상징체계에서 근간이 되었다. 한나라의 창시자인 고조(高祖) 유방(劉邦)이 유가 의례의 전문가가 연출한 최초의 장엄한 조정 의례에서, 평소 무례하였던 공신들을 포함한 의례 참가자들 모두가 두려움과 존경으로 가득한 모습을 보고, "오늘에야 비로소 황제의 존귀함을 알게 되었노라."라고 말하였던 일화는 의례가 곧 황제의 상징이 되었음을 보여준다.

황제를 수식하는 것은 다양하였지만 특히 황제가 중심이 되어 행하는 의례는 다른 무엇보다 중요한 황제의 상징이었다. 특히 황제권의 정통성을 확인하고 과시하는 핵심 의례에서는 하늘에 제사 지내는 제천(祭天) 의례와 같은 다양한 국가 제례가 대표적이었다. 황제가 주재하는 종교 의례로서 제천 의례는 정치와 종교가 분화되지 않은 대표적인 사례이기는 하지만 무엇보다 황제의 신성성과 주술적 권위를 과시함으로써 지배 체제를 수식하고 더욱 강화하는 수단이었음이 분명하다.

전국시대와 진한시대를 거쳐 황제들은 주술적 신선이나 양생술 전문가로서 활동한 방사(方士)들을 총애하였고, 이들은 봉선(封禪) 의식이나 교사(郊祀) 의식, 명당(明堂)의 건립 등을 통해 황제권을 신비화하였다. 한 무제 때까지 이 방사들에 비해 열세에 있었던 유가들은 방사들의 제사 체계를 수용하여 유가의 예설에 입각하여 수정하고 이론화함으로써 황제의 의례를 새롭게 만들었다. 이렇게 만들어진 황제 의례는 명·청대까지 지속되었다.

예를 들어 봉선 의식을 보자. 원래 중국의 제왕이 정치상의 성공을 천지에 보고하기 위해서 행하였던 국가적 제사가 봉선(封禪)이다. '봉(封)'과 '선(禪)'은 원래 별개의 유래를 가지는 제사였다고 생각되는데, 산정의 하늘 제사를 '봉', 산록의 땅 제사를 '선'이라고 하며, 양자를 합쳐서 봉선의 제전이 성립되었다. 사실로서 확인할 수 있는 최초의 봉선은 진의 시황제 28년(기원전 219)에 행하여진 것이고, 이어서 한나라 무제 원봉 1년(기원전 110)에 행하여진 것에 의해서 상세한 것이 밝혀져 있다. 주목되는 것은 정치상의 성공의 보고와 함께 영원히 죽지 않고 신선이 된다는 '불사등선(不死登仙)'의 관념이 봉선에 수반되었던 점이며, 그 밖에 주술적 목적에서 비밀리에 이루어졌다.

그런데 후한 광무제 때에 거행된 봉선은 왕조가 천명을 받은 것을 전제로 하여 왕조가 바뀌는 것을 고하는 '역성고대(易姓告代)'를 목적으로 여러 신하들이 지켜보는 가운데 공개적으로 거행되었다. 한 무제 때의 태일(太一), 후토(后土)의 제사가 전한(前漢) 말에 계속 수정되어 나중에 왕망(王莽)에 의해 교사(郊祀) 제도로 정착되었던 과정도 비슷하다. 즉, 진나라가 자신들의 전통적인 제천 신앙으로 형식화하였던 옹치(雍畤) 제천 의례가 한나라 초까지 이어지다가 한 무제 때에는 천지 음양 사상이 제기되어 태일과 후토의 제사로 정리되었다. 그리고 천지에 대한 제사는 곧 군왕이 거주하는 도성을 중심으로 행해져야 한다는 유가의 제천 사상에 의해 남교(南郊)에서는 제천 의례가, 북교(北郊)에서는 제지(祭地) 의례가 성립되었던 것이다.

이 밖에도 명당(明堂)이나 조조(早朝), 자전(籍田) 의례도 마찬가지이다. 이 의례들은 황제의 의례가 갖는 상징성을 자연의 절대성에 비교하여 정당화하는 사례들로서 유교적 의례에 흡수되어 그대로 남아 있게 되었다.

명당은 원래 최고 지배자가 정령(政令)을 펴던 공간을 말한다. 이곳에서 선조(先祖)와 상제(上帝)를 제사하고, 제후의 조회(朝會)를 받으며, 존현(尊賢)·양로(養老)하는 국가의 큰 의식을 모두 치렀다. 시대에 따라

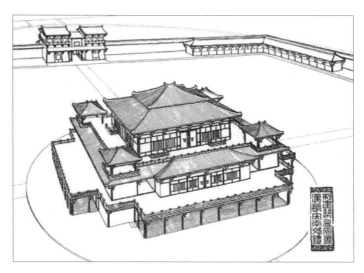

장안 명당 복원도(유돈정, 『중국고대건축사』에서 인용)

서 호칭을 달리하여 하(夏)나라에서는 세실(世室), 은(殷)나라에서는 중옥(重屋), 주(周)나라에서는 명당이라고 하였는데, 위는 둥글고 밑은 네모난 모양의 건축으로서, 『주례(周禮)』「고공기(考工記)」에서는 5실제(五室制)를 말하고, 『대대례기(大戴禮記)』에서는 9실제를 지칭하기도 하는데 정확한 것인지 알 수 없다.

중요한 것은 이 명당이 임금이 거처하는 곳 가운데 하나이며, 한 군데가 아니라는 점이다. 『예기』「월령(月令)」에는, "청양(靑陽)·총장(總章)·명당(明堂)·현당(玄堂) 등에 모두 좌우로 딸린 궁(宮)이 있어서 1년 열두 달에 번갈아가면서 거처하는 장소로 삼았다."라고 한 것처럼 천자가 태양의 운행을 모방하여 사계절의 열두 달 동안 계속 장소를 바꾸어가면서 주술적 의례를 거행하고 월령을 반포하는 행위를 함으로써 황제의 상징성을 높였던 것이다.

황제가 아침 일찍 행하는 조회(朝會) 역시 태양과 관련이 있는 의례이다. 태양이 떠오르는 시각에 조회를 했던 오랜 전통은 태양이 생명의 빛을 지상에 비추는 것처럼 황제 역시 태양처럼 신민들에게 덕의 밝은 빛을 비추어야 한다는 생각의 표현이었다. 따라서 이러한 의식 역시 아무 저항 없이 유가의 의례에 편입되어 명·청대뿐만이 아니라 조선시대에도 그대로 재현되었다.

사람의 힘을 빌려 땅을 다스리고, 천하 사람들을 농사에 힘쓰게 한다는 의미인 자전(籍田)은 왕이 적전(籍田, 왕이 몸소 농사짓던 논밭)을 경작하는 의례로서 친경례를 의미한다. 이러한 의례는 신농(神農)에 대한 제사와 함께 거행되었으며, 직접 농경의 시범을 보이기 위해 경작지로 설정한 토지인 적전의 수확물은 종묘·사직 등의 국가 제사에 사용하였다. 이 자전 의례는 서주 말기에 공식적으로는 폐지되었다가 전한의 문제(文帝) 때 다시 부활되어 이후 명·청 시대까지 선농제(先農祭)라는 이름으로 지속되었다. 이 의례 역시 원래는 원시 씨족 공동체에서 공동체의 수호신에게 바칠 제물을 마련하기 위해 씨족장이 인솔하여 신전(神田)에서 이루어진 집단 경작에서 유래한 의식이다. 이러한 의례를 수용하여 역대 왕조에서는 황제가 직접 경작하는 친경 의례로 존속되어 유가의 의례 가운데 하나로 만든 것이다.

왕조와 황제가 바뀌는 것을 오행(五行)의 설을 적용하여 합리화하는 것도 진한대(秦漢代)에 획기적으로 바뀌었다. 진나라는 오행의 덕에 의해 흥하거나 폐해지고 또 바뀌며, 그 바뀌는 순서는 오행상극(五行相剋)

의 논리로 설명하였다. 오행의 전이(轉移)는, 물은 불과 상극이고, 불은 금(金)과 상극이라는 것과 같은 토목금화수(土木金火水)의 오행상극의 순서이다.[2] 그리하여 진(秦)을 수덕(水德)으로 하고 그 이전의 4조(朝)를 황제(黃帝, 土德), 하(夏, 木德), 은(殷, 金德), 주(周, 火德)로 알맞게 배당하였다. 진나라는 수덕이므로 상극설에 의해 최후의 왕조가 되므로 영원성과 절대성을 지니는 왕조가 될 수 있다는 뜻이었다.

상극 : 황제(黃帝, 土) → 하(夏, 木) → 은(殷, 金) → 주(周, 火)

그에 비해 전한 후반에는 폭력적 혁명을 뜻하는 상극설보다는 선양(禪讓)의 평화적인 방법이 이상화되면서 오행상생설이 주류가 되었다. 그에 따라 유향(劉向)·유흠(劉歆) 부자는 목화토금수(木火土金水)의 상생(相生)의 순서로 각 왕조를 정하였다. 이러한 오행상생설은 이미 기울어진 왕조를 혼란 없이 새로운 왕조로 대체함으로써 자신들의 기득권을 지키려는 유가의 입장을 합리화하는 결과이기도 했다.

이러한 흐름을 읽은 왕망은 화덕(火德)의 한나라 대신에 토덕(土德)의 신(新) 왕조를 개창하였고, 이런 추세는 송대에까지 이어졌다. 말년 황제들에게 붙여졌던 명칭인 헌제(獻帝)나 공제(恭帝), 정제(靜帝), 순제(順帝) 등은 이러한 선양에 따라 선양을 잘 수행한 내용을 담은 호칭이었다.

---

2   나무는 흙에 이기고, 금은 나무에 이기고, 불은 금에 이기고, 물은 불에 이기고, 흙은 물에 이긴다는 것이 오행상극의 논리이다.

천명에 따라 바뀐 왕조에는 왕조가 바뀜에 따라 변화를 상징하는 다양한 상징물들이 있게 마련이었다. 하늘이 제시하는 시간을 자기 왕조에 맞추어서 바꾸는 역법(曆法)의 개정에서부터 도량형이나 복색, 깃발 등을 바꿈으로써 이전 왕조와의 차별을 꾀하였다. 그 가운데서도 역법의 개정은 하늘로부터 부여받은 천자로서의 황제 고유 권한을 가장 극명하게 보여주는 사례이다. 황제만이 하늘과 통하고 있음을 보여주는 천문 관측을 독점함으로써 일반인의 천문 연구는 철저하게 금지되었다.

이전 왕조를 무너뜨리고 새롭게 등장한 왕조는 그 정당성을 최종적으로 확인하는 방법으로 역사를 편찬하였다. 이전 왕조의 잘잘못을 분명하게 드러내면서 자기 왕조 성립의 정통성을 과시함으로써 천명이 자기 왕조로 왔음을 확인하는 절차로서 역사 편찬은 존중되었다. 그래서 이전 왕조의 역사는 단대사(斷代史)로서 끊임없이 정리되는 절차가 있게 되었다. 이 역시 유교의 역사관과 연결되어 역사가 지니는 영원성을 확보해주는 기제로 작용되었다.

황제의 실질적 기반, 농민

황제를 상징하는 상징과 상징체계로는 호칭이나 의례, 오덕종시설(五德終始說)이나 역사 편찬과 같이 다양한 것이 있을 수 있다. 그러나 이러한 의례나 사상 역시 그 자체로서 힘을 지닌 것으로 보기는 어렵고 황제를 수식하는 데에서 의미를 찾을 수 있다. 아무리 황제에 대한 상징이 고도화되고 정당화되더라도 황제를 정점으로 하는 왕조는 언제든지 무너질 수 있었던 것이 역사적인 실제이다. 그렇다면 황제가 존재할 수 있는 힘은 어디에서 왔을까? 무엇이 황제의 존재를 가능하게 하는 실질적인 상징이었을까?

무엇보다 황제라는 최고 지배자가 존립할 수 있게 만드는 요소는 백성들의 안정을 꼽을 수 있다. 황제의 입장에서는 백성들을 안정적으로 지배함으로써 반란을 일으키지 않도록 여건을 마련하는 것이 무엇보다 중요한 일이었다. 물론 이 일은 황제가 다 할 수 있는 것은 아니지만 궁극적으로 황제 제도가 유지되는 한에서는 궁극적으로 황제에게 무한책임이 부여될 수밖에 없었다.

전통 시대에 중국에서 백성들의 삶을 안정적으로 유지하게 하기 위해서는 먹고살게 할 수 있는 산업, 기본적으로는 농업을 안정시키는 것이 필수적인 일이었다. 자립적인 소농민에 기초하여 이들에게서 세금과 각종 의무를 끌어내는 것은 국가를 유지하기 위해 꼭 필요한 일이었다. 그래서 역대 중국의 왕조에서는 호적에 편입된 자립적인 소농민을 최대한으로 만들어내는 것이 목표였다. 이들을 기초로 국가에 대한 부세(賦稅) 및 요역(徭役), 군역(軍役)의 인적 기반을 마련함으로써 황제권을 지탱하는 실질적인 힘을 창출하였던 것이다. 이를 위해서 정기적인 호구 조사와 토지 조사는 필수적인 일이었으니 세계에서 가장 많은 인구와 토지, 전부(田賦)와 관련된 기록을 소유하게 되었던 것이다.

따라서 역대 왕조에서 소농민들을 어떻게 확보하는가의 문제는 황제를 위시한 왕조의 안정에 크게 영향을 미쳤다. 그런데 이를 방해하는 요소가 있었으니, 황제를 비롯한 왕조의 노력에도 불구하고 각 왕조의 말기에는 흔히 소농민의 감소 내지 몰락, 주기적인 농민 반란, 왕조의 통제력 상실과 붕괴라는 현상이 반복되었다. 흔히 중간 계층, 지배층을 구성하는 '사대부' 계층의 소농민 착취가 있었기 때문이다.

황제를 떠받치며 향촌에서 질서를 유지하는 동시에 한편으로 소농민을 착취함으로써 질서의 파괴자라는 양면을 지녔던 이런 중간 계층으로서의 사대부 계층은 한대의 호족이나 위진·수·당대의 문벌 귀족, 송대의 사대부, 명·청대의 신사(紳士)로 지속되었다. 이들 사대부 계층은 끊임없이 자신들의 계급적 입장을 '천하는 공공이다'라는 천하위공의 명분으로 분식하여 황제권의 규제에 맞섰으며, 결과적으로는 유가의 예제 개혁으로 이어졌다. 상대적으로 유교의 국교화는 자연스럽게 중앙집권적 제민(齊民) 지배의 쇠퇴, 분권적인 호족 질서의 용인, 황제권의 상대화 등의 결과로 이어졌다.

황제의 입장에서 이와 같은 사대부 계층의 저항을 막아낼 수 있는 방법은 균전제(均田制)에 입각한 소농민의 창출과 사대부 내지 호족과의 타협을 통한 체제의 안정이었다. 수·당 제국은 이러한 타협의 산물로 균전 체제를 바탕으로 성립된 것이다. 당나라 말기에 일시적으로 균전제가 붕괴되고 토지 사유가 무제한으로 허용되면서 지주와 소작인 간의 갈등이 심화되기도 하였으나 송대에 황제 독재 체제가 확립되면서 다시 안정을 되찾게 되었다.

송대에 황제 독재 체제가 확립되어 이후 명·청대까지 황제 제도가 기본적으로 안정적으로 유지될 수 있었던 데에는 몇 가지 이유를 들 수 있다. 먼저 분권적 성향을 띠는 귀족과 무인들이 몰락하였다. 둘째로, 당나라 말기에 거대한 농민 반란을 마주하였던 신흥 지주들은 그러한 계급투쟁을 진압하기 위해서 국가 권력이 필요했을 수 있다. 이러한 점은 명말청초에 소농민의 폭발적 저항을 감당할 수 없었던 신사층이 결국 소농민을 지배하여 계층 이익을 보호받기 위해 이민족 왕조인 청조에 투항하여 협조한 것도 비슷하다. 셋째로는, 송대의 사대부들이 과거제를 통해 황제 지배 체제 내로 들어오게 되었다는 점이다. 이미 당 태종이 과거에 합격한 진사들의 의기양양한 모습을 보고, "천하의 영웅들이 모두 내가 친 그물 속에 들어와 있도다."라고 소리친 일화는 과거제로 인재를 수용하였던 정치적 효용성을 보여준다. 특히 송나라부터 황제가 과거의 마지막 시험을 직접 주관하는 전시(殿試)가 시행됨으로써 황제와 과거 합격자인 관료 사이에는 충성을 매개로 한 사제 관계까지 만들어지게 되었다.

명나라 역시 태조인 주원장은 향촌의 지배층의 지지를 등에 업음으로써 힘의 열세에도 불구하고 새로운 왕조를 개창하였던 경험을 바탕으로 지주 세력을 적극적으로 끌어들이려고 하였다. 그래서 그들에 대해 과거제와 학교제의 결합을 통해 일정한 자격을 갖춘 이들에게 학위나 그에 상응하는 특권을 보장함으로써 영속적인 지배를 관철하고자 하였다. 이러한 구조는 청나라 때에도 이어져 신사층의 경우도 청조의 회유와 탄압에도 불구하고 국가 권력에 협조하면서 장기적인 사회 안정에 기여하였다.

2) 한국에서의 변천

고대의 왕, 절대권의 추구와 한계

한국에서 왕의 존재는 어떠하였을까? 일찍이 진한 때부터 전제 왕권을 성립시킨 중국에 비해서 한국에서 절대적 지배자로서의 왕의 개념은 중국과는 양상이 조금 다른 형태로 발전하였다. 한국의 경우도 중국과 마찬가지로 왕(王)이라는 호칭을 공유하기도 하였지만 이는 어느 정도 시간이 지난 후에 중국의 제도를 수용한 것이며, 실질적인 최고 지배자로서의 왕의 개념은 역사적 발전에 따라 다르게 구성되어 발전되었다.

한국에서 초기의 국가에 해당하는 고조선 때부터 왕에 해당하는 최고의 지배자는 존재하였다. 만주와 한반도 일대는 대략 기원전 15~10세기 무렵부터 청동기시대로 전환되면서 본격적인 농경 사회로 진입하였고, 고대국가로서 고조선은 이러한 청동기 문화를 바탕으로 형성되었다. 그러나 이때에는 아직 국가라고 보기는 어려웠고, 대개 기원전 4세기 무렵 중국 대륙의 연(燕)나라와 대결하며 스스로 왕(王)을 칭했다고 『삼국지』「동이전」에 인용된 『위략(魏略)』에 나온다. 하지만 이때에도 강력한 중앙집권체제를 갖추었다기보다는 연맹체의 하나였고, 위만조선 단계에서도 크게 중앙집권체제를 확립하지 못했던 것으로 추정된다.

그렇다면 왕으로 대표되는 단일한 최고 지배자를 중심으로 그 내용에 걸맞은 중앙집권체제는 언제부터 형성된 것일까? 중국과는 달리 한국은 삼국이 본격적으로 정립되기 이전에는 다양한 형태로 국가 형성이 진행되어 특정 시점에는 다양한 형태의 정치체가 공존한 것으로 볼 수 있다. 예를 들어 3세기의 경우 국가로 발돋움한 부여와 고구려, 삼한의 소국, 읍락 단계의 옥저와 동예 등이 공존하였던 세계이다.

이후의 발전 단계로서 중앙집권적인 고대국가가 온전하게 완성되었을 때에도 기본적으로 그 성장 과정에서 정복보다는 연맹을 통한 발전의 흐름이 나타나게 되어 연맹체의 장이 최고 지배자가 되었다. 따라서 이러한 연맹체의 장에 대해서는 다른 정치 집단의 장과는 다르게 신성한 능력을 과시하도록 수식하게 되었다.

연맹적인 국가 구성은 최고 지배자의 명칭에 그대로 반영되었다. 신라의 경우 잘 드러나는데, 거서간(居西干)이나 무당을 뜻하는 차차웅(次次雄) 등은 종교와 정치 지도자가 합쳐져서 나타나는 제정일치(祭政一致) 시기 지배자의 호칭이다. 그리고 이어서 연맹장적 지위를 보여주는 칭호인 이사금(尼師今)이 나타난다. 이사금, 곧 잇금은 치아의 수를 의미하므로 이것은 적어도 2개 이상의 정치 집단이 연합할 때 연장자가 족장들 중에서 더 대표적인 지위를 차지했음을 말한다. 이 잇금에서 왕을 지칭하는 우리말의 고유어인 임금이 나왔을 가능성이 크다.

이후 철기 문화의 보급과 그에 따른 사유재산의 성립, 계급 분화 및 계층의 공고화 등으로 권력과 경제력의 차이가 좀 더 커지면서 최고 지배자의 권한도 더욱 강화되게 되었다. 특히 신라의 경우 고구려나 백제 등 외부 세력의 침략에 맞서서 통치체제를 정비하며 지배자의 권한 강화는 필수적이었다. 6부(部) 연맹체에서 장의 지위는 한층 강화되었고, 이때 등장한 호칭이 마립간(麻立干)이었다. '뛰어난 간' 혹은 '우뚝 선 족장'이라는 의미의 마립간의 출현은 연맹체 가운데서도 마립간의 부(部)가 이전보다는 좀 더 강력했던 것을 의미한다. 다만 그때까지는 6부 연합 체제를 완전하게 탈피하지는 못하였다. 결국 지증왕 때에 마립간을 벗어나 국왕을 정식으로 호칭하게 되면서 신라가 국호로 되었던 것이다.

국왕이라는 칭호가 등장하고 신라라는 국호가 제정된 것은 종래 길고 길었던 부족 연합 내지 연맹의 단계를 벗어남을 의미하였다. 그러나 그 과정에서 종전의 관행이나 족장에서 바뀐 귀족들의 영향은 여전히 왕권을 제약하는 요소로 기능하였다. 결과적으로 삼국의 왕에게는 한국의 고대국가 성립 과정의 특성상 왕권의 절대성이 확보되기 어려운 측면이 있었다. 고대국가의 성립 과정에서 연맹체적 정치 단계를 거쳤기 때문이다.

고구려의 5부나 백제의 5부, 신라의 6부 등은 모두 이 세 나라가 독자적인 정치 단위체였던 부(部)의 연합, 연맹에 의해 국가를 형성하였음을 말하고 있다. 각 족장들인 가(加)나 간(干)의 협의체가 국가 운영 과정 속에 상당 기간 존속했으며, 이들로부터 변화한 귀족들로 구성된 귀족회의의 경우, 왕의 권한이 크게 강화된 후에도 국정을 협의하고 결정하는 기능을 수행함으로써 왕권을 제약하였다.

한편 오랜 과정을 거치며 삼국의 왕은 각각 국내적으로는 초월적인 위상을 확보했음에도 불구하고 삼국 사이의 상대적 역학 관계 속에서 절대적 왕권을 침해받는 면도 있었다. 백제는 고구려의 강력한 군사력에 국왕이 전사하고 전쟁에서 패배하는 결과를 맞이하자 왕의 국내적 지위는 귀족들과의 연합적 정권을 구성함으로써 겨우 유지되는 측면이 있었다.

신라 역시 마립간기의 대부분을 고구려의 간섭 속에서 종속국으로 유지되었으므로 왕의 권한이 절대적 위상을 갖기는 어려웠다. 고구려의 간섭을 벗어나는 과정에서 백제와의 외교적 동맹이 필요하였고, 나아가 성골 의식을 기반으로 절대왕권을 추구하였지만 고구려와 백제의 공격을 받으면서 수·당과 결합하였고 조공국이 될 수밖에 없었다.

따라서 삼국시대의 왕은 고대의 연맹체적 질서를 극복하면서 왕으로서의 절대 권력을 추구하였음에도 불구하고 그 전제(專制)적인 측면이 제대로 실현되는 데에는 한계가 있었다. 연맹체에서 기원한 귀족들과 타협할 수밖에 없었고, 대외적으로 삼국 사이의 항쟁을 거치면서 다른 나라와의 관계를 고려하지 않을 수 없었다. 심지어 중국에 조공을 바치지 않으면 안 되는 상황에 있었기 때문에 국왕의 절대적 위상에는 한계가 있었다.

고려의 왕, 황제와 국왕의 이중주

후삼국을 재통일하여 새로운 왕조를 개창한 왕건은 국호인 고려(高麗)도 스스로 결정하여 선포하였다. 고려라는 국호는 삼국시대의 고구려를 계승한다는 의미에서 사용한 것으로 볼 수 있다. 국호를 자체적으로 선포한 만큼 고려는 자주적인 나라로서 출발하였다. 심지어 고려의 최고 지배자인 왕에 대해서 대외적으로는 왕으로 지칭하였지만 대내적으로는 황제로 자칭하는 외왕내제(外王內帝)의 양상을 보여주었다. 즉, 대외적으로는 중국의 황제로부터 '고려 국왕'에 책봉되었지만 대내적으로는 황제국의 제도와 문물을 유지하였다.

그렇다면 삼국시대의 왕에 비해서 고려시대의 왕은 그 위상이 어떠하였을까? 자주적이고 황제국을 지향한 만큼 고대의 왕에 비해서 위상은 높아졌다고 볼 수 있을까? 이에 대해서 답하기는 쉽지 않다. 다만 고려시대에 국왕의 위상은 이전보다는 한 단계 높아진 측면이 있는 점은 분명하다.

우선 일차적으로 왕의 권위가 나오는 혈연의 정통성에서 이전과는 달라진 면이 있다. 태조(太祖) 왕건(王建)의 경우에는 전국에 걸쳐 29명의 부인에게서 25명의 왕자와 9명의 공주를 두었다. 그러한 혼인 정책의 효과는 물론 단순한 정략결혼에만 그치는 것이 아니라 실질적으로는 전국적으로 지역을 통합하는 효과가 있었다. 고려 초 강력한 호족에 둘러싸인 취약한 왕권을 보완하기 위한 불가피한 조치였다.

그러나 이러한 측면은 고려 왕실 자체의 정통성 내지 정체성을 약화시키는 것이기도 했다. 혼인 정책의 결과, 왕실의 범주가 지나치게 넓어짐으로써 왕실과 호족의 구분이 희석된 것이다. 겉으로만 본다면 이전 신라시대에 진골 귀족과 왕실과의 구분이 명확하지 않았던 것과 비슷하였다. 이러한 경향은 호족의 협조를 얻어야만 하는 고려 초기에 혜종(惠宗)과 정종(定宗)으로 이어졌다.

그런데 4대 광종(光宗)의 경우 왕실 근친혼이 나타나면서 왕실의 통혼권은 급격하게 축소되었다. 왕실 통혼권을 고려 왕실에 포함된 사람들로 한정함으로써 대부분의 호족들은 왕실 구성의 범위에서 제외되는 결과를 낳게 되었다. 이후 7대 목종 대까지 왕실 근친혼은 이어졌다. 그리고 8대 현종부터는 고려 왕계의 특징을 확실하게 보여주었다. 현종은 근친혼 왕비 이외에 군사적인 실력자 또는 당대의 유력 가문이나 자신의 왕위 옹립에 공이 있는 인물들의 딸을 왕비로 맞이하여 폭넓은 혼인 관계를 맺었다.

광종 대 이후 호족적 기반을 줄여나가고 왕실의 정체성을 확보하기 위해 왕실이 근친혼을 중점적으로 시행하였다가 어느 정도 정통성이 확보된 다음에는 다시 왕실의 기반을 넓히기 위해 혼인권을 개방하였던 것이다. 이때 개방된 혼인권에는 이전과는 달리 왕실이 우월한 지위에서 왕비를 선택하였음은 물론이다. 이에 따라 현종 대 이후로는 왕위 계승에서 원칙적으로 태자 책봉과 부자 계승이 관철됨으로써 고려의 왕계가 확립되었다고 할 수 있다. 따라서 현종 대 이후로는 호족으로 대표되는 귀족과 왕실의 지위가 분명하게 분리되어 왕실의 정통성과 위엄이 확보되었다.

한편으로 왕족과 귀족이 분리되면서 왕족이 정치를 할 수 있는 권한을 박탈하였다. 즉, 왕족에게 사환(仕宦, 벼슬살이하는 것)을 금지시킨 것이다. 이 역시 전대인 신라의 경우 진골 귀족이 정치 참여에 유리한 절대적인 배경이 되었고 왕위까지 가질 수 있는 자격이 되는 것과는 반대이다. 왕족이 정치에 참여하지 않는 것은 국왕의 입장에서는 절대적인 왕권이 확보되는 것과 마찬가지였다.

대신에 왕족에게는 등급에 따라 공작이나 후작, 백작 등과 같은 봉작(封爵)을 주어서 제도적으로 우대하였다. 이러한 봉작을 받은 왕족은 제왕(諸王)으로 불렸는데, 이 제왕은 중국의 경우와는 사정이 조금 달랐다. 즉, 중국의 경우에는 황제국이므로 제왕들에게 실제의 왕에 해당하는 작위를 내려주었고, 이러한 작위는 친왕(親王)·사왕(嗣王)·군왕(群王) 등의 등급이 있었다. 그에 비해 고려의 국왕은 중국과의 외교적 관계를 고려하여 황제만이 수여할 수 있는 왕의 작위를 직접 수여하지는 않았다. 그 대신에 왕족 가운데 봉작을 받은 사람들을 총칭하여 제왕이라고 함으로써 실제 왕작을 수여한 것과 비슷한 효과를 거두었다. 이는 앞서 지적한 대로 고려는 국내적으로는 황제국 체제로 운영되었던 측면에서 이해할 수 있겠다.

그러나 고려의 국왕이 귀족에서 분리되어 절대적인 정통성을 확보하게 되었음에도 불구하고 집권화의 관점에서는 아직 미흡한 점도 있었다. 고려 왕실의 혈연적 폐쇄성은 완전히 극복되지 않은 채 원의 간섭기까지 계속해서 지속되었다는 점에서 고려 국왕의 한계가 있었다. 두 번째로는 국가 재정과 왕실 재정이 통합되지 못하고 분리된 채 운영되고 있다는 점 역시 국왕의 초월성에는 한계가 있었음을 말해준다. 그리고 정신적 스승으로서 국사(國師) 외에 따로 왕사(王師)를 두었던 것역시 고려 왕실의 출자(出自)가 호족이라는 점을 반영하는 증거이며 한계이기도 하였다.

그리고 중국에서 전제 왕권의 근거로서 과거제가 기능하였던 것에비해 고려에서는 관리 충원 방식에서 과거제 못지않게 음서제가 강하게 작용하였던 점은 귀족들의 권한이 강했던 현상이 반영된 것이었다.

조선의 왕

조선의 왕은 어떠한 위상을 가졌을까? 전통적으로 시간이 지남에 따라 국왕의 권위는 강화되고 집권적 성격은 더욱 철저하게 되었을까? 고려의 왕에 비해 정통성과 정체성이 보다 강화되었다고 볼 수 있을까? 고려 말 조선의 건국 과정을 살펴보면 반드시 그렇다고 보기는 어려운 요소도 적지 않다.

앞서도 살펴보았듯이 고려의 경우 대외적으로는 왕제(王制)를 내세웠지만 대내적으로는 황제국 체제를 지향한 사실과 고려의 국호도 독자적으로 제정한 사실에서 자주적인 측면이 부각될 수 있다. 그에 비해 조선은 애초에 나라 이름조차 명나라에 의존하여 결정하였고, 고려와 달리 제후국임을 자임하여 중국에 사대한 것이 분명하기 때문에 그만큼 국왕의 위상 또한 하락한 것으로 비칠 수도 있다.

과연 사실이 그러한지를 검토해볼 필요가 있다. 조선의 태조 이성계가 전왕을 축출하고 왕위에 오른 것은 고려의 태조 왕건과 비슷하지만 왕건과는 달리 이성계는 추대(推戴) 형식으로 왕위에 올랐다. 이 과정에서 이성계는 대비(大妃)의 권위를 이용하여 공양왕을 축출했으므로 즉위나 국호 결정의 과정에서 주체적으로 나서기는 쉽지 않았다.

오히려 이성계를 비롯한 조선의 건국 세력은 조선의 건국이 고려 말에 천명(天命)이 옮겨짐에 따라 이루어진 것임을 강조하였다. 실제 왕위에 오르는 과정도 이러한 천명과 인심(人心)이 이성계에게 옮겨졌음을 표현하는 형태로 진행되었다. 이에 따라 조선은 하늘의 선택을 받은 이성계가 천명에 따라 세운 왕조로 규정되었고, 이러한 천명에 의한 초월성은 초기에 상당 기간 유지되었다.

조선 건국 직후에 예조의 장관은 조선의 단군(檀君)이 동방에서 처음으로 천명을 받은 임금이고 기자(箕子)는 처음으로 교화를 일으킨 임금이니 평양부를 시켜 제사를 지내야 한다고 주장하였다. 이러한 주장은 조선이 받은 천명이 멀리는 고조선에서부터 유래하였던 사실을 강조한 것이었다. 그래서인지 명나라에 비밀로 부치고, 국왕에게 천자에게 사용하는 조(祖)나 종(宗)의 칭호를 붙여 묘호(廟號)를 쓰고, 기우제

태조 어진(전주 경기전 어진박물관 소장)

1부 국왕의 시공간적 좌표

를 지낼 때 하늘에 제사를 올리기도 하였던 것이다.

이렇게 국왕의 절대성을 하늘에 기대어 확보하려던 만큼 국왕의 정체성이나 정통성은 극대화된 측면이 있었다. 그래서 조선 초기 국왕의 위상은 일정한 수준을 유지하였다. 이는 국가의 체제를 구성하는 데에서도 국왕의 전제성에 걸맞게 국왕을 밑받침하는 존재로서 안정적 자영 소농민을 대량으로 만들어내려던 노력으로 드러난다.

조선 초에 국가 체제는 크게 보아 성리학에 영향을 받았다. 조선이 건국된 이후 성리학은 그 어느 사상보다도 주도적인 사상이 되었고 성리학을 바탕으로 국가의 새로운 질서를 만들었다. 그 질서는 고려 말의 혼란을 극복하는 방향에서 만들어졌다. 무엇보다도 고려 말에 문제가 되었던 점은 권문세족을 비롯한 중간 지배층이 지나치게 많아졌다는 점이다. 이들 중간 지배층은 권문세족의 예에서 볼 수 있듯이 귀족화하여 국가와 민 사이에서 국가의 공적 영역에서 이루어지는 조세 징수나 군역, 요역 등에 문제를 야기하였다. 이러한 현상은 고려 말에만 나타난 것이 아니었고, 전근대의 어느 나라이건 왕조가 멸망할 때 겪었던 공통적인 현상이었다. 어떻게 하면 귀족화된 중간 지배층을 최소화하고 국가의 공적 영역을 통해 백성(민)을 지배할 것인가 하는 문제가 심각하게 제기되었던 것이다. 조선의 건국은 이러한 문제에 대한 하나의 대안이었다. 왕권의 입장에서는 새로운 영속성을 위한 자기 갱신이었다고 할 수 있다.

그리고 조선의 건국은 국제 관계의 측면에서 볼 때 몽고-원 제국을 넘어서서 명나라와 조선이 새롭게 국제 관계를 맺으며 탄생한 국제적인 변화의 흐름 속에 있었다. 그런데 이러한 점은 대외 관계에서만 그

주원장이 황제가 되기 전의 초상(위)과 황제가 되어
성인화(聖人化)된 모습의 초상

런 것은 아니었다. 명나라 태조가 추구한 대내적 질서의 모델은 바로 농민 국가였다. 주원장은 어린 시절 절의 사미로 목숨을 부지해야 했던 기근의 직접적 희생자였기 때문에 엘리트층에 대한 거부감과 불신이 있었다. 그래서 그는 개국공신들은 평민으로 떨어뜨리고 통치 기간 동안 어느 왕조보다도 엄격한 규제 아래 강력한 중앙집권체제를 수립하는 데 힘썼다. 그것을 통해서 안정된 농경사회를 추구하였고, 그것은 덕을 갖춘 소수의 연장자가 감독하는 자급자족적인 촌락으로 이루어진 사회였으며, 국가는 최소한의 세금으로 기본적인 역할을 하는 체제였다. 이러한 체제는 곧 귀족화된 중간 지배 계층을 배제하고 국가와 민을 직접 연결하여 통치하려던 발상이었다. 조선의 경우에 차이가 있기는 하나 이것과 상당한 유사한 점이 있었다.

우선 성리학이 국가적인 차원에서 수용되고 실현되었던 조선 초기에는 신분의 영역에서도 국가적인 질서를 강조하며 처음에는 양인(良人)과 천인(賤人)으로만 신분을 구분하여 국가(왕) 아래 모든 백성은 평등하다는 것을 강조하였다. 양반은 양인 중에서 납세와 군역의 의무를 담당하던 이들이 과거라는 국가고시를 통해 합격하면 선발되는 관료(문반과 무반)일 뿐이었다.

과거에 합격하기 위해서는 향교(지방)-사부학당(서울), 성균관 등 공적 교육기관을 거치며 『소학』이나 사서(四書)와 같은 성리학서를 공부해야만 했다. 또 이 양인들과 관료인 양반의 경제적 기반을 마련하기 위해 만들어진 과전법(科田法) 체제에서는 일반 양인 농민들에게 모두 일정한 규모의 토지를 나누어줌으로써 국가와 민을 바로 연결시키려고 하였다. 이는 곧 지주제를 기반으로 한 중소 지주의 사상이라고 일컬어진 성리학보다는 국가적 차원에서 실현된 성리학을 전제로 만들어진 제도였다. 중간 지배 계층을 최소화하여 국가와 민을 직접 연결시키는 것이 조선 초에 만들어진 국가의 이상이었다.

조선은 백성이 나라의 근본이라는 민본(民本) 이념을 국가적 차원에서 실현하는 것을 목표로 하였다. 이는 고려 말 이래의 사회 변동을 정치이념적으로 정당화하는 데에 연결되었다. 곧 고려시대까지는 일반 농민의 경우 국왕으로부터 직접 부여받은 국역(國役)이 없다는 의미에서 '백정(白丁)'이라고 불렸다. 대신 호족인 향리들이 그들에게 역을 부여하는 권리를 가지고 필요한 노동력을 동원하였다. 이 때문에 백성은 나라의 백성이라기보다는 군(郡)의 백성, 곧 고을의 백성으로 불렸다.

그런데 고려 중엽부터 점차 고을 단위의 지역 공동체가 해체되고, 고려 말기에 이르면 각 고을의 농민들은 국가의 직접적인 파악 대상이 되었다. 각 고을에 소속되어 있던 민을 직접 파악하기 위해 감무(監務)와 현령(縣令) 등의 지방관을 파견하는 경우가 늘어났다. 백성이 이제 고을의 백성에서 벗어나 왕의 백성이 되었으며, 나라 전체의 민을 백성으로 부르는 것이 일반화되었다.

백성들에게 일체 의식을 부여하기 위해 백성은 혈연적으로는 단군의 자손이면서 동시에 기자 이래 유교의 교화를 입은 대상이라는 의미에서 조선(朝鮮)을 국호로 정하게 되었던 것이다. 백성들은 고려시대까지는 성관(姓貫)을 사용할 수 없었고 호족이나 향리층만 사용하다가 조선에 와서는 일반 백성까지 사용하게 되었다. 이는 성리학의 민본의식에 따라 국가에 의무를 지닌 계층은 모두 양인으로 파악하여 이를 적극적으로 국가체제에 끌어들이려는 노력 속에서 나타난 역사적 현상이었다.

이와 같이 살펴볼 때 조선 초의 국왕의 위상과 권한은 대외 관계에서는 제후국의 지위를 감수하였지만 대내적으로는 어느 때보다도 그 위상을 확고하게 한 특징이 있었다고 할 수 있다. 국왕과 국가의 이념적 잣대로 성리학을 적극 활용하면서도 소농민을 기초로 국왕의 위상을 높이려고 했던 노력은 이전 시기보다 한 차원 다르게 국왕의 위상을 설정할 수 있게 해주었다.

하지만 조선 초에 만들어진 위와 같은 국왕의 위상은 조선 중기를 거치면서 새롭게 재조정되었다. 조선 전기에 만들어진 국왕을 중심으로 한 국가 체제가 무너지면서 이에 대한 대안 세력으로 등장한 사림들에 의해 국왕의 위상은 재조정되었다. 사림들은 조선 전기의 국왕에게 남아 있던 초월적인 부분, 국왕의 자의성에 대해 본격적으로 문제를 제기하였다.

이를테면 정치사상의 영역에서도 조선 초기에는 국가 중심적, 국왕 중심적인 경향이 대두되었다. 제왕학에서 대표적인 감계서(鑑誡書)로 인정되었던 『대학연의(大學衍義)』가 경연(經筵)에서 읽혀지고, 이에 따라 여기에서 제시된 원칙이 제왕학의 기준으로 적용되었다. 수신(修身)을 바탕으로 한 치국(治國)을 이상으로 삼는 성리학적인 제왕상(帝王像)이 한편으로 제시되었고, 다른 한편으로는 그 가운데 국왕의 정치적 존엄(尊嚴)을 보장하는 부분도 있게 되어 체제의 중심에 있는 존재로서의 국왕에 대한 위상이 확고했다.

이에 비해 16세기 중반에 오면 이황(李滉)의 『성학십도(聖學十圖)』나 이이(李珥)의 『성학집요(聖學輯要)』와 같은 제왕학에 해당하는 성학(聖學) 이론서들이 제시되었다. 이러한 책들은 이전의 제왕학과는 달리 신하들에 의해 편찬되어 제왕학의 기준을 제시했다는 점이 특징이다. 특히 『성학집요』는 『대학연의』와 달리 국왕을 사대부의 논리를 따라야 하는 존재로서 파악하여 조선 후기 사림정치의 이론적 모델을 제시하였다. 이러한 제왕학에 대한 이론은 실제 경연(經筵)과 같은 제도적인 뒷받침 위에서 적극 활용되어 국왕에게 성학(聖學)을 가르치고 또 적극적으로 이를 따르도록 유도하였다. 조선 후기에 붕당정치나 예송(禮訟, 궁중 의례를 둘러싼 논쟁) 등이 발생할 수 있었던 현상은 바로 이 시기에 변화된 정치사상에서 유래한 바가 컸던 것이다.

국왕이 사대부와 다를 것이 없다는 이론은 성리학에서 제시된 것임이 분명하지만 국왕의 초월성과는 정반대의 이론이었다. 예를 들어 조선의 왕실은 17세기 초기까지만 해도 사대부가의 예법과 구별되는 왕실만의 예법을 준수하였다. 선왕의 뒤를 이은 임금이 선왕과는 혈연적인 관계가 없다고 하더라도 그 아들로 규정되었던 것은 그러한 예이다. 태종(太宗)은 정종(定宗)의 아우였지만 세자로 책봉된 뒤에 선위를 받아 왕위를 이은 것은 그 때문이다. 심지어 조카인 단종(端宗)을 쫓아내고 왕위를 이은 세조(世祖)의 경우도 단종의 아들로 규정되는 것을 피할 수 없었다.

그런데 인조(仁祖)가 선조(宣祖)의 손자로서 삼촌인 광해군을 내쫓고 왕이 된 후 왕통에서 선조의 아들로 자리매김되는 것을 거부하고 친아버지를 원종으로 추숭해서 넣은 뒤로는 왕위 계승자의 호칭도 실제 혈연관계를 반영하게 되었다. 왕이라고 하여 특별하게 대우하지 않게 된 것이다. 그래서 영조(英祖)가 경종(景宗)의 세제(世弟)가 된 것이나 정조(正祖)가 영조의 세손(世孫)이 된 것은 모두 실제 혈연관계를 반영하여 사대부의 예법과 동일하게 적용한 사례들이다. 효종(孝宗)과 현종(顯宗) 대에 발생하였던 복제(服制) 논쟁 역시 특별하게 왕실만의 예법을 준수하던 전통에서 벗어나 왕실에 사대부의 예를 적용하는 과정에서 나타난 갈등이었던 것이다.

따라서 17세기 이후의 조선의 국왕과 왕실은 초월적 권위가 있기보다 현상적으로는 단지 훌륭한 가문으로서의 위상만을 가질 수밖에 없었다. 국왕 역시 사대부 가문의 대표들과 관계하며 이들과의 조정 속에서 국가를 통치해나갈 수밖에 없게 되었다. 흔히 탕평 군주라고 일컫는 영조와 정조는 이렇게 더 이상 국왕의 권위를 절대적으로 주장하지 못하는 현실 속에서 오히려 신하들이 믿고 있던 학문, 즉 성리학으로 무장하여 국왕의 권위를 새롭게 높일 수 있었다. 그러나 학문적 권위를 담보하지 못하는 국왕은 역으로 신하들에 의해 존중받지 못할 수도 있는 틀을 만들었던 것이다.

조선 초 성리학을 매개로 강력했던 국왕의 권위는 시간이 가면서 점차 약화되었으며, 사림의 등장 이후, 특히 국왕의 위상은 유력한 가문의 대표자와 비슷하게 떨어지게 되었다. 이런 점은 조선 국왕의 경제적 기반이나 군사적 기반에서도 동일하게 나타났다. 조선 건국 초에 모든 관원에게 지급하였던 과전은 왕에 대한 충성의 대가였다. 지방의 유력자들도 군전을 매개로 하여 서울에 와서 시위(侍衛, 임금을 모시고 호위함)하도록 하였다.

그러나 과전은 점차 줄어 15세기 후반에 직전으로 바뀌어 현직 관원들에게 지급되었다가 이어 국가가 농민으로부터 세를 거두어 관직자에게 지급하는 형태로 바뀌었고 결국 폐지되었다. 또 지방 유력자의 상경 시위도 이미 태종 때에 흐지부지되었다. 신료들은 직전세로부터 녹봉을 받기는 하였지만 지위와 체모를 유지하는 데에 한계가 있었고, 따라서 왕에 대한 의존도는 상대적으로 크게 줄게 되었다.

왕실에서 소유한 토지도 조선 전기를 거치면서 점차 흩어지게 되었다. 조선의 상속은 자녀에게 모두 골고루 나누어주는 균분(均分)을 16세기 중반까지 유지하였으므로 많은 왕의 자녀들은 곧 왕실 재산이 흩어지게 되는 원인이었다. 또한 국왕을 떠받치는 물리력으로서의 군사력 역시 점차 줄어드는 경향이었다.

태조 이성계는 자신이 왕위에 오르게 되는 결정적 힘의 원천이 군사력이었기에 군사력의 정비에 관심이 많았다. 이것은 태종도 마찬가지여서 중앙군, 특히 금군(禁軍)을 정비하는 데에 힘을 기울였다. 그러나 조선 초기의 왕들이 군제의 정비에 기울인 관심은 왕권과 중앙권력을 보호하는 수준을 넘지 않았으니, 이를테면 금군의 수는 총 240명에 불과하였다.

조선 초기 왕들의 군사권 행사와 관련하여, 예를 들면 강무(講武) 같은 의례가 중요하게 활용되었다. 사냥을 통한 기병 훈련이 실제적인 내용인 강무는 국왕권이 강성함과 그 권위를 보여주는 좋은 사례이다. 그러나 강무를 대규모로 실시할 경우 입는 피해를 이유로 삼아 신하들은 강무를 반대하였고, 더구나 연산군 때의 무분별한 사냥은 결국 중종반정 이후 강무를 거의 불가능하게 만들었다. 이로써 군사적 측면의 최고 지배자로서의 왕의 위상은 급격하게 낮아져 거의 명맥만으로만 이어지게 되었다.

그렇다면 경제적·군사적 측면이 아니라 중앙집권체제 내에서 국왕의 위상은 어떠하였을까? 흔히 조선의 국왕은 그 권한과 역할에 대해서는 법전(法典)에도 기록되지 않은 것을 근거로 무제한의 권한을 행사한 것으로 추정하기도 한다. 그러나 국왕이 행사하는 입법권, 사법권, 인사권, 감찰권 등은 사실상 관료 조직이나 관료들에게 위임하여 명목상의 권한에 그치는 경우가 많았고, 직접 국왕의 손을 거치는 경우는 그리 많지 않았다.

2. 조선시대 동서양 '왕'의 상징

1) 조선

왕의 이름

조선에서 국왕의 이름은 매우 다양하였다. 예를 들어 왕(王), 국왕(國王), 대군주(大君主), 전하(殿下), 주상(主上), 상(上), 성상(聖上), 당저(當宁), 상왕(上王), 태상왕(太上王), 존호(尊號), 시호(諡號), 묘호(廟號), 능호(陵號), 전호(殿號), 추상존호(追上尊號), 추상시호(追上諡號) 등은 모두 국왕을 부르는 이름에 해당한다. 이러한 이름은 거의 공식적으로 쓰인 칭호인데, 이 밖에도 원래 지은 국왕의 개인 이름도 따로 있었다. 그리고 일반 사대부와 마찬가지로 자(字)나 호(號)도 있었다. 당대 국왕이 살던 시대를 의미하는 연호(年號) 역시 국왕을 직접 가리키는 것은 아니지만 있었다. 조선은 중국의 제후국임을 인정하였으므로 연호를 만들지는 않고 중국의 연호를 그대로 써서 조선 전기에는 명나라 연호를, 조선 후기에는 청나라 연호를 사용하였다. 그러다가 19세기에 들어 강화도 조약 이후에는 개국(開國) 연호를 사용하였다. 이제 공적으로 쓰인 국왕의 이름을 중심으로 그 유래와 특징, 상징성에 대해 상세하게 살펴보겠다.

왕(王), 국왕(國王)

'왕(王)'이라는 호칭은 조선시대 임금을 가리키는 명칭으로 가장 일반적으로 많이 쓰이는 것 가운데 하나이다. 왕의 유래는 그 한자의 유래가 갑골문까지 올라가는데, 초기의 형태(그림 1)는 '立(립)'자(그림 2)와 비슷하였다. 이것은 임금이 땅(一) 위에 선 사람(大)의 꼭대기에 있는 존재로서 최고의 존재를 의미한다고 해석할 수 있다. 그와 함께 다른 모양으로도 해석되었는데, 금문(金文)에서는 임금의 힘이나 권위를 상징하는 도끼(그림 3) 또는 모자(冠)를 상징하는 것이라는 해석도 있다.

　이러한 상형문자를 통해 우리가 알 수 있는 것은 왕은 다른 존재보다 우월한 최고의 존재라는 점과, 도끼에서도 볼 수 있듯이 지배자의 힘과 권위를 상징하는 호칭이었음을 확인할 수 있다. 도끼는 나무를 자르거나 사람을 공격하는 데에 쓰이는 것으로 물리력을 상징한다. 따라서 도끼를 소유한 사람은 강력한 힘을 지닌 존재임을 상징하였다. 그래서 신석기 시대의 무덤에서 발견되는 도끼는 무덤에 묻힌 사람의 신분

'왕(王)' 자의 갑골문

을 알 수 있는 중요한 자료이기도 하다.

　조선시대에는 '왕'이 자주 쓰였지만 태조 이성계가 처음부터 '왕'이었던 것은 아니다. 이성계는 처음 고려 공양왕으로부터 선위의 형식으로 왕위에 올라 처음 불린 칭호는 '권지고려국사(權知高麗國使)'였다. 그래서 중국과 외교 관계를 통해 중국 황제가 인정하는 임명장인 고명(誥命)과 도장인 인장(印章)이 필요하였다. 이것을 받으면 중국으로부터 인정받고 명실상부한 왕이 되는 것이었기 때문이다. 이미 고려 국왕이 새겨진 인장을 명나라에 반환하였고, 새 왕조의 국호가 조선으로 결정된 후에 이에 맞는 도장이 필요했던 것이다.

　이성계는 이를 위해 사신을 보내 고명과 인장을 요청하였는데, 이것이 쉽지 않았다. 이를 요청한 외교문서를 정도전(鄭道傳)이 작성하였는

문정왕후 금보(국립고궁박물관 소장)

데, 명나라는 그 문서에 무례한 표현이 있다는 이유로 정도전을 보내라고 강요하였다. 그러나 이에 응하지 않고 오히려 요동정벌 등을 추진하다가 왕자의 난이 일어나 정도전은 죽고, 정종이 즉위하였다. 정종 역시 고명과 인장을 요청하는 사신을 보내서 허락을 받았다.

그러나 제2차 왕자의 난이 일어나고 태종이 즉위하자 이를 취소하였는데, 다시 태종이 요청해 허락받았다. 그래서 태종 1년에 고명과 인장을 받았는데, 여기에는 전문(篆文)으로 '조선국왕금인(朝鮮國王金印)'이라는 여섯 글자가 새겨져 있었다. 곧 국왕이라는 호칭을 받은 것이다. 이후 다시 명에서 영락제가 즉위하는 정변이 있자 다시 태종은 사신을 보내 고명과 인장을 받았다. 이와 같이 '국왕'이라는 글자는 임금의 공식적인 도장, 특히 국왕의 도장 가운데 가장 중요한 옥새(玉璽) 또는 대보(大寶)에 쓰였다.

왕이나 국왕과 비슷한 명칭으로 쓰인 '대군주(大君主)'는 황제가 되기 전을 지칭한 것이다. 조선은 주지하다시피 고종 때 대한제국이라는 황제국으로 바뀌면서 황제라는 칭호도 사용하였다. 대군주는 황제가 되기 전 최고 권력자를 가리키는 용어로 사용되었다. 1894년 갑오농민전쟁이 발발하자 군대를 파견하여 경복궁을 점령한 일본이 청의 영향력을 단절하기 위해 조선에게 황제국으로의 변경을 요구하였는데 고종은 이를 거부하면서 대군주라는 칭호를 사용하였던 것이다.

전하(殿下)라는 호칭 역시 임금을 부를 때 많이 쓰던 용어이다. 전하의 의미는 전(殿)이 임금이 거처하는 궁궐 내의 건물을 뜻하므로 전하는 전 아래에 있는 사람을 뜻한다. 중국에서 황제를 폐하(陛下)라고 할 때 계단 아래 있는 사람이라는 것과 마찬가지이다. 궁궐의 건물은 나름대로 건물의 격에 따라 뒤에 붙는 명칭도 달랐다. 즉 '전-당-합-각-재-헌-루-정(殿堂閤閣齋軒樓亭)'의 순으로 등급이 낮아지는데 전(殿)은 가장 격이 높은 건물로서 주로 국왕이 공식적으로 거처하는 건물이었다.

일상적으로 많이 사용하는 호칭 가운데 주상(主上), 상(上), 성상(聖上)도 있다. 주상이나 상은 임금을 일상적으로 가리킬 때 흔히 많이 썼던 호칭이다. 실록에서도 임금을 가리킬 때 일상적으로 상이라는 표현을 자주 한다. 대체로 이런 호칭은 신하들이 임금을 지칭할 때 많이 등장하였다.

묘호(廟號)

임금을 가리키는 일상적인 호칭 외에 우리가 흔히 잘 알고 있는 임금의 이름은 주로 '세종(世宗)', '정조(正祖)'와 같은 묘호이다. 묘호는 묘에 붙이는 이름이라는 뜻인데, 여기에서의 묘는 임금의 사당에 해당되는 종묘이다. 따라서 묘호는 종묘에 모신 임금의 신주에 쓰인 이름을 가리킨다. 임금 사후에 붙이는 이름이므로 엄밀하게 보면 사후에 붙이는 시호(諡號) 가운데 하나라고 볼 수 있다.

가령 세종의 경우 공식 의례에서 사용된 시호는 '유명증시(有明贈諡) 장헌(莊憲) 세종(世宗) 영문예무인성명효(英文睿武仁聖明孝) 대왕'이다. 이 경우에 '유명증시'는 명나라로부터 받은 시호라는 뜻이며 그에 해당하는 시호가 '장헌'으로서 이것을 가장 먼저 두어 명나라로부터 받은 시호를 명분적으로 앞에 두었음을 알 수 있다. 그리고 '세종'은 조선에서 올린 것으로서 묘호에 해당하는데, 원래 제후국에서는 조종(祖宗)

을 붙이지 못하지만 독자적으로 묘호를 올린 것에 해당한다. '영문예무인성명효'는 세종 32년에 시호로서 올려진 이름이다.[3]

따라서 공식적인 명칭에서 제후에 해당하는 왕호와 황제에 해당하는 묘호, 그리고 시호가 섞여 있음을 확인할 수 있다. 조선왕조에서 독자적인 묘호가 회복되는 것은 태종 8년(1408) 이후이다. 이때 태종은 이미 훙서한 태조에게 독자적 묘호를 회복하여 추상(追上)하였다. 이것은 새로운 왕조를 개창한 개창주에 걸맞은 태조의 업적을 기리는 동시에 조선의 주체성을 천명하는 의미도 있었다. 이전까지 고려 말에는 공민왕 이후 원(元)으로부터 받은 국왕 시호와 함께 독자적 시호를 사용하였다.

이러한 사실은 조선 왕이 갖는 이름의 상징성에 곧 조선의 복합적인 지향이 담겨 있음을 확인하게 해준다. 중국과의 관계가 우선되는 공식적인 면에서는 중국에서 부여한 시호를 앞에 두지만, 바로 이어서 황제에게만 적용되는 '조·종(朝·宗)'의 명칭을 묘호로 사용함으로써 주체적인 측면을 강조하였던 것이다.

묘호는 세종의 경우 앞의 '세(世)'는 임금이 행한 업적을 기준으로 공적을 나타내는 글자를 선택하였고, '종(宗)'의 경우 해당 임금이 세운 공(功)의 비중을 평가한 용어이다. 조(朝)·종(宗)의 경우 원래 유교의 종법(宗法)에서 유래한 용어로서 시조(始祖)나 그 후예를 가리키는 친족 관계의 용어였다. 그러나 이것이 왕실에 적용되면서 정치적 의미가 부여되어 공이 있는 왕에게는 조(祖)의 칭호가, 덕이 있는 왕에게는 종(宗)

3 『세종실록』 권127, 세종 32년 2월 22일(정유).

의 칭호가 붙게 되었다. 대체로 중국의 역사에서는 왕조를 창업한 왕에게는 조, 그 후손의 왕에게는 종을 붙였던 것이 일반적이다.

그런데 조선시대에는 유독 같은 시기의 명이나 청에 비해 '조'를 칭한 왕이 많다. 고려시대에도 태조만이 '조' 자의 묘호를 가졌으며, 그 밖의 왕은 종이나 왕으로 호칭되었다. 조선에서만 태조 외에도 세조·선조·인조·영조·정조·순조 등의 조 자 묘호가 상대적으로 많다. 이를 현재의 시점으로 보면 창업에 비견될 만큼의 공을 세운 국왕이 많았다고 볼 수도 있겠다. 그러나 묘호가 정해진 시점을 기준으로 본다면 묘호가 제정될 당시부터 '조'로 호칭된 국왕이 많지는 않았다. 태조와 인조의 경우는 묘호를 제정할 당시부터 '조' 자의 묘호를 받았다. 이는 창업의 공이 있거나 그에 비견되는 공이 있다고 인정한 경우였다. 세조의 경우 처음의 논의 단계에서는 '종'으로 정해지는 듯하였지만 예종의 강력한 거부로 인해서 결국 '조' 자 묘호로 결정되었다.[4] 인조에게 '조' 자 묘호를 올리는 것은 당대에 크게 문제가 없었다.[5] 하지만 선조나 영조·정조·순조의 경우 모두 처음 묘호를 올릴 때에는 선종(宣宗)·영종(英宗)·정종(正宗)·순종(純宗)으로 올렸다가 이후에 다시 논의를 거쳐서 '조' 자 묘호를 받은 경우이다.

조와 종의 묘호는 그 자체로는 처음부터 우열의 가치가 부여된 것은 아니었다. 그러나 어느 순간부터 조 자 묘호에 대해 좀 더 비중을 두는 경향이 나타났다. 선조의 묘호를 논의하는 과정에서 해평부원군 윤

---

4 『예종실록』 권1, 예종 즉위년 9월 25일(신사).

5 『효종실록』 권1, 효종 즉위년 5월 23일(신사).

근수는 종이 조보다 폄하되거나 조가 종보다 가중되는 것이 아니라고 하였고, 이항복도 윤근수의 의견에 동의한 것을 보면 이미 조가 종보다 우월하다는 인식이 있었던 것을 알 수 있다.

결과적으로 처음에는 '종' 자 묘호를 받았던 국왕에게 그 행한 공적을 이유로 들어서 '조' 자 묘호로 바꾸는 일이 일어났던 것이다. 선조의 경우 종계변무(宗系辨誣)[6]와 임진왜란을 극복하여 중흥을 이룬 공이 평가되었다. 영조의 경우는 200년 가까이 지난 고종 26년(1889)에 김일경의 무고나 목호룡 고변사건, 무신란 등을 진압한 공적이 높이 평가되어 바뀐 경우이다. 순조는 서학의 유포를 막고 홍경래의 난을 진압한 공이 인정된 것이었다.

묘호의 앞에 쓰인 글자 역시 국왕이 행한 공적을 평가하여 이를 상징하는 역할을 하였다. 어느 글자를 선택하는가의 여부는 묘호를 결정하는 과정에서 논의되었다. 묘호는 선대 국왕이 훙서한 후에 다음 임금과 대신들의 논의를 거쳐서 결정되었는데, 대신들이 삼망(三望, 3개의 후보)을 올리면 국왕은 그중 하나를 결정하는 낙점(落點)을 통해 확정되었다.

묘호와 관련된 업무는 예조(禮曹)의 계제사(稽制司)에서 담당하였다. 묘호를 의논하는 날은 일관(日官)이 정한 길일(吉日)에 모여서 의논하는데, 2품 이상의 대신들은 각자 묘호에 사용될 글자에 대해 의견을 적어서 올리고, 이것을 삼공(三公)인 영의정, 좌의정, 우의정이 의논하여 세

---

6 종계변무는 조선 건국 초기부터 선조 때까지 200여 년간 명나라에 잘못 기록된 태조 이성계의 세계(世系)를 시정해달라고 주청했던 사건으로, 결국 선조 17년(1584) 종계변무 주청사 황정욱(黃廷彧) 등이 중찬된 『대명회전』의 수정된 조선 관계 기록의 등본을 가지고 돌아옴으로써 해결되었다.

개의 후보인 삼망을 올리는 형태였다. 그러면 임금은 이 가운데 하나를 결정하게 되는데, 대체로 첫 번째 후보인 수망이 결정되는 경우가 많았다. 예를 들어 정조(正祖)의 경우 삼망에 올랐던 후보는 정종(正宗), 순종(純宗), 선종(宣宗)이었다.

묘호의 글자는 선왕의 행적을 평가하여 이를 가장 잘 드러내는 글자로 결정하는 것이 일반적인 원칙임에도 불구하고 간혹은 생전에 선왕이 미리 선호하는 글자를 이야기해 둔 것으로 결정하는 경우도 있었다. 죽어서 예종이라는 시호를 얻으면 좋겠다는 의사를 표시하였던 예종이 그러하였고 명종도 같았다. 영조 역시 일찍이 경연에 참여한 신하들에게 '영(英)' 자를 묘호로 삼으면 좋겠다는 의사 표시를 하여 결국 이를 묘호로 삼게 되었다.

존호(尊號)와 시호(諡號)

조선시대 국왕을 부르는 가장 일반적인 칭호인 묘호가 국왕의 작고 후에 붙여진 이름이라면 생전 또는 사후에 그 덕성을 찬양, 표창하기 위해 붙이는 이름은 존호(尊號)이다. 시호는 크게 보아서는 묘호와 존호 등 국왕이 작고한 뒤에 붙이는 모든 이름을 가리킨다.

예를 들어 태조의 경우 시호는 '태조 지인 계운 응천 조통 광훈 영명 성문 신무 정의 광덕 고황제(太祖至仁啓運應天肇統廣勳永命聖文神武正義光德高皇帝)'인데 여기에서 '지인'은 명나라에서 준 시호이며, '계운'은 정종 2년에 올린 존호이고, '성문 신무'는 태조의 홍서 후에 올린 시호이다. 또한 '정의 광덕'은 숙종 9년에 추가하여 올린 시호이며, '응천 조통

광훈 영명'은 고종 9년에 추가해서 올린 존호이다. '고황제'는 광무 3년에 대한제국에서 추존하여 올린 시호이다. 이와 같이 보면 태조에게 올려진 시호는 증시 2자, 존호 10자, 시호 11자임을 알 수 있다.

존호는 일반적으로 매우 다양한 이유로 올려졌다. 국왕이 사망한 후 장례 기간이 끝나서 혼전(魂殿)에 모셔져 있던 국왕의 신위를 종묘에 옮겨서 부묘(祔廟)할 때는 존호를 올리는 것이 필수적이었고, 국가의 변란을 진압한 경우나 즉위한 지 오래되어 신하들이 축하하는 경우 올리기도 하였다. 비교적 초기에는 생전과 사후 모두 존호가 올려지기도 하였으나 점차 국왕과 왕비에게는 생전에 올리는 이름으로 정착되었다. 이에 반해 시호는 사후에 받는 것으로 분리되었다. 존호는 추가해서 올리는 경우가 적지 않았는데, 살아 있을 때는 '가상(加上)'이라고 하고 죽은 후에는 '추상(追上)'이라고 하였다.

시호는 원래 국왕에게만 적용되는 것은 아니었다. 조선시대의 경우 일반인에게 시호를 주는 것은 봉상시(奉常寺)에서 담당하기도 하였다. 국왕이나 왕비의 시호는 작고한 이후에 시호도감(諡號都監)을 설치하고 도제조(都提調)·제조(提調) 등을 임명하여 시책(諡冊)을 올리도록 하여 증시(贈諡)하는 절차를 진행하게 하였다. 국왕의 시호는 조선에서 올린 것도 있지만 중국에서 내린 시호도 있었다.

존호나 시호는 모두 국왕을 높이는 데에 사용된 것이다. 생전과 사후에 국왕의 공덕(功德)을 기리는 것이므로 존호나 시호가 여러 번 올려진 것은 그만큼 국왕의 공덕이 많았을 때라고 볼 수 있다. 존호나 시호를 함부로 올릴 수 없는 것이기에 그러한 추정이 가능하다.

그러나 이러한 시호나 존호가 자주 올려지는 것 역시 조선 후기에 보이는 역사적 현상으로 영조(英祖) 대 이후 특히 빈번하게 행해졌다. 영조 대의 경우 존호 의식이 모두 13차례 걸쳐 이루어졌다. 영조가 받은 것이 5회이고, 존호를 가장 많이 받은 인원왕후(仁元王后)는 9차례나 받았다. 19세기의 세도정치 시기에는 더욱 자주 존호 의식이 행해졌는데, 철종 대 순원왕후에 대한 존호의식은 2~3년에 걸쳐 연속적으로 거행되기도 하였다. 국왕으로서의 입지가 취약하였던 철종이 조상에 대한 의례를 더욱 자주 하였고, 이를 통해 왕권을 분식(粉飾)하였다.

2) 명과 청

명의 황제

1368년 명(明)을 건국한 주원장(朱元璋)은 중국에서 몽골 지배의 잔재를 없애고 송(宋)의 모델을 회복하는 것이 자신의 임무라고 주장하였다. 그러나 이러한 주장은 일부 한족 중심의 사고를 하는 이들에게는 위로가 될 수 있었겠지만 주원장은 원의 지배 체제에서 많은 것을 계승하였다. 오히려 그의 황제 즉위는 전통적인 중국의 황제 전통과 몽골의 칸을 결합한 새로운 형태의 황제였다.

　명의 황제, 홍무제(洪武帝)는 그 권력의 절대화를 꾀하여 관료제의 뒷받침을 받으며 강력한 권한을 행사하였다. 홍무제는 홍무 9년부터

'공인(空印)의 안(案)'[7]이나 '호유용(胡惟庸)의 옥(獄)'[8] 등을 거치며, 15년에 걸친 개혁을 통해 명의 기본적 통치 체제를 확립하였다. 기본적으로 재상 제도를 폐지하는 등 신권(臣權)은 분산시키고 황제에게 모든 권력을 집중시키는 절대 체계를 추구하였다.

홍무제는 관료 기구의 정점에 있는 중서성과 승상을 단계적으로 폐지하는 개혁을 비롯하여 행정·사법·군사의 모든 권한을 황제에게 집중시키고 이갑(里甲)[9] 농민을 기저로 한 황제 일원적 지배 체제를 확립하였다. 만기(萬機)를 자신이 모두 직접 통할하게 된 황제에게 이를 보조하는 이는 필수적이었다. 따라서 황제는 최측근인 환관을 정치에 동원하였고, 황제의 비서관으로 출발한 내각이 정치에 참여하게 되었다.

홍무제의 사후 혜제(惠帝)를 거쳐 영락제(永樂帝)가 즉위한 후에 환관과 내각대학사(內閣大學士)를 활용하여 황제의 측근 집단을 통해 실권을 강화하는 방식으로 황제권의 집중력을 높였던 것이다. 한편으로는 『성리대전(性理大全)』, 『영락대전(永樂大全)』 등의 편찬을 통해 반대 세력을 흡수하는 한편 체제 교학으로서 성리학의 위상을 확고하게 하기도 하였다.

환관과 내각이라는 사적인 두 기구를 기반으로 한 명대의 황제 권력

---

7 공인(空印)의 안(案)은 매년 호부(戶部)에서 지방 재산의 수지결산(收支決算)을 하고 이를 마친 후 호부와 지방 관청의 인인(認印)을 찍는 것인데, 왕래가 번거로우므로 지방에서 미리 인인을 찍은 서류를 휴대하는 것이 관례였으나 이를 문제 삼아 관료를 처벌하고 대대적으로 교체한 사건이다.

8 호유용(胡惟庸)의 옥(獄)이란 개국공신이자 중서성 좌승상이었던 호유용에게 모반죄를 씌워 죽이고 이와 연루된 1만 5,000명을 처형한 사건이다.

9 이갑제(里甲制)는 중국 명나라 때 시행한 부역법과 그에 따른 촌락의 행정 조직이다.

은 점차 관료 기구의 합리성과는 거리가 멀게 되었다. 이러한 내각 정치의 최고 자리에 있던 장거정(張居正)은 개인적인 역량에만 의존함으로써 향촌에서 성장한 신사(紳士) 층을 흡수하지도 못하고 한계를 드러내었다. 동림당(東林黨)은 이러한 명조의 황제 일원적인 전제 지배 체제를 반대하고 분권공치(分權共治)적인 군주주의를 표방하였다. 이들에게 이 시기의 공(公)은 개개인의 사(私)를 합하여 천하의 공을 이루는 것으로 보았고, 천하의 사를 위하는 것이 군주의 공으로 보았다.

그러나 명나라 말기의 동림당의 활동은 만력제(萬曆帝)의 '무대응'에 대한 대응임에도 불구하고 황제 권력의 무능을 구제하기에는 부족하였다. 황종희(黃宗羲)가 『명이대방록(明夷待訪錄)』에서 혹독하게 비판한 황제 제도 역시 그 권력의 근거가 민에 기반하지 않으면 안 된다는 점을 강력하게 경고한 것이었다.

청의 황제

청나라는 명의 뒤를 이어 이민족으로서 중국을 지배하게 됨에 따라서 이러한 지배를 합리화하는 방향으로 황제의 상징을 적극적으로 활용하였다. 청조는 자신에 반대하는 무장 세력에 대해서는 군사적 진압과 병행하여 지속적으로 문화에 대한 통제 정책을 추진함으로써 명나라 말기와 같은 재야 신사(紳士)들의 조직적인 거부 운동을 불가능하게 만들었다.

어느 정도 반청의 기운을 무마한 청조는 나아가 적극적으로 자신들, 특히 황제에게 천명이 왔다는 점을 강조하였다. 초기에는 금나라와의 종족적인 연계를 중시하기도 했지만 점차 다양한 구성원의 지지를 확보하기 위해 이전에 이미 세계 제국을 건설하였던 원(元)의 천명론(天命論)을 계승하였다. 청이 선택할 수 있는 천명의 근거는 당연하게 종족보다는 도덕성이었다.

강희제(康熙帝)는 도덕에 입각한 도덕군주상을 제시하였는데, 입관(入關) 전에 종족과 지역에서 벗어나지 못했던 것에 비해 입관 후에는 유교의 도덕주의에 근거한 새로운 천명론을 제시하였다. 그것은 사실 기존의 성리학에 있었던 천인감응(天人感應)에서 벗어나지 않는 것으로 스스로를 반성하고 지속적인 노력을 통해 하늘의 대행자로서 군주의 위상을 설정한 것이다.

이러한 논리에 따라 강희제는 '효제(孝悌)를 돈독히 함으로써 인륜(人倫)을 중히 여기게 한다(敦孝悌以重人倫)'는 등 16조목의 성유(聖諭)를 발표하는데 이는 도덕주의를 강조해 지배의 정당성을 확보하면서 동시에 천명에 연결시키려는 노력이었다. 옹정제(雍正帝) 역시 유교 강령을 좀 더 풀어서 설명까지 덧붙인 『성유광훈(聖諭廣訓)』을 출판하기도 하였다. 그리고 청의 황제들은 자신들이 직접 실제 하늘에 대한 제사에 참여하였다. 강희제는 재위 60년간 교천(郊天) 의례에 참여하였다. 이는 하나의 전통이 되어서 옹정제와 건륭제의 시기에도 거의 직접 제사에 참여하는 비율이 100퍼센트에 가까웠다. 특별히 주목되는 점은 황제가 이렇게 직접 참여하는 제사인 친제의 비율이 다른 제사인 방택(方澤), 태묘(太廟), 사직(社稷)보다 매우 높다는 점에서 하늘을 통한 공적인 권위를 높이려는 상징으로서 교천 의례를 활용하였음을 알 수 있다.

한편 청조의 황제들은 이미 현실의 정치권력을 확보하였지만 이러한 '치통(治統)'이 이미 이전부터 내려오던 것을 계승한 것이라고 설정하였다. 이들은 산해관을 통한 입관을 폭정으로부터 백성을 구제하여 안정시킨 것으로 보았으며, 명조(明朝)와의 관계도 정복한 것이라기보다는 계승한 것으로 이해하였다. 따라서 청조 이전 왕조의 역대 제왕에 대한 제사 역시 중시함으로써 자신들이 외부에서 온 정복자임을 희석시켰다. 개국 군주에게만 해당되는 숭사(崇祀)의 대상을 143위(位)까지 확대함으로써 왕조를 초월하여 영원한 군신 관계를 추구하였다.

청조는 이러한 현실적인 정치권력으로서의 '치통'에 대한 상징을 제사를 통해 구현하였다면 다른 한편 유교 국가의 학문 권력에 대한 상징 역시 '도통(道統)'으로 강조하였다. 청나라의 황제들은 그들 스스로가 적극적으로 유교 이념의 적임자이며 전파자임을 강조하였다. 강희제는 북경의 문묘(文廟)에서 친제를 거행하였으며, 역대 제왕 가운데 최초로 곡부(曲阜)에 있는 공묘(孔廟)에서 삼궤구고두(三跪九叩頭)의 예를 행하였다.

한편 강희제는 신하들과 함께 유교 경전을 공부하며 통치의 근거를 삼는 경연(經筵)에 주목하여 이틀에 한 번 하던 것을 매일 하게 하거나 경연의 의주[儀註, 전례(典禮)의 절차를 주해하여 기록한 책]를 마련하는 등 중시하였다. 매일 아침저녁으로 신하들과 유교의 고전을 통해 치국의 도를 찾는 황제의 모습은 유교에서 이상적으로 생각한 성군(聖君)의 상징이었다.

건륭제는 아홉 차례나 곡부의 공묘를 방문하고, 공묘도 황제를 상징하는 황색의 유리 기와로 교체하여 황실과 연결됨과 지지를 상징적으로 드러내었다. 명조에서는 공자와 문묘의 위상을 격하하였던 것에 비해서는 정반대의 조처였다. 나아가 건륭제는 자신의 즉위 50주년을 기념하여 고대(古代) 태학(太學)인 벽옹(辟雍)의 모습을 재현하여 건설하였다.

벽옹은 1783년(건륭 48) 2월 14일 건륭제가 친제(親祭)를 행하고 지을 것을 명하고 나서 이듬해 완성되었다. 이때 건륭제가 벽옹을 짓도록 한 이유는 건륭이 등극한 지 50년이 되는 해를 기념하여 태학에 가서 석전제(釋奠祭)를 행하고 벽옹에서 학문을 강론하려고 하였기 때문이다.[10]

이러한 의식은 건륭제가 지향하였던 정치가 유교 정치에서 이상적으로 추구하였던 왕통과 도통의 일치, 즉 성인(聖人)에 의한 정치, 요순 정치를 자신이 실현한다는 것을 내외적으로 과시하고 싶은 욕구에서 나온 것이었다. 실제로 건륭제는 조서(詔書)에서,

> 짐이 대대로 내려오는 덕을 삼가 이어받아, 큰 복을 맞이한 지 지금까지 50년이 되었다. 나이는 고희(古稀)가 넘었지만 건강하여 정사를 부지런히 다스리고 있다. 이것은 삼대(三代) 이후의 제왕(帝王)들이 나라를 다스리며 오랫동안 임금 자리에 있었던 자들을 살펴보더라도 역대에 자주 볼 수 없었던 일이며, 한(漢)나라 이후의 사책(史冊)에서도 다시 들어본 적이 없는 일이다. 바야흐로 지금 하늘이 거듭 명하여 번영하는 큰 복이 나의 몸에 모이고, 5대의 원손(元孫)이

10 이러한 정황에 대해서는 동지사로 다녀온 연행사의 보고, 즉 정사(正使) 이휘지(李徽之)와 부사(副使) 강세황(姜世晃)의 보고를 통해 알 수 있다. 벽옹에 관한 일은 건륭제의 조서에 나온다. 『정조실록』 권19, 정조 9년(1785, 건륭 50) 2월 갑오(14일).

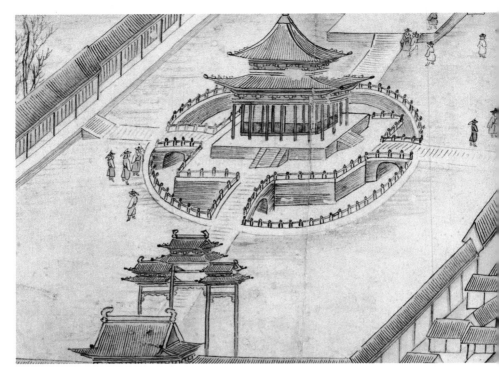

〈연행도〉(숭실대 한국기독교박물관 소장)에 그려진 '벽옹'

한집안(一堂)에 살고 있는 큰 경사가 계속되는 영광과 크고 완전한
행복이 온 나라에 넘치고 있다. 무릇 중외(中外)의 신민(臣民)들이 모
두 인수(仁壽)에 오르고, 이렇게 번영하는 시대를 맞이하는 것은 진
실로 천 년에 한 번 있는 일이다.[11]

11 『정조실록』 권19, 정조 9년(1785, 건륭 50) 2월 갑오(14일).

1부 국왕의 시공간적 좌표

라고 하여서 자신이 오래 제위(帝位)에 있으면서 태평성대를 이룩한 것을 역대에 없는 일이라며 요순에까지 견주고 있다.

3) 유럽

조선시대에 해당하는 시기의 유럽 군주는 이른바 절대군주였다고 볼 수 있다. 절대왕정의 군주가 등장하고 유지된 시기는 대략 16세기부터 18세기까지이다. 이 시기를 중심으로 무대에 등장한 절대왕정은 유럽 사회가 봉건사회를 탈피하여 근대적 발전 단계로 접어든 시점에 위치한다.

절대왕정 국가가 등장한 것은 지방 분권적인 정치체제를 지향했던 중세의 국가를 넘어서서 왕권을 중심으로 한 새로운 중앙집권 국가의 탄생을 의미하였다. 이러한 국가가 탄생하기 위해서는 관료제의 발전과 용병을 기반으로 한 상비군이 필요하였고, 이는 전국적인 행정력이 완비되고 무력의 독점이 이루어지는 것을 의미하였다. 이러한 체제를 위해서 조세를 강화하는 것은 필수적인 조건이었다. 물론 관료제, 상비군, 조세로 뒷받침된 절대왕정이 어느 날 갑자기 등장한 것은 아니었고, 프랑스의 경우 이전의 역사 과정에서 복합적으로 만들어진 산물이었다.

16세기 이전에도 프랑스에는 왕정의 전통이 있었다. 프랑스 왕국에는 한 명의 국왕이 지배하였고, 국왕을 정당화하는 상징이 있었다. 그것은 대체로 자연과 자연법으로서 이를 통해 모든 형태의 권위와 지배,

또 그에 대한 복종을 정당화하였다. 그러나 왕정에서 절대왕정으로의 변화는 자연법만큼 자연스러운 변화는 아니었다. 지속적인 왕위의 세습을 통해 사법권을 확보하였던 국왕은 내외의 어려움에 맞서서 세금을 거두고 군대를 소집할 수 있는 권리도 인정받게 되었다. 국왕은 점차 전체 백성들의 이익을 위해 존재하는 것임을 인정받았고, 그에 따라 국왕은 사회의 각 부분에 다양한 형태로 나누어진 권력을 하나로 모으게 되었다.

이러한 과정을 거치며 프랑스는 앙리 4세의 치세로부터 루이 14세에 이르는 1715년까지 점차 국가 이성을 왕국의 통치 이념으로 확립하였다. 그리고 루이 14세는 1661년 직접 통치를 선언하여 새로운 통치체제가 등장하였음을 알렸다. 그리고 통치의 안정을 위해 새로운 거처로서 1682년 베르사유궁을 마련하여 전 유럽을 대표하면서 새로운 지상의 신으로 등극하였다.

절대왕정의 절대군주를 표현하였던 베르사유궁은 여러 면에서 상징적이다. 이 정원과 성채는 국왕의 권위를 상징하는 것이었는데, 정원과 성의 외벽과 내벽을 장식한 조각과 부조, 그림들은 신화라는 기호체계를 통해 절대주의를 표현하였다. 국왕의 위업은 신화를 통하여 신비로운 것으로 표현되었다.

물론 절대왕정의 군주를 신비로운 상징으로서만 표현하려고 한 것은 아니다. 베르사유 정원의 기하학적 구조는 그대로 도시로 옮겨졌는데, 세 개의 대로로 구분된 파리는 당시로서는 매우 드문 계획도시였다. 근대국가에서 볼 수 있는 정치적 합리성을 도시에 표현한 대표적인 사례이다.

베르사유궁 정원

　합리성만이 아니라 국왕을 수식하였던 상징은 곳곳에 국왕을 신비화하였는데, 예를 들어 국왕의 침실은 정원의 머리에 위치한 아폴로 분수부터 정원을 가로질러 시가로 이어지는 중앙선상에 위치하였다. 국왕의 거주 공간은 다른 공간에서 분리되어 성당의 제대를 연상시켜, 국왕이 이 방에서 거주하는 것 자체가 의식의 일부가 되게 만들었다. 일어나고 잠드는 일상이 궁정에 있는 사람들에게 의례가 되었다.

　샤펠 루아얄(Chapelle Royale)에서의 아침 미사 역시 국왕의 신비감을 드러내는 장치였다. 다른 성당과는 달리 샤펠 루아얄의 제대 앞에는 좌석이 없었는데, 국왕은 2층의 특별석에서 미사에 참여하였고, 특별한 행사가 있지 않은 한 아래층으로 내려오지 않았다. 이러한 공간 설정을

프랑스 왕실 예배당 샤펠 루아얄

통해 천상계와 지상계를 연결하는 국왕을 표현하였다. 따라서 국왕이 미사에 참여하는 것은 오직 신에게만 책임지는 의미를 지닌 것이었고, 이러한 절대성을 교육하는 장이 미사였다.

　베르사유에서 루이 14세를 중심으로 하여 행해지는 궁중 의식에서는 국왕이 일어나는 기침 의례부터 취침에 이르기까지 국왕의 행동 전반에 걸쳐 왕궁 안에 있는 모든 사람들의 위치를 부여하고, 그들에게 역할을 주어서 궁정인으로 하여금 자신이 국왕과 어떤 위치와 관계 속에서 있는지를 확인시켰다. 이를 통해 특히 귀족들을 길들여서 국왕 아

　　　　　　　　　　　　　　　　1부 국왕의 시공간적 좌표

래 철저하게 자리매김하게 했다. 이런 점에서 베르사유의 궁중 의식은 절대군주를 중심으로 한 일원적인 질서를 만드는 방편이었다. 여기에서 수행되는 의례는 동아시아 국가의 왕정체제에서 행해졌던 의례와 같은 의미를 지녔고, 이는 왕조 국가로서의 공통점이었다.

'왕'의 사상적 기반과 상징

조선시대 국왕을 뒷받침하는 가장 강력한 사상은 유교 사상, 특히 성리학 사상이라고 할 수 있다. 조선 국왕의 가장 이상적인 모습으로 그려지는 '어진 임금'이라는 이미지 역시 성리학에서 유래한 것이라 할 수 있다. 실제로 조선의 국왕에게 최고의 이상적인 군주의 모습은 '성인(聖人) 국왕'이었으며 신하들은 국왕에게 끊임없이 성인이 될 것을 요구하였다.

조선 초인 태조 3년에 신하가 올린 상소를 보자.

전백영(全伯英) 등이 상소하였다.

"신 등은 보잘것없는 자질로 다행히 좋은 시대를 만나서 외람되게도 말하는 직책을 맡아 가만히 있을 수 없으므로 어제 좁은 소견으로 천청(天聽, 임금의 귀)을 번거롭게 하였더니, 다행히 살피시고 신 등으로 하여금 다시 (자세한) 조목을 올리게 하여 시행하려고 하시니, 이것은 전하께서 정치를 잘하려는 마음이 간절하고 간하는 말을 좇는 아름다운 뜻입니다. 신 등은 감격을 이기지 못하여 삼가 아는 바를 다음에 기록하여 올리니, 전하께서 이를 살피시고 나머지 (다른) 조목도 곧 시행해주시면 조선 사직의 복이 될 것입니다. 무릇 순임금은 천하의 큰 성인이요, (요의 아들) 단주(丹朱)는 천하의 불초한 자입니다. (그 신하) 우가 순에게 경계하기를, '단주와 같이 거만하고 놀기만 좋아하며 못된 짓만 하지 마소서.' 했으니, 우와 같은 대단히 밝은 분으로서 어찌 순과 같은 큰 성인이 단주와 같이 거만하지 아니할 것을 모르리까마는, 충성이 지극한 나머지 오히려 높은 자리에 있는 사람이 한번 생각을 잘못하여 혹시나 과오에 빠지지 않을까 하여, 그와 같이 경계한 것입니다. 전하께서는 잠저에 계실 때부터 경전(經傳)과 사서(史書)를 모두 보시어 역대의 성하고 쇠한 것을 마음속에 간직하고, 중외에 출입하여 백성들의 괴로움을 마음 아프게 생각하시니, 어찌 (일일이) 알려드린 뒤에 아시리까마는, 오늘날의 드린 말씀은 당(唐)·우(虞) 시대의 임금과 신하가 서로 경계한 뜻이니, 전하께서는 기쁘게 여기시고 살피소서." (『태조실록』권6, 태조 3년 8월 6일 계유)

전백영이 올린 상소에서 이미 태조는 왕위에 오르기 전부터 경전과 사서를 읽어서 성인의 자질을 갖추었으며, 여기에 백성들의 괴로움까지 살핀 경험이 있음을 강조하였다. 그럼에도 불구하고 요임금과 순임금의 시대에 임금과 신하들의 경험을 재차 지적하여 이를 따라야 할 전범으로 제시하였다. 즉, 태조가 성인의 능력을 갖추었지만 요순 시대를 모범으로 삼아 끊임없이 노력할 것을 요청한 것이다. 이와 같이 신하들이 생각하는 국왕은 곧 동양의 이상적인 시대인 삼대(三代), 곧 요순의 이상 정치를 실현하는 성인 국왕을 표준으로 하였던 것이다.

그러나 성리학 사상이 국왕을 설명하고 수식하는 사상의 전부였을까? 고대부터 최고 지도자는 하늘로부터 왔다는 생각은 오랫동안 이어져 내려왔다. 이러한 관념이 유교사상에 없는 것은 아니지만 유교 사상에 내재되어 있던 이 관념조차도 거슬러 올라가면 원시시대에 하늘을 신성시하고 이로부터 최고의 권력이 유래하였던 데서 나온 것이다. 따라서 조선시대에도 여전히 국왕이 하늘로부터 계시를 받고 온 존재라는 형식의 정당화가 이루어진 측면도 있다. 조선에서 일시적이었지만 국왕이 하늘에 제사를 지냈던 사실도 임금이 하늘의 아들이라는 관념 때문에 가능한 것이었다.

뿐만 아니라 국왕을 수식하였던 상징에는 비단 유교 내지 성리학 사상만이 영향을 미친 것은 아니다. 이단 사상으로 배척받았던 불교적인 장식이 영향을 미칠 수도 있었고, 도교적인 요소도 영향을 미치기도 하였다. 국왕이 살았던 궁궐에서도 가장 중요한 정전(正殿)에서 국왕이 앉았던 어좌(御座)의 윗부분에는 당가(唐家)가 있는데, 이는 임금의 권위를 상징하는 최고의 장식으로 보았다. 그런데 이 당가는 불교에서 불상을 모신 법당의 닫집과 매우 유사한 형식으로 최고 지도자인 국왕에게 미친 불교적인 양식의 영향을 짐작할 수 있다.

도교의 영향도 국왕을 수식하는 상징에 영향을 주었다. 궁궐을 장식하였던 것 가운데 어좌 뒤편에 있던 일월오봉병(日月五峰屏)이나 궁궐의 많은 신수(神獸) 등은 도교의 영향을 읽을 수 있는 증거들이다. 그리고 현재는 남아 있지 않지만, 궁궐의 벽을 장식하였던 신선 그림 역시 불로장생을 염원한 상징으로 해석할 수 있다. 한편 조선 전기까지 남아 있던 도교 관련 관서인 소격서(昭格署)의 존재도 국왕의 권위 내지 상징과 관련된다고 할 수 있다.

1. 원시 신앙

정치적 최고 지배자에게 신성성(神聖性)을 부여하는 방식은 인류가 오래전부터 다양하게 시도해왔다. 원시시대에는 최고 지도자가 정치와 종교가 통합된 상징으로서 인식되어, 제정(祭政) 일치의 특성이 있었다. 그러나 인지가 발달함에 따라 최고 지도자에게서 점차 종교 지도자로서의 모습은 사라지고 정치 지도자로서의 성격만이 남게 되었다.

그러함에도 불구하고 최고 지도자가 단순한 정치 지도자 이상이라는 생각, 즉 보통의 사람들과는 다르다는 생각은 지속되었다. 예를 들어 조선시대에는 불교적인 용어로 더 이상 국왕을 수식하지는 않았지만 국왕은 아무나 되는 것이 아니라 하늘에서 정하여 주고, 하늘이 내려준 인물이라는 생각이 있었다. 이때의 하늘은 오래전 원시 신앙에서 신성한 존재의 근원이 되었던 바로 그 하늘과 다르지 않았다.

동아시아에서 중국의 경우도 마찬가지였다. 즉, 옛날부터 하늘에는 주재자가 존재한다고 여겼고, 이 주재자를 상제(上帝), 천제(天帝) 또는 황천상제(皇天上帝)라고도 하였다. 인간 세계의 모든 길흉화복은 인류와 만물을 낳고 기르는 절대적인 권위자인 이들에 의해 만들어지는 것으로 여겨졌다.

조선왕조를 건국한 태조에게도 이러한 설명이 덧붙여졌다. 정도전은 조선 초에 태조의 덕을 기리는 「몽금척(夢金尺)」이라는 악장을 지으면서 다음과 같이 하늘로부터 신인이 와서 이성계를 점지해주었다고 하였다.

문하시랑찬성사 정도전이 전문(箋文)을 올리었다.
"신(臣)이 보건대, 역대(歷代) 이래로 천명(天命)을 받은 인군은 무릇 공덕(功德)이 있으면 반드시 악장(樂章)에 나타내어 당시(當時)를 빛나게 하고, 후세에 전하여 보이게 하니, 그런 까닭으로 '한 시대의 흥하고 번성함이 있으면 반드시 한 시대의 작품이 있게 된다'고 하였습니다. 삼가 생각하옵건대, 주상 전하(主上殿下)께서는 뛰어난 무용(武勇)을 선천적으로 타고나셨고, 용기와 지혜는 하늘에서 받으셔서 깊고 두터운 인덕(仁德)이 민심(民心)과 맺어진 지가 이미 오래되었습니다. 그렇기 때문에 천명(天命)을 받은 것이, 반드시 백성들의 소망에서 나와 아침에 대의(大義)가 바르게 된 이유입니다. 그런데 상서로운 봉(鳳)이 뭇 새들보다, 신령스러운 지초(芝草)가 보통 풀보다 그 남〔生〕이 반드시 다르게 되니, 성인(聖人)이 일어날 적에 영이(靈異)한 상서(祥瑞)가 먼저 감응(感應)하게 되는 것은 또한 이치의 필연적인 것입니다. (중략)
삼가 천명(天命)을 받은 상서(祥瑞)와 정치를 보살핀 아름다운 점을 기록하여 악사(樂詞) 3편을 지어 이를 써서 전문(箋文)에 따라 바치옵니다.

『진작의궤(進爵儀軌)』(1828, 서울대 규장각한국학연구원 소장)에 들어 있는 악장「몽금척」의 춤 그림. 조선 건국을 축하하고 군왕의 만수를 기원하며, 국가의 융성을 찬양하는 뜻으로 펼치는 웅장하고 화려한 춤이다.

「몽금척(夢金尺)」: 주상 전하께서 잠저(潛邸)에 계실 때에, 꿈에 신인(神人)이 금자[金尺]를 받들고 하늘에서 왔는데, '경 시중(慶侍中, 慶復興)은 깨끗한 덕행은 있으나 또한 늙었으며, 최 삼사(崔三司, 崔瑩)는 강직한 명성은 있으나 고지식하다' 하고, '전하(殿下)는 자질이 문무(文武)를 겸비했으며 덕망도 있고 식견도 있으니, 백성의 여망이 있게 되었다' 하면서, 이에 금척(金尺)을 주었던 것입니다. 하늘의 살피심이 심히 밝으셔서, 길몽(吉夢)이 금척에 맞으셨습니다. 깨끗한 사람은 늙었고 강직한 사람은 고지식하니, 덕망이 있는 사람에게 이것이 적합하였습니다. 상제(上帝)는 우리의 마음을 헤아려서 국가를 정제(整齊)하게 했으니, 꼭 맞은 그 증험은 천명을 받은 상서(祥瑞)입니다. 아들에게 전하여 손자에게 미치니, 천억 년(千億年)까지 길이 미치겠습니다.(후략)"(『태조실록』권4, 태조 2년 7월 26일 기사)

이와 같이 태조가 하늘의 점지, 곧 천명을 받았다는 생각은 조선 초에 건국이라는 특별한 상황을 강조하는 의미에서 나타나기는 하였지만 지나친 과장만은 아니었다. 고대부터 내려온 관념으로 최고 지도자를 하늘과 연결시켜 합리화하여 권력을 정당화하려는 상징체계를 계승한 것이었다.

하늘의 뜻, 곧 천명을 이어받은 국왕은 곧 이의 실현자로서 하늘의 뜻을 대신하여 펼치는 대리자였다. 따라서 하늘의 뜻을 직접 묻고, 하늘에 기원하는 의식의 주관자 역시 최고 지도자로서 국왕이 해야 할 몫이었다. 그러나 주지하다시피 조선은 제후국임을 자처하였기에 하늘에 기원하는 제사를 지내는 것만은 중국에서 지내고 조선은 지낼 수 없는 것으로 여겼다. 유교 의례에 따른 것이기는 하지만 하늘에 지내는 격이 가장 높은 대사(大祀)만은 직접 실행하지 못하는 것으로 보았다.[12]

조선시대 내내 그러한 원칙은 지켜지기는 하지만 일시적으로 하늘에 제사를 지낸 적이 있기는 하였다. 세종 1년에 원구(圓丘, 원구단 또는 원단, 환구단)에서 지낸 기우제(祈雨祭)였다. 세종이 직접 가지는 않고 관례대로 대신 지내게 하는 섭행(攝行)의 형태로 우의정 이원(李原)을 보내 기우제를 지낸 것이다.[13] 세종 25년에는 세종이 직접 제천례를 거행하겠다고 제안하였다. 제후가 천지에 제사 지내지 못하고 산천에 제사 지내는 것은 중국 내에서만 통용되는 원리이고, 조선은 국외이므로 해당하지 않는다는 논리에서 주장한 것이었다.[14]

그러나 신하들의 반대에 부딪히자 세종은 원단 이외의 곳에서 기우제를 지낼 것을 명했다. 세종 31년에도 다시 가뭄이 심해지자, 영의정 황희(黃喜)는 원단에서 기우제 지낼 것을 요구하였다. 이미 모든 신들에게 제사를 지냈고, 기우제를 원단에서 지내는 것을 사전(祀典)에 기록하여 항상 지내게 되면 예를 어기는 것이 되지만, 사정이 부득이하여 긴급한 상황에서는 가능하다는 상황 논리를 폈다. 그러나 이때에 세종은 원단에서 기우제를 거행하여 비가 오면 예를 어기는 것도 받아들일 수

---

12 여기에서 대사(大祀)는 단순하게 큰 제사를 의미하는 대사가 아니다. 유교 의례의 길례(吉禮)에서 제사는 대사(大祀)·중사(中祀)·소사(小祀)로 나뉘며, 이 세 가지 각각의 제사는 다시 천·지·인과 연결되는데, 이때의 대사를 말한다. 조선에서는 대사 가운데 지와 인에 해당하는 사직제와 종묘제례는 지냈지만 천에 해당하는 대사만을 지내지 못했던 것을 말한다.

13 『세종실록』 권4, 세종 1년 6월 8일(신사).

14 『세종실록』 권101, 세종 25년 7월 10일(계해).

있지만 비가 오지 않는다면 예를 어겼다고 명분도 잃고 실제로는 무익하기에 할 수 없다고 하였다.[15]

제천례를 국왕이 거행하는 것은 거의 폐지되는 듯하였지만 세조 때에 일시적으로 복구되어 시행되었다. 세조 3년(1457) 1월 15일에 세조는 면복(冕服)을 갖추어 입고 환구단에서 직접 제천례를 행하였다.[16] 환구단 제례 행사는 치밀하게 준비되어 전년 12월에 예조에서 환구단의 제도를 의논하여 환구단을 복원하였으며, 해당 월에는 환구단을 관리할 관청인 환구서(園丘署)를 설치하여 환구단에서의 제례 절차를 마련하게 하였다. 중국의 예서인『개원례(開元禮)』와 고려의 예서인『상정고금례(詳定古今禮)』를 참조하여 만들었다.

또한 한명회를 비롯한 승지들이 미리 환구단에 나가 제천례 의식을 연습하였고, 성균관 사예(司藝) 김수온(金守溫)은 국왕과 신하들이 제천례를 마친 후 잔치를 열 때 사용할 악장을 지어서 올렸다. 악장은

> 하늘이 우리나라를 돌보아서 신성한 자손들이 태어나니
> 덕은 여러 왕들 가운데 으뜸이요 공적은 일국(一國)에 더해졌도다
> 위엄 있는 환구단에 상제가 빛나게 오시니
> 처음 성대한 의례를 거행하여 신과 사람 모두 기쁘네
> 이에 조정에서 잔치를 베풀어 갖은 음식으로 은택을 나누니
> 밝은 군주와 어진 신하들이 서로 시를 지어 하늘의 복록을 받는구나

---

15 『세종실록』권125, 세종 31년 7월 4일(임오).

16 『세조실록』권6, 세조 3년 1월 15일(경진).

이렇게 준비하여 1월 15일에 세조가 직접 환구단에서 제천례를 거행하였다. 조선의 국왕으로서는 처음으로 직접 제천례를 거행한 것이었다. 15일로 날을 정한 것도 중국의 사례를 참조한 것이다. 뿐만 아니라 신위(神位)나 제기(祭器)의 설치도 명나라 태조 때에 작성된 『제사직장(諸司職掌)』을 참조하여 황제국에서 지냈던 제천례와 다름이 없었다.

세조는 이와 같이 조선시대 전후에 걸쳐서 유례가 없는 하늘에 제사지내는 행사를 치렀다. 세종 때에도 시도는 하였지만 포기했던 일이었다. 다른 관점에서 본다면, 이와 같이 무리한 일을 진행한 배경에는 세조로서는 절박한 정치적 위기가 있었기 때문이다. 단종을 몰아내고 왕위에 오른 세조는 단종의 복위를 도모하던 사육신(死六臣) 사건이 세조 2년(1456)에 일어나자 이를 타개하기 위해 국왕으로 모든 권력을 집중하고 국왕의 존엄을 다시 확인하려 했던 것이다.

정치적 이유야 어떠하였든 세조는 환구단에서 매년 정월 보름에 국왕이 직접 제사를 거행하는 친제(親祭)의 형태로서 제천례를 거행하여 세조 10년(1464)까지 시행하였다. 그러나 세조 10년 마지막으로 거행된 이후에 국왕이 주관하는 환구단에서의 제천례는 더 이상 지속되지 않았다.

세조 이후에도 환구단에서 제천례를 거행하려 한 경우가 있었다. 광해군은 세조 때의 이 행사를 본받아 치르려 하였다. 마치 세조가 사육신 사건을 해결하고, 제천례를 행하고 존호를 받은 것처럼 광해군 자신도 계축옥사와 중국에 잘못 알려진 사실을 바로잡은 변무(辨誣)를 해결하였기에 제천례를 행하고 존호를 받으려던 것이었다. 그러나 이러한 시도 역시 신하들의 강력한 반대에 부딪혀서 좌절되었다.

환구단 전경(『한국풍속풍경사진첩』, 1911)

조선 후기에는 남단(南壇)이 환구단을 대신하였다. 조선 후기의 국
왕들은 환구단 대신에 남단이나 북단(北壇) 또는 선농단(先農壇)에서 기
우제를 지냄으로써 하늘에 직접 제사를 지냈다. 대사(大祀)는 아니지만
국왕이 직접 지내는 친제의 대상을 하늘로 설정하여 하늘과 연결된 존
재임을 확인시켰다.

효종과 숙종이 남교(南郊)에서 기우제를 지내거나 숙종이 선농단에
서 기우제를 지낸 사례, 경종이 남단 기우제를 거행한 사례, 영조가 북
교(北郊)에서 기우제를 거행한 사례 등은 모두 그러한 예이다. 정조도
남단 기우제에 크게 관심을 기울였다. 특히 정조는 남단을 환구단이 이
름을 바꾼 것으로 보았다.

전교(傳敎)하기를,

"지금의 남단(南壇)은 바로 옛날 교사(郊祀)하던 환구단(圜丘壇)이다. 예(禮)에 사서인(士庶人)은 오사(五祀)에 제사할 수 없고, 대부(大夫)는 사직(社稷)에 제사할 수 없으며, 제후(諸侯)는 천지(天地)에 제사할 수 없다고 하였는데, 오직 기(杞)·송(宋)·노(魯)나라만이 제후로서 제사한 것은 혹 대국(大國)의 후손이거나 혹은 큰 성인(聖人)의 공로 때문이었다. 우리 동방은 나라를 세운 것이 단군(檀君)으로부터 시작되었는데 역사에서는 하늘에서 내려와 돌을 쌓아 제천(祭天)의 예를 행하였다고 하였다. 그 후에도 모두 그대로 따르고 있는 것은 대국에서 제후로 봉함을 받지 않았고 크게 참람하기에 이르지 않기 때문이다. 아조(我朝)에 이르러서는 혐의를 구별하고 미세함을 밝히는 뜻이 엄하여 환구단의 예가 혹 소국(小國)에서 감히 지낼 제사가 아니라 하여 세조(世祖) 이후에는 환구단의 호칭을 남단이라 고쳐 일컫게 되었으니, 대개 군국(郡國)·주현(州縣)에서는 각기 풍사(風師)·우사(雨師)에게 제사 지내는 제도를 쓴 것이다.(후략)"

(『정조실록』 권35, 정조 16년 8월 12일 무인)

정조 역시 환구단에서 제천례를 지내는 것이 문제가 있기 때문에 세조 때 환구단을 남단으로 고쳐 부르게 하였다고 지적하여 실질적으로 남단에서의 의례가 환구단에서의 제천례와 실질적인 면에서는 다름이 없음을 말하였다. 또 제천례를 단군 때부터 지냈다고 보아 본래 제천례를 행하였음을 은근히 근거로 삼고 있다. 곧 우리 역사의 시작을 상징하는 단군이 하늘에서 온 환웅과 연결되는 존재임을 고려해볼 때 정조의 이러한 생각은 유교적인 질서 이전에 최고 지도자로서의 국왕이 우리 역사의 시작에서부터 하늘과 연결되었으며, 일시적으로 명분에 구애되는 면이 있지만, 그러한 연결성은 지속된다고 본 것이다.

정조의 이러한 생각이 곧바로 이어진 것인지는 명확하지 않지만 고종 때 황제국의 지위를 선포하면서 환구단은 복구되었다. 1895년 갑오개혁안에서 제사와 관련된 사전(祀典) 개혁안이 등장하고, 남단이 있던 자리에 환구단이 건축되었다. 그리고 1897년 대한제국을 만들면서 8월 16일에 고종은 '광무(光武)'라는 연호를 정하고, 환구단에서 이를 알리는 고유제를 거행하여 제천제를 시작하였다. 이후 도성 내에 환구단을 옮겨 건설하여 현재의 위치에 있게 하였다.

용과 봉황

흔히 조선시대의 국왕을 표현하는 상징으로 거론되는 대표적인 예가 용과 봉황이다. 용과 봉황은 조선시대 궁궐을 장식하였으므로 자연스럽게 유교적인 상징으로 받아들이기도 한다. 그러나 용과 봉황은 유교적인 상징 이전에 오래도록 원시 신앙적인 요소를 가진 상징물이다.

용은 고대 이집트, 바빌로니아, 인도, 중국 등 이른바 문명의 발상지 어디에서나 이미 오래전부터 상상되어온 동물이다. 용은 신화나 전설의 중요한 소재로 등장되어왔을 뿐만 아니라, 불교 신앙이나 민간신앙의 대상으로서도 적지 않게 보인다. 따라서 용의 모습 또한 지역이나 시대에 따라 크게 다를 수밖에 없다.

다만 우리나라의 경우 대개 중국의 문화적 영향을 많이 받았기에

        2부 '왕'의 사상적 기반과 상징

중국 용의 모습과 유사한 경우가 많다. 중국의 문헌인 『광아(廣雅)』「익조(翼條)」에는 용의 모습을 다음과 같이 묘사해놓았다. "용은 인충(鱗蟲) 중의 우두머리(長)로서 그 모양은 다른 짐승들과 아홉 가지 비슷한 모습을 하고 있다. 즉, 머리(頭)는 낙타(駝)와 비슷하고, 뿔(角)은 사슴(鹿), 눈(眼)은 토끼(兎), 귀(耳)는 소(牛), 목덜미(項)는 뱀(蛇), 배(腹)는 큰 조개(蜃), 비늘(鱗)은 잉어(鯉), 발톱(爪)은 매(鷹), 주먹(掌)은 호랑이(虎)와 비슷하다. 아홉 가지 모습 중에는 9·9 양수(陽數)인 81개의 비늘이 있고, 그 소리는 구리로 만든 쟁반(銅盤)을 울리는 소리와 같고, 입 주위에는 긴 수염이 있고, 턱 밑에는 명주(明珠)가 있고, 목 아래에는 거꾸로 박힌 비늘(逆鱗)이 있으며, 머리 위에는 박산(博山, 용이 지닌 보물)이 있다."

이와 같이 모든 동물 가운데 각 동물이 지닌 가장 아름답거나 강력한 요소를 모두 하나로 모아서 상상하여 탄생한 용은 그 신비하고 조화로운 능력이 무궁무진한 것으로 믿어져 왔다. 용의 능력 가운데 하나는 날씨를 자유롭게 다루는 것이다. 먹구름을 동반한 번개와 천둥, 폭풍우를 일으키고 물을 파도치게 할 수도 있다. 또 기분이 안 좋을 때는 인간에게 가뭄을 내려 고통을 안겨준다고 했다. 그래서 인간들은 가뭄이 오래 지속되면 용의 기분을 풀어 비를 내리게 하기 위해 기우제를 지냈다. 또한 물고기나 뱀 등 비늘을 가진 360종류의 동물들의 조상으로, 그들이 살고 있는 물속을 통치하는 왕, 또는 수신(水神)으로 여겨졌다.

또한 용은 입에서 기를 내뱉어 불꽃을 일으키게 할 수도 있다. 신통력을 써서 하늘 꼭대기나 지하 깊은 곳까지 순식간에 도달하거나, 몸의 크기와 형태를 마음대로 바꾸는 능력도 있다. 이러한 용의 능력은 항상 몸에 지니고 다니는 여의주라는 신비한 구슬을 통해 발휘된다고 여겨졌다. 이 여의주는 주인의 소원은 모두 들어주기 때문에 옛날부터 이것을 손에 넣으려는 자들이 헤아릴 수 없이 많았다고 한다.

이러한 신통력 때문에 용은 천계(天界)를 통치하는 옥황상제의 사자로 받들어졌다. 그런 까닭에 중국의 역대 황제들은 용의 위엄을 자신의 것으로 만들기 위해 자신이 용의 혈통을 이어받았다는 전설을 만들어냈다. 여기에서 자연스럽게 용이 가진 장엄하고 화려한 성격 때문에 흔히 용은 위대하고 훌륭한 존재로 비유되면서 왕권이나 왕위를 상징하기도 하였다.

중국에서는 천자(天子)에 대하여 그 얼굴을 용안(龍顔), 덕을 용덕(龍德), 지위를 용위(龍位), 보좌를 용좌(龍座), 앉는 평상을 용상(龍床), 의복을 용포(龍袍), 덕을 용덕(龍德), 수레를 용가(龍駕), 흘리는 눈물을 용루(龍淚)라 하였으며, 두 마리의 용이 서로 얽힌 모양을 수놓아 만든 천자의 기를 용기(龍旗)라 하여 황제와 관련된 모든 용어에 '용' 자를 접두어로 붙였다. 그것이 우리나라에서도 그대로 수용되어 임금을 지칭하는 말로 쓰였다.

이는 더 말할 것도 없이 용의 무한하고 경이로운 조화 능력을 인정하였기 때문이며, 이러한 생각은 결국 용-군왕-하늘의 관계로 맺어지고, 나중에는 하나의 신앙으로까지 발전하기도 하였다. 따라서 용의 등장은 대개는 태평성대, 성인의 탄생, 군주의 승하, 큰 인물의 죽음, 농사의 풍흉, 군사의 동태, 민심의 흉흉 등 거국적인 대사(大事)의 변화들과 관련되어 기록되기도 하였다.

조선시대에 국왕의 상징으로 용이 직접 쓰이기도 한 예는『용비어천가(龍飛御天歌)』에서 잘 나타난다. 용의 승천을 소재로 삼은 이 작품에서 '해동육룡', '잠룡', '드르헤 용', '용안', '망룡의·곤룡포'는 모두가 제왕의 상징으로서 용이 사용된 예이다.

다만 용에도 등급이 있어서 발톱이 5개인 오조룡(五爪龍)은 황제를, 발톱이 4개인 사조룡(四爪龍)은 황태자 및 제후를 상징하였다. 조선의 경우 왕은 오조룡복(五爪龍服)을, 왕세자는 사조룡복(四爪龍服)을, 왕세손은 삼조룡복(三爪龍服)을 입었으나, 말기에는 모두 오조룡복으로 통일하였다.

조선 왕실의 궁궐에서도 용은 궁궐 장식의 최고 정점에 위치해 있었다. 국왕의 능력과 권위를 드러낼 수 있는 가장 좋은 위치에 자리 잡았으니 궁궐의 정전(正殿) 천장 중앙은 바로 용의 자리였다. 특히 경복궁과 덕수궁의 정전 천장에 그려진 용은 황룡(黃龍)인데 덕수궁의 천장에 그려진 발톱이 5개인 황룡은 황제국이 되었던 고종 이후에 만들어진 것이다.

국왕과 관련하여 용에 대비해서 자주 등장하는 상징이 봉황(鳳凰)이다. 봉황은 조선시대에 훌륭한 국왕이 덕으로 백성을 다스려서 태평성대가 되면 하늘에서 상서로운 징조로서 출현하게 하는 신성한 새이다. 따라서 조선시대에 봉황의 출현은 성군이 탄생하였음과 태평성대가 도래하였음을 알리는 것이기에 용과 함께 최고의 신성한 존재로 받아들여졌다.

원래 봉황은『예기(禮記)』에 따르면 기린, 거북, 용과 함께 중국 고대부터 네 가지 신령한 것의 하나로 여겨졌다. 봉황은 주조(朱鳥)·단조

오조룡복을 입은 영조의 모습(국립고궁박물관 소장)

2부 '왕'의 사상적 기반과 상징

경복궁 근정전 천장의 용 장식(왼쪽)과 당가 천장의 용 장식(문화재청 사진)

(丹鳥)·규화조(叫火鳥)·불사조(不死鳥) 등 여러 이름으로 불렸다. 수컷을 봉(鳳), 암컷을 황(凰)이라 하는데, 상상의 동물이기에 구체적인 모양은 문헌에 따라 약간씩 차이가 난다. 그러나 대체로 머리는 큰 기러기, 부리는 닭, 턱은 제비, 목은 뱀, 몸은 거북이, 꼬리는 물고기를 닮았으며, 키는 6척가량이고, 몸과 날개에 찬란한 오색(빨강, 파랑, 노랑, 하양, 검정)으로 빛이 나며, 다섯 가지의 아름다운 울음소리를 내고, 오동나무에 살며, 예천(醴川)을 마시고 천 년에 한 번 열리는 대나무의 열매만을 먹고 산다고 했다.

봉황의 출현이 태평성대를 알리는 신호로 인식된 것은 봉황이 동방 군자의 나라에서 나와서 사해(四海) 밖을 날아 곤륜산(崑崙山)을 지나 지주(砥柱)의 물을 마시고 약수(弱水)에 깃을 씻고 저녁에 풍혈(風穴)에 자는데, 이 새가 세상에 나타나면 천하가 크게 안녕하다고 한 데에서 유래한다.

그래서 봉황은 성천자(聖天子)의 상징으로 인식되었다. 중국에서 천자가 도읍한 장안(長安)을 봉성(鳳城)이라 하였고 궁중의 연못을 봉지(鳳

池)라고 불렀으며, 천자가 거주하는 궁궐문에 봉황의 무늬를 장식하고 봉문(鳳門)이라고 했다. 또한 그 궁궐을 봉궐(鳳闕)이라고 했고, 천자가 타는 수레를 봉연(鳳輦)·봉여(鳳輿)·봉거(鳳車)라고 했다. 조선에서는 이 밖에도 왕가의 번영을 축하하는 음악을 봉황음(鳳凰吟), 태평성대의 구가를 축하하는 춤을 봉래의(鳳來儀)라고 하였다.

훌륭한 덕을 갖춘 국왕이 좋은 정치를 펼칠 때 봉황이 날아온다는 것은 중국 순(舜)임금에 관한 기록에서 확인된다. 봉황이 왕권과 직접적으로 관련되며 유교적인 사상과 연관된다는 증거이다.

봉황이 훌륭한 국왕과 연관될 수 있었던 데에는 봉황이 특별히 상징하는 바가 있었기 때문인데, 봉황은 과연 무엇을 상징한 것일까? 큰 새나 신성한 새의 이미지는 이집트나 페르시아, 인도, 남미 등 여러 문화권에서 나타난다. 중국의 『산해경(山海經)』에 실린 봉황은 풍부한 곡물이 있는 곳에 등장하여 곡물과 연관이 된다. 곧 곡물의 분배를 관장하는 왕권과 연결된다고 볼 수도 있다. 나아가 왕권과 관련될 때 봉황은 태양과도 연관된다. 태양과 닭 또는 새는 숭배의 대상으로서 불가분의 관계에 있다. 새는 태양의 사자도 될 수 있기 때문이다. 태양을 상징하는 원 안에 황금 새를 그려 넣기도 하고, 삼족오(三足烏)가 해 속에 있는 존재로 그려지는 것도 비슷한 사례이다. 국왕과 연관시킬 때 이러한 신비의 새는 곧 국가 권력 외부에 있는 신성성을 끌어들이는 역할을 하는 존재인 것이다.

그래서 중국에서는 황제 시절뿐만 아니라 요순(堯舜)이나 주(周)나라 때에도 봉황이 나타나서 춤을 추었다는 기록이 있다. 훌륭한 성군이 나타나 덕치를 했다는 사실을 실제로 증명하는 예로 사용되었던 사례

『산해경』의 봉황 그림

이다. 특히 중국에서는 한대(漢代)에 봉황의 출현 기사가 매우 많이 등장하는데, 이는 봉황의 등장으로 천자의 권위를 높이는 것이기도 하고, 유가 관료나 지식인들의 입장에서는 자신들을 합리화하는 존재로 봉황을 이용하기도 했음을 보여준다.

그러나 우리나라에서는 고대에 봉황에 대한 관념이 희박하였다. 조선왕조에 들어서서야 본격적으로 봉황에 대한 관심이 나타났다. 이는 봉황이 성군의 등장과 연결되어 있는 유교적 관념이 그 전에는 뚜렷하지 않다가 성리학이 전면에 등장한 조선시대에 드러난 것으로 볼 수 있다.

조선시대 궁궐에 봉황 장식이 많은 이유는 바로 이런 성군(聖君)의

고구려 고분벽화 속의 삼족오. 가운데 동그라미 안에 있는 새가 다리가 셋인 삼족오이다.

상징을 표현하였기 때문이다. 봉황의 등장은 곧 성인의 출현을 의미한다. 궁궐의 정전인 경복궁의 근정전, 창덕궁의 인정전, 창경궁의 명정전 등 정전(正殿) 계단 중앙에 있는 답도(踏道)에 봉황이 새겨진 것은 바로 이곳에 요순과 같은 성인이 출현해 있다는 것을 간접적으로 말했던 것이다.

중국 자금성에도 답도가 있다. 그러나 조선의 궁궐과는 달리 자금성의 답도는 그 규모에서도 크게 차이가 날 뿐만 아니라 새겨져 있는 대상도 봉황이 아니라 용이다. 3층의 기단에 길게 장식된 용은 국가의 영속을 뜻하는 아홉 마리의 용이다. 이런 차이는 무엇을 말하는 것일까? 중국에서는 언제부터인지 명확하지는 않지만 봉황은 성군만을 의미하는 것이 아니라 황후를 상징하기도 했다. 그리하여 황후나 태자비 등의 옷에는 봉황이 들어가기도 했다. 따라서 자금성의 답도에 봉황을 새기지 않고 용을 새긴 것은 이러한 이유가 있음도 고려해볼 수 있다.

조선에서는 정전의 답도뿐만 아니라 정전의 천장에도 봉황 장식이

　　　　　　　　　　　　　　　　2부 '왕'의 사상적 기반과 상징

창경궁 명정전 계단 답도의 봉황 장식(문화재청 사진)

있었다. 답도에 새겨진 봉황과 같이 정전에 새겨진 봉황 역시 이곳에
봉황의 상서로움이 상징하는 성군이 존재함을 의미하였다. 창덕궁의
인정전과 창경궁의 명정전의 천장 중심에 봉황이 장식되어 있다. 이것
은 경복궁이나 덕수궁의 정전 천장에 용이 장식되어 있는 것과는 대비
된다.

　용과 봉황은 모두 국왕을 상징하는 것이기는 하지만 봉황은 동방의
새라는 점이 이런 차이를 만들어냈다고 볼 수 있다. 창덕궁과 창경궁은
법궁(法宮)인 경복궁에 비해 동쪽에 있다고 하여 동궐(東闕)로 불렸다.
따라서 동쪽에 있던 궁궐에는 동방의 새를 장식하여 국왕의 상징으로
삼았을 가능성이 있다.

　봉황이 국왕을 상징하기는 하였지만, 봉황이 단독으로 혹은 다른 상

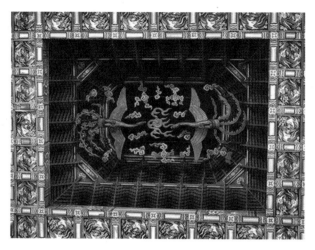
창덕궁 인정전 천장의 봉황 장식(문화재청 사진)

징에 우선하여 국왕을 상징한다고 보기는 어려운 점이 있다. 조선 왕실
에서 제작된 많은 공예 의장품에는 봉황 무늬가 그려졌다. 그러나 이때
에도 용이나 기린, 주작이나 공작 등과 같은 영수(靈獸)나 서조(瑞鳥) 그
림과 함께 그려졌다. 국왕 행차에 사용되는 의장(儀狀)에서도 대형의 교
룡기 다음에 봉황이 등장하였다.

한때 일제 강점기에 창덕궁 인정전에는 국왕이 앉는 어좌 뒤에 봉
황 그림이 등장하기도 하였다. 그러나 이는 조선시대의 전통으로 보기
는 어렵다. 언제인지는 분명하지 않으나 봉황 그림이 기존의 어좌 뒤에
있던 병풍인 일월오봉병(日月五峯屛)을 대체한 것이다. 현재 대한민국의
대통령을 상징하는 표장으로 봉황이 사용되는 것 역시 우리 역사의 전
통에서 본다면 일정한 거리가 있음은 분명한 사실이다.

2부 '왕'의 사상적 기반과 상징

국왕의 행차 때 쓰인 교룡기(국립고궁박물관 소장)

일월오봉병(日月五峯屛)

조선시대 국왕이 거주하였던 궁궐에서 일상적으로 임금을 상징하던 것
이 바로 일월오봉병이다. 임금이 앉는 어좌의 뒤편에 놓여 있던 이 병
풍은 해와 달, 그리고 다섯 개의 봉우리가 그려져 있어 흔히 '일월오봉
도(日月五峯圖)'라고도 불린다.

　해와 달은 하늘을 상징하며, 다섯 봉우리는 동서남북과 중앙의 산
을 의미하므로 땅의 모든 것을 상징한다. 따라서 일월오봉은 하늘과 땅
을 아우르는 우주를 상징하는 것으로 볼 수 있다. 일월오봉에 대해서는

『시경(詩經)』의 '천보(天保)' 시에서 유래한 것으로 보기도 한다. 즉,「소아(小雅)」의 '천보'에 묘사된 다섯 종류의 산봉우리 산(山), 부(阜, 언덕), 강(岡, 산등성이), 능(陵, 큰 언덕), 그리고 남산(南山)에서 오봉(五峯)의 도상이 유래한 것으로 본 것이다. '천보' 시는 신하와 귀빈들이 왕의 덕을 칭송하고 그를 위하여 하늘과 조상의 축복을 기원하는 시이다.

그러나 일월오병은 하늘과 땅, 음양과 오행을 상징적으로 표현한다는 점에서 더 중요한 의미가 있다. 국왕이 어좌에 앉으면 뒤의 천지(天地)와 함께 인(人)을 상징하여 천지인 삼재(三才)가 완벽하게 구현되는 것이다. 이 점에서 일월오봉병을 펼치고 그 앞에서 정치를 하는 것은 음양오행의 질서를 온전하게 하는 사람이 국왕이라는 점을 상징한다는 점에서 유교적 상징의 가장 뛰어난 구현이라고 할 수 있다.

이러한 일월오봉병이 언제부터 어좌의 뒤편에 놓여 있었는지는 사실 분명하지 않다. 현재 남아 있는 그림 가운데 일월오봉병이 보이는 가장 빠른 사례는 숙종의 즉위 30주년을 기념하여 제작한 『진연도첩(進宴圖帖)』(1706)에 보이는 일월오봉병의 그림이다. 실물은 아니지만 그림으로 확인되는 가장 이른 예이다.

일월오봉병이 조선 전기에 사용되었는지의 여부는 불분명하다. 고려에는 연등회나 팔관회 때 국왕이 앉는 전상에는 도끼가 그려진 병풍〔斧扆〕이 설치되었고, 선왕의 신주를 모신 태묘에도 도끼병풍〔黼扆〕을 설치하였다. 이는 고대부터 중국에서 군주의 보위를 상징하는 것이 도끼 문양이 그려진 병풍이었던 데서 유래한 것으로 보인다. 이러한 도끼병풍이 언젠가부터 오봉병으로 대체된 것으로 추정된다.

오봉병과 관련된 가장 오래된 기록은 선조 23년에 어좌의 일월경〔日

숙종 즉위 30년 기념 『진연도첩(進宴圖帖)』(1706) 속의 일월오봉병(日月五峯屛)(국립중앙도서관 소장)

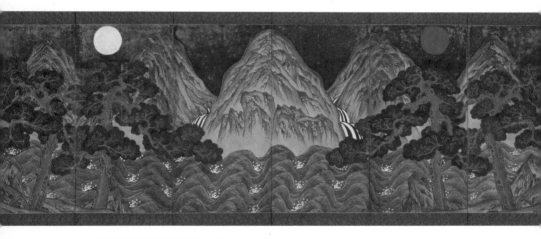

일월오봉병(국립고궁박물관 소장)

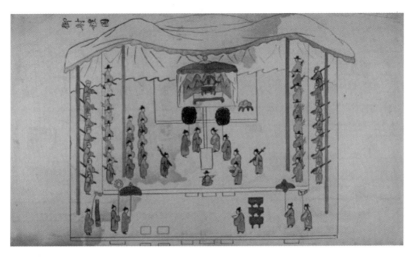

영조의 대사례(大射禮) 그림 속 일월오봉병(『대사례의궤(大射禮儀軌)』, 서울대 규장각한국학연구원 소장)

月鏡)을 도둑맞았다는 것에서 보인다. 이때 일월오봉병이라고 명시적으로 기록되어 있지 않지만 여기에서 보이는 일월경은 오봉병에 해와 달을 금속으로 만들어 붙인 것으로, 그것을 잃어버린 것으로 추정된다. 영조 때의 혼전(魂殿) 당가에도 오봉병에 금니(金泥)와 은니(銀泥)로 해와 달을 그리게 한 것도 이와 비슷한 사례이다.[17]

대체로 18세기를 전후로 조선 후기에는 일월오봉병이 어좌의 뒤에 배치되어 있었던 것이 분명하다. 뿐만 아니라 야외 행사를 할 때에도 천막 안에 설치하기도 하였고, 국왕의 사후에는 빈전(殯殿)에 설치하였으며, 임금의 초상화인 어진(御眞)을 모신 진전(眞殿)에도 설치하였다.

17 박정혜, 『조선궁궐의 그림』, 돌베개, 24쪽, 2012.

조선시대의 기록화에는 국왕을 직접 표현하지 않았기에 의궤에 그려진 일월오봉병은 그 자체로서 국왕이 앞에 있음을 대신하여 표현한 상징물이었다.

2. 유교

1) 성인(聖人)을 목표로 공부하는 국왕 - 경연(經筵)

조선시대 국왕을 얘기한다면 무엇보다 유교를 빠뜨릴 수 없다. 앞서 원시 신앙과 관련된 국왕의 상징을 설명한 데서도 나타나듯이 원시 신앙에서 유래한 하늘이나 용, 봉황 등의 요소도 모두 유교적인 상징으로 흡수되어 유교적인 상징체계 안에 놓여 있기 때문이다. 그래서 흔히 우리는 조선시대 국왕의 상징은 유교적인 상징으로 설명하여도 크게 문제가 없다는 식으로 이해해도 잘못된 것은 아니다. 그러나 유교, 특히 조선의 경우 성리학에 기반을 둔 상징체계는 보다 여러 차원에서 중층적으로 작동되었다. 그것은 국왕을 어떤 존재로 볼 것인가의 형이상학적 측면에서부터 국왕의 의식주나 의례 행사 등 현실적인 측면에까지 다양하게 적용되어 표현되었다.

우선 성리학에서는 왕을 어떤 존재로 보았을까? 국왕은 어떤 정신적 존재로 상징되었을까? 그와 관련하여서 흥미로운 점은 조선의 국왕은 더 이상 하늘의 아들로서 신비로운 존재로만 표현되지 않았다는 사실이다. 그렇다고 하여 하늘의 아들이라는 신성성이 완전히 제거된 것은 아니다. 하늘에 대한 제사, 용과 봉황의 장식이 여전히 남아 있지만, 다른 한편으로 국왕은 하늘에서만 있는 존재가 아니라 지상에 내려온 성인(聖人)으로 규정되었다. 그리고 이러한 성인은 타고나기도 하지만, 끊임없는 공부로 도달할 수 있다는 의미에서 국왕은 '공부하는 사람'으로 자리매김된 면도 있었다.

조선의 건국은 성리학의 질서에 따라 이루어졌다. 그래서 조선 건국의 기초를 닦은 정도전이 지은 『조선경국전(朝鮮經國典)』을 보면 정보위(正寶位), 국호(國號), 정국본(定國本), 세계(世系), 교서(敎書) 등 국왕과 관련된 부분과 육전(六典) 등 신하에 관련된 부분을 이원적으로 나누고 있다. 이것은 원나라의 『경세대전(經世大典)』에서 제호(帝號), 제훈(帝訓), 제제(帝制), 제계(帝系) 등 황제와 관련된 부분과 육전 등 통치에 관련된 부분으로 나눈 것과 비슷하다. 그런데 이때 『경세대전』은 『주례(周禮)』의 육전 체제에 근원을 두고 있으므로 『조선경국전』 역시 총재(冢宰)를 중심으로 한 육전 체제를 한 축으로 두면서도 국왕과 관련된 부분을 앞부분에 배치하여 기본적인 구조는 연결되었던 것이다.

여기에서 특히 주목되는 점은 이러한 이중 구조는 기본적으로 성리학과 법사상의 결합이라는 점이다. 성리학에서는 국왕을 이상적인 성인(聖人)이 되어야 한다고 보았다. 실제로 현실의 국왕이 이상적인 성인이 되지 못하는 한계, 즉 세습적 계승에 따른 문제가 발생하더라도 이를 유교적 수양, 성리학적 수양을 통해 성인이 되기 위한 교육을 지향하였던 것이다.

또 이상적인 성인으로서의 국왕을 현실에서 뒷받침해주는 장치로서 총재로 대변되는 육전 체제의 법체계를 설정하였던 것이다. 육전 체제는 기본적으로 치전(治典, 吏典), 부전(賦典, 戶典), 예전(禮典), 정전(政典, 兵典), 헌전(憲典, 刑典), 공전(工典)으로 관료 체제를 전제로 하고 이를 중심으로 행정을 어떻게 할 것인가를 설명하는 체제이다. 따라서 이 체제 대표로서의 총재는 행정의 중심으로, 국왕을 현실의 관료 체제로 보좌할 수 있었다.

성리학의 이상 군주를 법전에 투영하여 설정한 것, 원나라 성리학, 즉 국가 교학으로서의 성리학의 영향을 수용한 것 등은 고려 말 시대 상황 속에서 등장한 것이라고 할 수 있다. 그러나 정도전의 『조선경국전』에 포함된 국왕에 대한 규정은 본격적인 조선 최고의 법전인 『경국대전』에서는 사라지게 되었다. 하지만 정도전이 가졌던 국왕에 대한 문제의식이 완전히 사라진 것은 아니었다. 성인을 목표로 공부하는 존재로서의 국왕은 여전히 조선시대 내내 국왕에게 제시된 이상적인 목표였다. 그리고 그 목표를 위해 국왕에게 일상적으로 공부하는 구조를 만들었는데, 이것이 경연(經筵)이다.

경연은 임금에게 유교의 경전을 교육하였던 일, 혹은 그 제도를 가리킨다. 유학의 경사(經史)를 통해 임금을 교육하는 목적은 유학에서 목표로 하는 이상 정치인 왕도 정치를 이루게 하기 위해서였다. 중국에서 발원한 이 경연 제도는 한(漢)나라 때부터 황제에게 오경(五經)을 강의한 어전 강의에서 시작하여 청나라 때까지 시행되었다.

우리나라에서는 중국의 제도를 받아들여 고려 때부터 경연이 시행되었다. 하지만 고려 때에는 그리 활성화되지 못했는데 불교 국가에서 유학에서 강조하는 경연이 활기를 띠기는 어려웠기 때문이다. 경연이 비약적으로 발전하게 된 것은 역시 조선시대였다. 다른 제도도 마찬가지이지만 경연 역시 유교 정치가 안정화될수록 제도적인 면이나 운영에서 이전과는 전혀 다른 면모를 보이게 되었다.

기본적으로 오례(五禮)는 국가에서 행하는 예로서 그 시행 주체가 왕이나 왕실이 되었다. 따라서 오례를 살펴보면 왕이나 왕실로 대표되는 왕권의 추이를 살필 수 있다. 조선 전 시기를 놓고 보면 그러한 경향을 뚜렷하게 살필 수 있다. 오례의 구체적인 사례로서 경연은 바로 왕례 가운데서도 왕권의 추이를 살필 수 있는 지표와 같은 제도이다. 왜냐하면 경연 제도의 성립이나 발전이 곧 절대권을 가진 국왕에 대해 그를 '성인의 길'로 길들이는 것과 관련되었기 때문이다.

경연의 유래와 진행 방식

중국에서 경연은 한나라 때 유학자들이 황제에게 오경을 강의하는 것에서 비롯되었다. 당나라 때 한림원에 시강(侍講) 학사와 시독(侍讀) 학사를 두는 것에서 어전(御前) 강의가 점차 제도화되었다. 그러나 유학자들이 황제를 교육하는 것은 예외적이었다.

중국에서 경연 제도가 획기적으로 변한 것은 북송 때부터이다. 성리학이 일어나고 사대부 계층이 등장한 한편 대외적으로는 요나 금과 대립하며 어린 황제들이 즉위한 상황은 경연이 발전하기 좋은 배경이 되었다. 범조우(范祖禹)의 다음과 같은 언급은 경연의 위상을 잘 말해준다.

폐하께서 금일 배우고 안 배우심에 훗날(他日)의 다스려짐과 어지러

움이 달려 있습니다. 배우기를 좋아하시면 천하의 군자가 흠모하여
조정에 서기를 원할 것이며, 곧은길로써 폐하를 섬기고 덕업(德業)
을 보좌하여 태평(太平)에 이를 것입니다. 배우지 않으시면 소인(小
人)이 모두 그 마음을 움직이고 간사한 아첨에 힘써 부귀를 훔칠 것
입니다.(『송사(宋史)』 권337, 「범조우전(范祖禹傳)」)

북송 시기에는, 특히 인종(仁宗)에서 철종(哲宗)까지의 4대 80년간이
경연의 최전성기였는데, 이 시기 경연의 방식은 다음과 같았다.

우선 경연의 일정은 매일 시행하는 경우도 있었지만 대체로 격일로
하였고, 춘강(春講)과 추강(秋講)의 학기제가 있었는데, 춘강은 2월에 시
작하여 5월 초에 끝나고 추강은 8월 상순에 시작하여 동지 열흘 전에
끝난다고 하였다. 봄과 가을에 각 석 달씩, 반년 정도 격일로 강의하였
다면 실제로 강의한 날은 1년에 3개월 정도였다.

경연에는 대체로 강독관과 사관(史官)이 늘 입시하였고, 보신(輔臣)
들은 한 달에 세 번 정도 참여하였다. 재신(宰臣)들이 평일의 경연에도
입시하는 경우가 있었는데, 이는 황제가 평소 재상들이 보고할 때는 말
이 없다가 오직 경연에서 강독할 때 말을 했기 때문이다.

경연의 방식은 서서 하는 입강(立講)이 원칙이어서 강의하는 사람은
서서 강의를 하고, 다른 사람은 앉아서 들었다. 이에 대해서는 신종(神
宗) 때 왕안석(王安石)이 앉아서 강의하는 좌강(坐講)을 요청하면서 말하
기를, 송 태조·태종·진종(眞宗) 때 어전 강의에 사좌(賜坐, 윗사람이 앉게
해줌, 또는 앉게 해주는 것)하였으므로 원래 좌강이 원칙이었는데 인종이
즉위 초에 안석(案席)에 꿇어앉아서 듣는 것을 본 손석(孫奭)이 민망하

여 어탑(御榻) 가까이 서서 강의할 것을 주청하면서 입강이 관례가 되었다고 한다. 결국 이 문제는 신종이 신하들로 하여금 의논하게 하였는데 사좌는 황제의 권한인데 신하가 요청하는 것은 잘못이라는 의견이 앞서서인지 종래의 입강이 지속되었다. 북송에서 시행된 경연의 성격을 보여주는 중요한 대목이다.

남송(南宋)에서도 북송의 제도를 이어 경연이 시행되었다. 남송에서는 경연에 대간이 참여하는 것이 관례가 되었고, 북송에 비해서는 경연에 참여하는 인원이 약간 증가하였다. 그러나 남송에서는 북송과 같이 이름난 경연관이 적었고, 실제로 경연에서 중요한 논의가 이루어지지도 못했다. 주희(朱熹) 역시 외직을 주로 맡아서 경연에 참여할 시간이 매우 짧았고, 호안국(胡安國) 정도가 『춘추』를 강의하여 『춘추호전(春秋胡傳)』을 남기고, 진덕수(眞德秀)가 경연의 교재로 『대학연의(大學衍義)』를 만든 것을 특기할 정도이다.

남송의 황제 가운데 영종(寧宗)은 격일로 이루어지던 강의를 매일로 바꾸고, 하루에 한 번 하던 강의를 하루에 한 번이나 두 번으로 늘렸고, 방학도 없이 지속하였다. 또한 영종은 좌강을 시강하였는데, 이는 진종 때의 방식이 부활한 것이다. 다만 경연의 분위기는 북송 때에 직언하고 간쟁하였던 분위기와는 달리 황제에 대한 직접적인 비판을 자제하였다. 강의가 끝난 후에 경연관들이 자리에 남아서 황제에게 진언(進言)하는 관례가 있었고 사관도 상주(上奏, 임금에게 아뢰는 일)하는 것을 허용하였음에도 불구하고 이런 분위기가 조성된 것은 그만큼 경연이 외형은 갖추었어도 내실은 빈약해졌음을 의미한다.

이러한 경향은 이후 중국의 역사에서 더욱 형식화되었던 것으로 보인다. 역사적으로 황제 권력이 강화되어 황제 독재 체제까지 거론되는 상황에서 경연의 의미는 퇴화할 수밖에 없었다. 명나라의 경연은 그 대표적인 사례이다.

우선 명 태조는 유교주의 통치 이념을 제도화하였지만 황권을 견제하는 경연보다는 황제가 중심이 되어서 정치적 자문을 수행하는 기구로서 경사의 강론을 주도하였다. 한림원과 전각대학사가 제도화됨에 따라 여기에서 전담하게 하는 구조였다. 이런 점은 기본적으로 영락제 때에도 지속되었으며 여기에 더해 후세 교육을 위한 틀을 중시하여 『문화보감(文華寶鑑)』, 『성학심법(聖學心法)』, 『무본지훈(務本之訓)』 등을 간행하여 황태자 교육의 교본으로 사용하게 하기도 하였다. 이렇게 황제의 고문(顧問)에 대비하거나 황실 교육에 국한된 것이 명나라 초의 경사 강론의 기능이었다.

그러다가 정통(正統) 원년(1436) 2월 선대의 노신(老臣)인 양사기(楊士奇)의 건의에 따라 예부에서 '경연의주(經筵儀註)'를 마련하여 경연 제도를 정비하였다. 이에 따르면 경연의 개최는 월강(月講)은 매달 3회(매월 초2일, 12일, 22일), 일강(日講)은 조(早)·오조(午朝) 후 2회를 문화전(文華殿)에서 시행하였다.

경연의 구체적 절차는 다음과 같다.

경연 시에 어안(御案)을 어좌(御座)의 동남쪽에 설치하고, 강좌(講案)는 어좌의 남동쪽에 설치하며, 경연 당일에는 사례감관(司禮監官)이 일찍 나와 강론할 책을 펴놓는다. 이때 강론할 경서인 『대학』과 『상서』 각 한 권을 어안 위에 놓아두는데, 사서(四書, 『大學』)는 동쪽에,

경전(經典, 『尙書』)은 서쪽에 두며, 또한 각 (『대학』과 『상서』) 한 권씩을 강안 위에도 둔다. 강관(講官) 두 명은 각자 강의할 내용을 따로 편집하여 이를 책 안에 둔다.

황제가 봉천문(奉天門)에서 조조(早朝, 아침에 하는 조회)를 마친 후에 문화전으로 나오면 늘 하는 예대로 장군이 시위(侍衛)하고 홍려시관(鴻臚寺官)이 삼사삼소관(三師三少官)과 상서(尙書), 도어사(都御史)와 학사(學士)들, 그리고 강독관(講讀官)과 집사관(執事官) 등을 인도하여 어좌 앞에서 오배삼고두(五拜三叩頭)의 예를 행하고 각기 품계에 따라 동서로 나누어 선다. 시위어사(侍衛御史)와 급사중(給事中) 각각 두 명도 동서로 나누어 북향하여 선다. 그러면 두 명이 어안(御案)을 들고 나와 어좌 앞에 두고, 또다시 두 명은 강안(講案)을 들고 나와 어안의 정남쪽 가운데 둔다. 그러면 홍려시관이 진강(進講)을 시작한다고 선창하면, 강관 한 명은 동반(東班)에서 다른 한 명은 서반(西班)에서 나와 강안 앞에서 북향하여 나란히 선다. 홍려시관의 선창에 따라 국궁배(鞠躬拜)와 고두례(叩頭禮)를 하고 나면 몸을 바로 한다. 한림원 집사관 한 명이 동반에서 나와 진강할 어안 앞으로 나가 꿇어앉아 사서를 펴고, 어안의 동남쪽으로 물러선다. 그러면 강관 한 명이 강안 앞으로 나가 진강하고 물러선다. 그러면 집사관은 다시 어안 앞으로 나가 꿇어앉아서 책을 덮고는 동반으로 물러난다. 또다시 집사관 한 명이 서반에서 나와 어안 앞에서 꿇어앉아 경전을 펴고 어안의 서남쪽으로 물러선다. 그 이후의 절차는 동반의 경우와 마찬가지로 한다.

진강이 끝나면 두 명이 어안을 들고, 다른 두 명은 강안을 들고 각자 원래의 자리로 물러난다. 그러면 홍려시관이 경연례(經筵禮)가 끝났다고 선창하고 황제는 환궁한다.

일강(日講)은 단지 강독관이 네 명이며, 학사들이 교대로 이를 담당하고 (경연 때처럼) 시위(侍衛), 시의(侍儀), 집사관이 필요하지 않았다. 담당 강독관들이 알현할 때에는 고두례를 하고 동서로 나누어 선다. 먼저 사서(四書)를 강독하고, 그 뒤에는 경전이나 사서(史書)를 강독하는데, 반독관(伴讀官)은 교재의 내용을 열 번씩 읽는다. 그 다음에는 강관이 그 대의(大義)를 직설적으로 설명하되, 분명하고도 알기 쉽게 해야 한다. 그다음에는 시서관(侍書官)이 황제의 글씨 연습을 돕는다. 모든 절차가 끝나면 각 반독관과 강관, 시서관은 고두하고 물러난다.(명(明)『영종실록(英宗實錄)』권14, 정통 원년 2월 병진 조)

그러나 이러한 경연 제도의 정비에도 불구하고 이후 명나라에서 경연은 유교주의 통치 이념을 표방하는 하나의 형식일 뿐 본래의 기능은 전혀 발휘하지 못하였다. 다만 황태자에게 경사 강독이라는 형태로만 명맥이 유지될 뿐이었다.

고려 말과 조선의 경연·서연 제도 정비

고려에서 경연은 예종 때(예종 원년, 1106) 처음 실시되었다. 그러나 제대로 정착되지 못한 채 무신집권기에 경연이 폐지되기도 하였고, 원 간섭기에는 서연(書筵)으로 이름이 바뀌어 시행되기도 하였다. 그러나 이 시기에도 정상적으로 경연이 수행되는 데에는 왕의 지위에서부터 크게 한계가 있었으므로 제대로 시행되었다고 볼 수 없다.

원에 대해서 자주적인 입장과 개혁 정치를 표방하였던 공민왕 대에 이르러서야 경연 역시 서연이라는 이름으로나마 비교적 활발하게 개최할 수 있게 되었다. 하지만 국왕이 참여한 서연은 왕이 재상·관료들과 의견 차이를 보여 제대로 된 성과를 거두지 못하였다. 이에 유학에 근거한 개혁을 추구했던 관리들은 우선 본연의 역할에 충실하여 새로운 정치를 펼칠 수 있는 자질을 함양하는 쪽으로 경연을 재개하여 운영할 것을 건의하였다. 이런 상태에서 우왕(禑王) 대 역시 당시 내외의 어려움에 대처하는 방법을 둘러싼 의견의 대립 속에서 서연은 지지부진하게 되었다.

고려 말 공양왕 대에 들어 경연은 그 이름을 되찾고 위상도 회복하게 되었다. 우선 경연관 직제가 보강되어 영·지경연사(領·知經筵事) 외에 동지경연사(同知經筵事)가 신설되었고, 승려인 찬영(粲英)을 왕사(王師)로 맞이하는 것을 좌절시키고, 비록 무장 출신이기는 하지만 영경연사로서 심덕부와 이성계를 태사와 태부의 지위에 오르게 하였다. 불교 국가의 상징이었던 승려 출신 왕사 대신에 유학의 경전을 가르치는 경연관(經筵官)이 국왕의 스승이 됨으로써 정신적 사표 내지 지향이 바뀌는 순간이었다. 또한 강의를 맡았던 시독(侍讀)은 참찬관(參贊官), 강독관(講讀官), 검토관(檢討官)으로 나누어 경연을 충실화하였다.

이에 따라 경연에서의 강의 내용도 크게 나아져서 급진 개혁파와 온건 개혁파의 대표적인 인물들이 경연에 참여하여 자신의 의견을 주장하기도 하였다. 이렇게 된 배경에는 경연에서 목표로 하였던 군덕(君德)에 대한 인식의 변화가 있었다. 즉, 이전까지 국왕은 꼭 성인(聖人)이 되어야 할 필요가 없었지만 성리학이 도입되면서 국왕 역시 통치를 위해서 성인이 되기 위해 끊임없이 노력해야 하는 존재로 인식되는 변화였다. 따라서 국왕의 공부 자리였던 경연을 획기적으로 달리 인식하고 새로운 장으로 보기 시작하였다.

조선에서는 이러한 고려 말의 인식이 그대로 계승되어 경연이 크게 주목되었다. 태조는 즉위한 후에 경연 제도를 정비하였는데, 이는 고려 말에 정비된 것과 거의 비슷하였다. 세종 대에 경연 제도는 집현전(集賢殿)과 연관되면서 각별하게 주목되었다. 집현전에 전담 경연관제를 두면서 경연관의 중요도는 더욱 높아졌으며, 세종 대 집현전에서 수행된 고제(古制)의 탐구나 제도 문물의 정비 역시 경연과 밀접한 연관 속에서 수행되게 되었다. 세종 대에는 심지어 경연에서 읽은 사서(史書)인 『자치통감강목(資治通鑑綱目)』에 주석을 더한 『자치통감강목사정전훈의(資治通鑑綱目思政殿訓義)』를 내기도 하였다.

이후 경연은 사림의 성장과 함께 경연 본래의 목적을 구현하게 되었다. 경연이 군덕의 수양을 통해 '성인(聖人) 국왕 만들기'를 목표로 하였기에 세조와 같은 국왕은 집현전을 없애며 아울러 경연 자체를 아예 없애고 자신이 직접 강의를 하는 '친강(親講)'을 하기도 하였다. 그러나 유교 정치가 회복되면서 성종은 경연 제도를 회복시켰다. 성종 대에 본격적으로 조강(朝講), 주강(晝講), 석강(夕講)의 삼강(三講) 제도를 만들었고, 야대(夜對)도 시행하였다.

또 세종 대에 만들어졌던 집현전의 뒤를 이어 홍문관(弘文館)을 설치하여 경연을 전담하게 함으로써 '경연 정치(經筵政治)'가 가능하게 만들었다. 본래 사헌부와 사간원의 양사(兩司)가 언론 기구였던 것에 더하여 처음에 문한(文翰) 기구로 설치하였던 홍문관이 언론 기구에 포함될 수 있었던 데에는 경연을 담당하여 국왕과 더불어 정사를 논의하였던 측면이 크게 고려된 것이다. 국왕이 신하들과 접촉하는 기회 가운데 의례적인 조회나 보고를 제외하고 의견 교환을 본격적으로 할 수 있는 시간으로는 경연이 가장 적당했기 때문이다.

이후 경연관에 특진관(特進官)을 도입하였는데, 성종 대에 처음에는 재상으로서 고문(顧問)에 대비할 수 있는 자를 대상으로 한 것이었지만 점차 관직이나 관품보다는 학문이나 도덕성을 위주로 전환함으로써 사림들이 진출하는 통로가 되었다. 이러한 특진관은 더 나아가 중종 대에는 재야의 명망 있는 학자를 초빙하는 것으로 발전하게 됨으로써 이후 산림정치(山林政治)의 연원이 되었다. 과거를 거치지 않은 사람을 관료 가운데서도 더욱 중요시하였던 경연 등의 청요직(淸要職)에 등용하였던 것은 종래의 군신 관계에서는 가능하지 않은 일이었다.

결국 조선 후기에 경연관에 과거를 거치지 않았던 산림을 등용하여 세자시강원의 찬성(贊成), 진선(進善) 등으로 삼은 것은 경연관, 서연관 제도에서 획기적인 변화였다고 할 수 있다. 산림으로 등용된 이들은 세자를 교육하는 서연에만 참여하는 데 그친 것이 아니라 경연에도 입시하게 하여 시정을 논하게 하였던 것이다. 조선 후기에 당쟁이 극성이던 시기에는 곧 이 경연에 참여하였던 산림들이 '산림 재상'으로 일컬어질 정도로 당시의 정계를 좌우하였다.

영 · 정조 대의 경연과 그 실제

경연은 결국 임금을 성인(聖人)으로 만들기 위해 고안된 제도적 장치였다. 더불어 유학의 경전과 사서라는 고전에 기대어 올바른 정치를 위해 고민하는 장이기도 했다. 경연을 주도한 사람은 대체로 국왕보다는 유학·성리학에 능통했던 학자 관료였다. 중종 대 이후 학덕을 갖춘 명망 있는 학자들이 산림(山林)으로서 경연관에 등용된 것은 현실의 권력 관계가 학문에 의해 도치되는 것을 의미하였다. 국왕에게도 스승으로서의 경연관이 있었던 것이다.

원래부터 국왕은 기본적으로 경연을 통해 경연관이라는 신하에 의해 교육을 받는 대상이었다. 이런 관계에서 경연관들의 정치적 발언에 무게가 실리지 않을 수 없었다. 국왕과 직접 대면하는 것이 쉽지 않았고 많은 시간을 확보할 수 없는 조건에서 하루 세 차례나 이루어지는 경연은 '경연 정치'라고 일컬을 정도로 비중이 큰 것이었다고 할 수 있다.

그럼에도 불구하고 경연에서의 이러한 흐름은 영조와 정조 대에는 반드시 경연관인 유신(儒臣)들의 바람대로만 되지 않았다. 영조는 임금이 덕을 수양하여 '성인 국왕' 만들기를 목표로 한 경연에서 중요한 역할을 하였던 산림(山林) 경연관을 인정하지 않았다. 노론의 산림 경연관인 한원진(韓元震)은 경연에서 영조와 거듭 부딪치고, 의견이 받아들여지지 않게 되자 물러날 수밖에 없었다. 영조는 그 대신 자신이 세제로 있을 때의 동궁 요속(僚屬)이었던 소론의 조현명(趙顯命)이나 송인명(宋寅明)을 등용하여 경연을 이어갔다.

여기에 더해 신하들, 홍문관원에 의해 일방적으로 제시되던 경연 교재를 거부하고, 이전의 경연에서는 읽지 않던 책을 선정하여 교재로 삼았다. 『제범(帝範)』이나 『정관정요(貞觀政要)』, 『주례(周禮)』, 『대학연의보(大學衍義補)』 등은 이전에 거의 읽히지 않았거나 처음 진강된 교재였다. 나아가 영조는 조선에서 만든 책도 활용하였다. 『성학집요(聖學輯要)』, 『절작통편(節酌通編)』, 『주자봉사(朱子封事)』가 이에 해당했다.

영조는 자신이 경연에 사용할 책자를 직접 만들기도 하였다. 『어제자성편(御製自省編)』, 『어제심감(御製心鑑)』 등이 이에 해당한다. 이와 같은 진강 책자들은 경연이 더 이상 군덕을 수양하는 곳이라기보다는 국왕 주도로 학문을 전파하는 자리로 성격이 변화했음을 의미하는 것이다. 군사(君師)를 표방하였던 영조의 이러한 지향은 성리학에 관한 독서를 통해 이룬 성취이면서도 한편으로는 성리학을 넘어서려는 상징적인 의미도 있었다.

이러한 영조의 의도는 그 손자이며 후왕인 정조에게 그대로 전해졌다. 영조는 특별히 손자를 위한 교육을 하였고, 정조 역시 스스로 천하를 다스리는 스승이 되고 싶다고 목표를 세웠다.[18] 그리고 마침내 즉위한 지 20년이 되어서 정조는 자신이 군사(君師)에 있음을 당당하게 선포하기도 하였다.[19] 이후에도 여러 차례 자신이 군사의 지위와 책임을 갖고 있으며, 신민을 가르칠 책임이 있고, 유학을 집대성하고 당대의 의리를 결정할 권한이 있음을 자부하였다. 이로써 성인 국왕을 만들려는 경연의 취지는 영조와 정조에 의해 국왕이 스스로 군사가 됨으로써

18 『영조실록』 권103 영조 40년 3월 13일(갑자).
19 『정조실록』 권45, 정조 20년 8월 10일(임오).

실현되었다고 할 수 있다. 국왕의 상징 가운데 '공부하는 국왕'은 조선에서 이러한 형태로 결실을 맺었다고 할 수 있다.

의례로서의 경연과 서연

경연과 서연은 국가적인 의례인 오례에도 포함되어 일정하게 정비되었다. 그러나 경연과 서연에 관련된 의례가 처음부터 오례에 포함되지는 않았다.『세종실록오례의』에는 관련 의주(儀註)로 '왕세자여사부빈객상견의(王世子與師傅賓客相見儀)'와 '서연진강의(書筵進講儀)'만 수록되어 세자의 서연에 대해서만 의주로 올렸다. 이 두 의례에 대한 설명은 아래와 같다.

왕세자여사부빈객상견의(王世子與師傅賓客相見儀)

이 의례는 왕세자가 자신의 스승인 사부와 빈객을 처음으로 만나서 인사하는 의례이다. 조선 초부터 시행되어 내내 지속된 의례이다. 왕세자의 교육을 위해서 조선에서는 서연(書筵)을 만들어 경연과 비슷하게 운영하였다. 서연에서 왕세자는 학문적 능력과 덕망을 갖춘 스승인 서연관에게 교육을 받았는데, 바로 이 스승인 사부(師傅), 빈객(賓客)과 처음 만나서 인사하는 의례인 것이다.『춘관통고』에 실린 금의(今儀)는『국조오례의』에 비해 볼 때 이사(貳師)가 누락되어 있고, 왕세자를 동궁(東宮)으로 표현하고 있으며, 궁관이 공복(公服)이나 기복(器服) 대신 흑단령(黑團領)을 입는 등의 차이가 있다.

『국조오례의』에 따른 의례는 다음과 같다.

액정서(掖庭署)는 왕세자의 배위(拜位, 절하는 자리)와 사부, 이사, 빈객의 배위를 각자의 자리에 설치한다. 궁관(宮官)은 각자의 의복을 입고, 익위사(翊衛司)는 의장과 시위를 평상시와 같이 한다. 사부, 이사, 빈객은 모두 서당(書堂)에 모여 공복(公服)을 입는다. 필선(弼善)이 내엄(內嚴, , 세자나 세손이 거둥할 때 신호로 울리는 북소리)을 찬청(贊請, 식순에 따라 행할 일을 청하는 것)하면, 보덕(輔德) 이하와 익위 이하, 시종관, 사부, 이사는 각각의 자리에 선다. 필선이 외비(外備, 바깥의 준비가 다 되었음)를 아뢰면 왕세자는 동쪽 계단으로 내려가 서고, 사부, 이사, 빈객은 서쪽 계단 아래로 나간다. 사부와 이사가 먼저 오르고 왕세자는 나중에 오른다. 사부, 이사가 먼저 정해진 자리로 나가고, 왕세자는 이후 정해진 자리로 나간다. 왕세자가 머리를 조아려 두 번 절하면 사부, 이사는 머리를 조아려 답하여 두 번 절한다. 사부, 이사, 빈객이 계단으로 내려가고, 왕세자는 동쪽 계단 아래 내려가 선다. 사부, 이사, 빈객이 문으로 나가고, 왕세자도 시위(侍位)로 돌아간다. 왕세자가 안으로 들어가고, 보덕 이하도 나간다.

· 『세종실록오례의(世宗實錄五禮儀)』 권132「가례의식(嘉禮儀式) 왕세자여사부빈객상견의(王世子與師傅賓客相見儀)」

· 『국조오례의(國朝五禮儀)』 권3「가례(嘉禮) 왕세자여사부빈객상견의(王世子與師傅賓客相見儀)」

· 『춘관통고(春官通考)』 권51「가례(嘉禮) 왕세자여사부빈객상견의(王世子與師傅賓客相見儀)」

서연진강의(書筵進講儀)

이 의례는 왕세자가 자신의 스승인 사부나 이사 등의 서연관들과 함께 모여서 강학하는 의례이다. 조선 초에 시행되어 내내 지속된 의례이다. 후에 '서연회강의'로 명칭이 바뀌었으나 의례는 거의 동일하다. 스승인 사부, 빈객과 한 달에 두 차례 정도 만나 배웠던 것을 복습하는 의례이다. 『춘관통고』에는 '왕세자서연회강의(王世子書筵會講儀)'로 되어 있으며, 『대한예전』에는 '서연회강의'로 되어 있다. '서연진강의'와 '왕세자서연회강의'의 차이점으로는 액정서의 역할을 인순부(仁順府, 동궁에 딸렸던 관아)에서 하는 점, 왕세자가 상복(常服)을 입는다는 점 등의 차이가 있다.

『세종실록오례의』에 따른 의례는 다음과 같다.

인순부에서 왕세자, 사부, 이사, 빈객, 보덕의 자리를 각자의 자리에 설치한다. 사부 이하는 모두 서당(書堂)에 모인다. 좌중호(左中護)가 합문(閤門) 밖에서 외판(外辦, 바깥의 준비가 다 되었음)을 아뢰면 왕세자는 상복(常服)을 입고 자리로 나간다. 보덕 이하는 들어와 두 번 절하고, 서고, 사부, 이사, 빈객은 각자의 자리에 선다. 왕세자는 동쪽 계단으로 내려와 서고, 사부, 이사, 빈객은 서쪽 계단으로 나간다. 사부, 이사가 먼저 오르고 왕세자가 뒤에 오른다. 사부, 이사가 먼저 자리 앞에 나가 서면 왕세자는 자리 앞에 나가 머리를 조아려 두 번 절하고, 사부, 이사도 머리를 조아려 답하여 절한다. 사부, 이사가 자리로 나가고, 왕세자도 자리로 나가며 서안(書案)을 왕세자 자리 앞에 놓는다. 보덕 이하는 올라가 자리로 나가고, 익위 이하는 올라가 정한 자리에 선다. 왕세자는 전날 수업한 것을 강(講)하고, 사부는 진강(進講)을 정해진 대로 한다. 강을 마치면 보덕 이하가 먼저 내려와 모시어 서고, 사부, 이사, 빈객은 계단으로 내려가며, 왕세자 는 동쪽 계단 아래로 내려와 선다. 사부, 이사, 빈객이 문으로 나가고 왕세자는 안으로 들어가고, 보덕 이하는 나간다.

· 『세종실록오례의(世宗實錄五禮儀)』 권132 「가례(嘉禮) 서연진강의 (書筵進講儀)」

· 『대한예전(大韓禮典)』 권10 「가례〔嘉禮(儀注)〕 서연회강의(書筵會講 儀)」

『국조오례의』에도 『세종실록오례의』와 비슷하게 포함되어 정비되 었다. 그러나 경연과 서연에 관련된 의례는 '왕세자여사부빈객상견의 (王世子與師傅賓客相見儀)'와 '서연회강의(書筵會講儀)'만 수록되어 역시 서연 관련 의주만 올렸다. '서연회강의'에 대해서는 아래를 참조하면 된다.

서연회강의(書筵會講儀)

왕세자가 서연에서 회강(會講)하는 의례이다. 이 의례는 왕세자가 자신의 스승인 사부나 이사 등의 서연관들과 함께 모여서 강학하는 의례이다. 조선 초에 시행되어 내내 지속된 의례이다. 왕세자가 스 승인 사부·빈객과 한 달에 두 차례 정도 만나 배웠던 것을 복습하는 의례이다. 『춘관통고』에는 '왕세자서연회강의(王世子書筵會講儀)'로 되어 있으며, 『대한예전』에는 '서연회강의'로 되어 있다. 조선 초에 는 '서연진강의'로 행해졌다. '서연진강의'와 '서연회강의'의 차이점으로는 전자의 경우 액정서의 역할을 인순부에서 하는 점, 왕세자가 상복(常服)을 입는다는 점 등의 차이가 있다.

『국조오례의』에 따른 의례는 다음과 같다.

액정서에서 왕세자, 사부, 이사, 빈객(賓客), 보덕(輔德)의 자리를 각자의 자리에 설치한다. 사부 이하는 모두 서당(書堂)에 모인다. 필선이 합문(閤門) 밖에서 외비(外備)를 아뢰면 왕세자는 익선관과 곤룡포를 입고 자리로 나간다. 보덕 이하는 들어와 두 번 절하고 서고, 사부, 이사, 빈객은 각자의 자리에 선다. 왕세자는 동쪽 계단으로 내려와 서고, 사부, 이사, 빈객은 서쪽 계단으로 나간다. 사부, 이사가 먼저 오르고 왕세자가 뒤에 오른다. 사부, 이사가 먼저 자리 앞에 나가 서면 왕세자는 자리 앞에 나가 머리를 조아려 두 번 절하고, 사부, 이사도 머리를 조아려 답하여 절한다. 사부, 이사가 자리로 나가고, 왕세자도 자리로 나가며 서안(書案)을 왕세자 자리 앞에 놓는다. 보덕 이하는 올라가 자리로 나가고, 익위 이하는 올라가 정한 자리에 선다. 왕세자는 전날 수업한 것을 강(講)하고, 사부는 진강(進講)을 정해진 대로 한다. 강을 마치면 보덕 이하가 먼저 내려와 모시어 서고, 사부, 이사, 빈객은 계단으로 내려가며, 왕세자는 동쪽 계단 아래로 내려와 선다. 사부, 이사, 빈객이 문으로 나가고 왕세자는 안으로 들어가고, 보덕 이하는 나간다.

· 『국조오례의(國朝五禮儀)』 권4 「가례(嘉禮) 서연진강의(書筵進講儀)」

· 『대한예전(大韓禮典)』 권10 「가례〔嘉禮(儀注)〕 서연회강의(書筵會講儀)」

경연과 서연에 관련된 의례가 종합되어 크게 보강된 것은 정조 때 편찬된 『춘관통고』에서였다. 『춘관통고』에는 관련된 의주 등의 기록이 다음과 같이 수록되어 있다.

경연〔經筵(夜對)〕, 조강식(朝講式), 주강식(晝講式), 석강식(夕講式), 소대식(召對式), 야대식(夜對式), 조강의(朝講儀), 주강의(晝講儀), 석강의(夕講儀), 소대의(召對儀), 야대의(夜對儀), 친림규장각강학의〔親臨奎章閣講學儀(今儀)〕, 친림이문원회강의〔親臨摛文院會講儀(今儀)〕, 왕세자여사부빈객상견의〔王世子與師傅賓客相見儀(原儀)〕, 왕세자여사부빈객상견의〔王世子與師傅賓客相見儀(今儀)〕, 왕세자여사부상견의〔王世子與師傅相見儀(今儀)〕, 왕세자여빈객상견의〔王世子與賓客相見儀(今儀)〕, 왕세손여사부빈객상견의(王世孫與師傅賓客相見儀), 왕세손여사부상견의(王世孫與師傅相見儀), 왕세손여빈객상견의(王世孫與賓客相見儀), 왕자군사부상견의속의(王子君師傅相見儀續儀), 왕세자서연회강의(王世子書筵會講儀), 왕세자조강의(王世子朝講儀), 왕세자주강의(王世子晝講儀), 왕세자석강의(王世子夕講儀), 왕세자소대의(王世子召對儀), 왕세자야대의(王世子夜對儀), 왕세손강서원회강의금의(王世孫講書院會講儀今儀), 왕세손조강의(王世孫朝講儀), 왕세손주강의(王世孫晝講儀), 왕세손석강의(王世孫夕講儀), 왕세손소대의(王世孫召對儀), 왕세손야대의(王世孫夜對儀)

이 가운데 경연의 대표적인 강의인 법강(法講)에 해당하는 조강과 주강, 석강과 소대 및 야대에 관한 의주를 간략히 살펴보면 다음과 같다.

조강의(朝講儀)

왕과 신하가 매일 아침 함께 공부하는 경연의 의례이다. 낮에 공부하였던 주강(晝講), 저녁 때 하였던 석강(夕講)과 함께 경연의 정기강의였던 법강의 하나이다. 법강 이외에도 소대(召對), 야대(夜對)와 같은 비정기 강의도 있었다. 경연은 세자가 공부하던 서연과 함께 고려시대부터 시행되어왔다. 조선에서 집현전이 설치된 이후 본격적으로 운영되어 이후 왕조 말까지 거의 중단 없이 이어졌다.

조강에 참여한 관원은 영사(領事(議政)) 1인, 지사(知事(정2품)), 동지사(同知事(종2품)) 중 1인, 특진관(特進官) 2인, 승지(承旨)·홍문관(弘文館) 상·하번 및 양사(兩司) 각 1인, 주서 1인, 한림(翰林(史官)) 상·하번 각 1인이 참석하였다. 주강과 석강에는 지사·동지사 중 1인, 특진관·승지·홍문관 상·하번 각 1인, 무신 1인, 종친 1인이 참석한 것에 비해 조강의 비중이 높았다.

『춘관통고』에 따른 의례는 다음과 같다.

조강을 하는 당일 평명(平明, 해뜨는 시각)에 전설사(典設司)는 영경연사, 지경연사, 특진관(特進官), 옥당(玉堂), 승지(承旨), 사관(史官), 양사(兩司)의 자리를 각각 방향에 맞추어 설치한다. 모든 관원이 자기 자리에 나간 후 영사가 합(閤, 건물)에 이르러 좌정한 후 모든 관원은 영사에게 차례로 나가 절한다. 정해진 시간 1각(刻) 전에 옥당의 상·하번이 영사 앞에 나가고, 영사가 책을 펴면 관원은 모두 책을 편다. 상번이 새로 1편의 음을 읽고 마친 후에 영사가 책을 덮으면 모든 관원 역시 책을 덮는다.

하번 사관은 상·하번 자리에 나간 후 좌목단자(座目單子)를 가지

고 영사, 지사, 특진관, 승지에게 무릎을 꿇고 보인다. 이후 서리에게
와서 다시 주면 서리는 상·하번과 양사에게 무릎 꿇고 보인다. 금루
관(禁漏官)이 정시좌목(正時座目)과 정시단자(正時單子)를 아뢰면 별
감(別監)을 불러 들어가서 아뢰고, 사알(司謁)이 승지에게 가서 전좌
(殿座)를 전한다. 모든 관원은 좌목에 따라 각각 책자를 가지고 들어
와 전내에 들어가 각각의 위차(位次)에 엎드리는데, 습강의(習講儀)
대로 한다. 왕이 책을 열면 영사 이하도 책을 펴고, 왕이 전에 배운
음 읽기를 마치면, 옥당의 상번이 새로 배울 음을 읽고 왕도 따라 읽
는다. 상·하번이 차례로 글의 뜻을 아뢰고 마치면 영사, 지사, 특진
관, 참찬관이 글의 뜻을 진술한다. 마치고 왕이 책을 덮으면, 영사 이
하도 책을 덮고 차례대로 나온다.

· 『춘관통고(春官通考)』 권51 「가례(嘉禮) 조강의(朝講儀)」

주강의(晝講儀)

왕과 신하가 매일 낮에 함께 공부하는 경연의 의례이다. 주강은 왕
과 신하가 함께 공부하였던 경연 가운데 낮에 하였던 것으로서 아침
에 공부하였던 조강(朝講), 오후에 하였던 석강(夕講)과 함께 경연의
정기 강의였던 법강의 하나이다.

주강에는 조강에 참여하는 영사가 없고, 지사·동지사 중 1인, 특
진관·승지·홍문관 상·하번 각 1인, 무신 1인, 종친 1인이 참석하여
조강에 비해 간략한 형태로 진행하였다.

『춘관통고』에 따른 의례는 다음과 같다.

주강을 하는 당일에 전설사는 지경연사, 특진관, 옥당, 승지, 사관,

양사(兩司)의 자리를 각각 방향에 맞추어 설치한다. 모든 관원이 자기 자리로 나간 후 지사가 합(閤)에 이르러 좌정한 후 모든 관원은 지사에게 차례로 나가 절한다. 정해진 시간 1각(刻) 전에 옥당의 상·하번이 지사 앞에 나가고, 지사가 책을 펴면 관원은 모두 책을 편다. 상번이 새로 1편의 음을 읽고 마친 후에 지사가 책을 덮으면 모든 관원 역시 책을 덮는다.

하번 사관은 상·하번 자리로 나간 후 좌목단자(座目單子)를 가지고 지사, 특진관, 승지에게 무릎 꿇고 보인다. 이후 서리에게 와서 다시 주면 서리는 상·하번과 양사에게 무릎을 꿇고 보인다. 금루관(禁漏官, 물시계를 써서 시각을 측정하는 관원)이 정시좌목(正時座目)과 정시단자(正時單子)를 아뢰면 별감(別監)을 불러 들어가서 아뢰고, 사알이 승지에게 가서 전좌(殿座)를 전한다. 모든 관원은 좌목에 따라 각각 책자를 가지고 들어와 전내에 들어가 각각의 위차에 엎드리는데, 습강의(習講儀)대로 한다. 왕이 책을 열면 지사 이하도 책을 펴고, 왕이 전에 배운 음 읽기를 마치면, 옥당의 상번이 새로 배울 음을 읽고 왕도 따라 읽는다. 상·하번이 차례로 글의 뜻을 아뢰고 마치면 지사, 특진관, 참찬관이 글을 뜻을 진술한다. 마치고 왕이 책을 덮으면, 지사 이하도 책을 덮고 차례대로 나온다.

· 『춘관통고(春官通考)』 권51 「가례(嘉禮) 주강의(晝講儀)」

석강의(夕講儀)

왕과 신하가 매일 오후에 함께 공부하는 경연의 의례이다.

석강 또한 조강(朝講), 주강(晝講)과 함께 경연의 정기 강의였던 법강의 하나이다.

　석강에 참여한 관원은 조강에 비해 영사가 없고, 지사·동지사 중 1인, 특진관·승지·홍문관 상·하번 각 1인이 참여하며, 주강에 참여한 무신 1인, 종친 1인도 참석하지 않아 주강에 비해서도 간략한 형태로 진행하였다.

　『춘관통고』에 따른 의례는 다음과 같다.

　석강을 하는 당일에 전설사는 지경연사, 특진관, 옥당, 승지, 사관, 양사(兩司)의 자리를 각각 방향에 맞추어 설치한다. 모든 관원이 자기 자리로 나간 후 지사가 합(閤)에 이르러 좌정한 후 모든 관원은 지사에게 차례로 나가 절한다. 정해진 시간 1각(刻) 전에 옥당의 상·하번이 지사 앞에 나가고, 지사가 책을 펴면 관원은 모두 책을 편다. 상번이 새로 1편의 음을 읽고 마친 후에 지사가 책을 덮으면 모든 관원 역시 책을 덮는다.

　하번 사관은 상·하번 자리에 나간 후 좌목단자(座目單子)를 가지고 지사, 특진관, 승지에게 무릎을 꿇고 보인다. 이후 서리에게 와서 다시 주면 서리는 상·하번과 양사에게 무릎을 꿇고 보인다. 금루관이 정시좌목(正時座目)과 정시단자(正時單子)를 아뢰면 별감을 불러 들어가서 아뢰고, 사알이 승지에게 가서 전좌(殿座)를 전한다. 모든 관원은 좌목에 따라 각각 책자를 가지고 들어와 전내에 들어가 각각의 위차에 엎드리는데, 습강의(習講儀)대로 한다. 왕이 책을 열면 지사 이하도 책을 펴고, 왕이 전에 배운 음 읽기를 마치면, 옥당의 상번이 새로 배울 음을 읽고 왕도 따라 읽는다. 상·하번이 차례로 글의 뜻을 아뢰고 마치면 지사, 특진관, 참찬관이 글의 뜻을 진술한다. 마치고 왕이 책을 덮으면, 지사 이하도 책을 덮고 차례대로 나온다.

· 『춘관통고(春官通考)』 권51 「가례(嘉禮) 석강의(夕講儀)」

소대의(召對儀)

왕과 신하가 일정하게 정한 시간이 아니라 수시로 함께 공부하였던 경연의 의례이다. 소대는 왕과 신하가 함께 공부하였던 경연 가운데 때를 정하지 않고 하였던 것으로서 주로 낮에 하였던 비정기의 강의 이다. 저녁에 왕의 명령(敎)이 있으면 시행하였던 강의이다. 소대는 야대와 함께 경연이 시행되었던 조선 초부터 끊임없이 시행되었다.

소대의 형식은 대체로 석강의(夕講儀)와 비슷하였다. 다만 지사와 특진관이 없고 각신(閣臣)이 있었고, 각신이 대교(待敎)인 경우, 자리 는 옥당의 아래에 두었으며, 직각(直閣)의 경우에는 옥당의 오른편 에 두었고, 검교(檢校)와 직각 이상은 승지의 오른쪽에 두었다. 또 경 연관들이 미리 모여 예습을 하였던 습강(習講)은 하지 않았다.

『춘관통고』에 따른 의례는 다음과 같다.

하번 사관은 상·하번 자리에 나간 후 좌목단자(座目單子)를 가지 고 승지에게 무릎을 꿇고 보인다. 이후 서리에게 와서 다시 주면 서 리는 상·하번과 양사에게 무릎을 꿇고 보인다. 금루관이 정시좌목 (正時座目)과 정시단자(正時單子)를 아뢰면 별감을 불러 들어가서 아 뢰고, 사알이 승지에게 가서 전좌(殿座)를 전한다. 모든 관원은 좌목 에 따라 각각 책자를 가지고 들어와 전내에 들어가 각각의 위차에 엎드린다. 왕이 책을 열면 각신 이하도 책을 펴고, 왕이 전에 배운 음 읽기를 마치면, 옥당의 상번이 새로 배울 음을 읽고 왕도 따라 읽는다. 상·하번이 차례로 글의 뜻을 아뢰고 마치면 각신 등이 글의 뜻을 진술한다. 마치고 왕이 책을 덮으면, 각신 이하도 책을 덮고 차례대로 나온다.

· 『춘관통고(春官通考)』 권51 「가례(嘉禮) 소대의(召對儀)」

야대의(夜對儀)

왕과 신하가 일정하게 정한 시간이 아니라 수시로 함께 공부하였던 경연의 의례이다. 야대는 왕과 신하가 함께 공부하였던 경연 가운데 때를 정하지 않고 주로 밤에 하였던 비정기 강의이다.

야대의 형식은 대체로 석강의(夕講儀)와 비슷하였다. 다만 지사와 특진관이 없고 각신(閣臣)이 있었고, 각신이 대교(待敎)인 경우 자리는 옥당의 아래에 두었으며, 직각(直閣)의 경우에는 옥당의 오른편에 두었고, 검교(檢校)와 직각 이상은 승지의 오른쪽에 두었다. 또 경연관들이 미리 모여 예습을 하였던 습강(習講)은 하지 않았다.

『춘관통고』에 따른 의례는 다음과 같다.

하번 사관은 상·하번 자리에 나간 후 좌목단자(座目單子)를 가지고 승지에게 무릎을 꿇고 보인다. 이후 서리에게 와서 다시 주면 서리는 상·하번과 양사에게 무릎을 꿇고 보인다. 금루관이 정시좌목(正時座目)과 정시단자(正時單子)를 아뢰면 별감을 불러 들어가서 아뢰고, 사알이 승지에게 가서 전좌(殿座)를 전한다. 모든 관원은 좌목에 따라 각각 책자를 가지고 들어와 전내에 들어가 각각의 위차에 엎드린다. 왕이 책을 열면 각신 이하도 책을 펴고, 왕이 전에 배운 음 읽기를 마치면, 옥당의 상번이 새로 배울 음을 읽고 왕도 따라 읽는다. 상·하번이 차례로 글의 뜻을 아뢰고 마치면 각신 등이 글의 뜻을 진술한다. 마치고 왕이 책을 덮으면, 각신 이하도 책을 덮고 차례대로 나온다.

· 『춘관통고(春官通考)』 권51 「가례(嘉禮) 야대의(夜對儀)」

2) 국가 의례의 중심으로서 국왕 - 의례(儀禮)

앞에서 경연과 관련하여 국왕을 성인으로 만들어 하늘에 있던 존재보다는 인간에 가까운 상징으로 만들려는 노력이 있었음을 확인하였다. 따라서 조선시대 국왕의 상징은 적어도 접근할 수 없는 천상의 존재라기보다는 공부하는 사대부에 가까운 지상의 존재에 근접하였다.

그렇다면 지상에서는 최고의 존재로서 국왕의 존재는 어떻게 수식되었을까? 국왕이 국가를 대표하면서 일상적으로 수행하는 것 가운데 가장 많은 부분을 차지하는 것이 바로 의례였다. 의례는 조선시대 국왕의 행사를 표준화하여 만들어놓은 것이며, 국왕권을 드러내는 장치이기도 하였다.

조선시대에는 성리학을 이념으로 삼고, 실제 정치 역시 그에 기반을 둔 예악(禮樂)의 정치를 시행하려고 하였다. 이러한 예악이 구체적으로 표현되는 것이 국가에서는 전례(典禮)이며, 개인에게는 사례(士禮)이다. 사례는 사대부의 예로서 관(冠)·혼(婚)·상(喪)·제(祭)의 사례(四禮)를 말한다. 그에 비해 국가의 전례는 국가의 공식적인 의례를 말하는 것으로, 한 국가가 추구하는 이념적 지향과 도덕적 가치를 일정한 틀로 구체화한 것이다. 조선시대의 공식적인 의례는 오례(五禮)로 규정되었다. 오례란 길례(吉禮)·가례(嘉禮)·빈례(賓禮)·군례(軍禮)·흉례(凶禮)의 다섯 가지이다.

조선왕조는 오례가 왕권과 국가 체계에 필요한 틀을 모두 갖추고 있었기 때문에 오례를 바탕으로 한 예제를 운영하여 이를 '국조오례'라고 표현하였다. 여러 예제가 그 틀을 하나하나 찾아가는 세종 대부터는 왕조 초기에 설정하였던 정치적 목표를 계승하여 보다 심도 있는 학술적 연구를 병행하면서 오례 운영을 위해 노력하였다.

이러한 과정을 거쳐 완성된『세종실록오례의(世宗實錄五禮儀)』로부터 시작되어 성종 대의『국조오례의(國朝五禮儀)』·『국조오례의서례(國朝五禮儀序例)』, 영조 대의『국조속오례의(國朝續五禮儀)』·『국조속오례의서례(國朝續五禮儀序例)』·『국조속오례의보(國朝續五禮儀補)』·『국조속오례의보서례(國朝續五禮儀補序例)』, 정조 대의『춘관통고(春官通考)』, 고종 대의『대한예전(大韓禮典)』등 각 왕조별 국가 전례를 담고 있는 전례서(典禮書)들이 존재한다.

이 전례서들에 수록된 예는 대체로 그 규모에 따라 대·중·소로 나눌 수 있다. 예를 들어 제례(祭禮)의 경우 규모에 따라 대사(大祀)·중사(中祀)·소사(小祀)로 구분할 수 있다. 이때 대체로 대사와 중사에는 국왕이 참여하여 주도하는 의례가 많았다.[20] 국왕이 참여하는 의례는 국

20 『국조오례의』에 따르면 대사(大祀), 중사(中祀), 소사(小祀)에 해당하여 제사의 대상이 되는 곳은 다음과 같다. 대사 : 사직(社稷), 종묘(宗廟), 영녕전(永寧殿), 중사 : 풍운뇌우(風雲雷雨), 악해독(岳海瀆), 선농(先農), 선잠(先蠶), 우사(雩祀), 문선왕(文宣王), 역대시조(歷代始祖), 소사 : 영성(靈星), 노인성(老人星), 마조(馬祖), 명산대천(名

가의 전례 가운데서도 가장 격이 높은 것이라고 볼 수 있다. 전례서에 실린 많은 예가 이에 해당하지만 전례서에 실린 모든 의례에 국왕이 참여한 것은 아니었다.

주지하다시피 의례의 주인공이 국왕이 아닌 비, 세자 등이 될 수 있으며, 경우에 따라서는 국왕을 대신하여 신하가 의례를 대행할 수도 있었다.[21] 그러나 국왕이 의례에 직접 참여하는가의 여부는 의례의 격이나 비중을 고려한다면 매우 중요한 문제일 수 있다. 따라서 현재 전례서에 수록된 의례 가운데 국왕이 참여하는 의례를 구분하고 그 변화를 살펴보면 국왕이 국가의 전례에서 차지하는 비중을 살필 수 있는 중요한 기준을 알 수 있다.

전통 시대에 일반적으로 의례와 따로 독립하여서 국왕 의례라고 구분한 것은 아니지만, 굳이 개념을 설정하여 구분해본다면 국왕 의례는 국왕이 참여하여 주체가 되어 시행하는 의례라고 정의할 수 있다. 이러한 관점에서 보면 국왕 의례는 그 수가 매우 많다. 대표적인 것으로는 오례(五禮)에 포함되는 국왕 의례를 들 수 있다.

국왕이 참여하는 의례로서 강무(講武)를 보자. 강무는 왕권과 국가

山大川), 사한(司寒), 고목(告牧), 마사(馬社), 마보(馬步), 마제(禡祭), 영제(禜祭), 포제(酺祭), 칠사(七祀), 독제(纛祭), 여제(厲祭).

21 비가 의례의 주체가 되는 경우는 중궁정지명부조하의(中宮正至命婦朝賀儀), 중궁정지회명부의(中宮正至會命婦儀), 중궁정지왕세자조하의(中宮正至王世子朝賀儀) 등이 있고, 왕세자가 주체가 되는 경우는 왕세자작헌문선왕입학의(王世子酌獻文宣王入學儀), 왕세자관의(王世子冠儀), 왕세자납빈의(王世子納嬪儀) 등이 있으며, 종친이나 신하가 주체가 되는 경우는 종친문무관일품이하혼례의(宗親文武官一品以下昏禮儀) 등이 있다.

체계에 필요한 오례 가운데 하나인 군례에 포함되는 것으로서 국왕의 권위를 높이는 데 적절하게 활용될 수 있는 사례였다. 국왕이 참여하는 의례는 매우 많으나 대체로 제사에 참여하는 길례(吉禮)나 가례의 경우가 많고, 군례의 경우는 많지 않았다.

특히 강무는 사냥하는 형식을 취하였지만 군사훈련의 성격, 무(武)적인 성격이 매우 강하였다. 따라서 국왕이 주체가 되어 위엄 있게 행한다면 국왕의 권위는 그만큼 높아질 수 있었다. 조선 초기에는 강무에 대한 논의를 통해 의례를 정비했고 이를 바탕으로 적절하게 추진되었다.

태조의 경우 기록상으로는 그렇게 자주 강무를 시행하지는 않은 것으로 보이지만 기록 이상으로 강무를 하였을 가능성도 있다. 본격적인 강무는 태종 대에 시행되었는데, 봄과 가을에 거의 매년 실시되었다. 이를 통해 태종은 국왕의 권위를 한껏 높였고, 이러한 점은 사병의 혁파와 군권의 확립으로 연결되었다고 할 수 있다. 세종도 태종에 이어 강무를 지속적으로 시행하였으나 시행 횟수를 1년에 1차례로 줄이고, 강무장을 지정하는 등 강무제의 정비에 주력하였다.

세종 이후의 국왕들은 대체로 강무의 시행에 소극적이었다. 특히 성종 이후 강무는 크게 줄어들었다. 강무를 자주 시행하지 않게 된 데에는 여러 가지 원인이 있을 수 있다. 장기간에 걸친 평화가 지속된 점, 또 성종 이후 성리학을 중요시한 사림들이 등장함으로써 무(武)적인 요소보다는 문(文)적인 요소를 강조하게 된 점, 이의 연장선에서 국왕의 수신에 성리학적 교양이 강조된 점 등이 고려될 수 있겠다.

조선 중·후기에도 강무가 드물게 연대기에서 파악된다. 그러나 조선 후기에 강무는 조선 전기와는 다른 형태로 시행이 된다. 즉, 사냥과 군사훈련이 결합된 형태의 강무에서 군사훈련이나 점검을 위주로 하는 열무(閱武)가 강조되고, 사냥의 요소는 거의 생략된 채로 시행이 된 것이다. 특히 이러한 열무 위주의 행사는 조선 후기에 들어 자주 시행된 능행(陵幸) 행사와 결부되어 나타나게 되었다.

영조와 정조 같은 탕평 국왕들은 특히 이에 관심을 가져서 능행 후에 열무를 시행하였다. 이러한 예는 탕평 국왕들이 거둥을 통해 국왕의 권위를 회복하려고 했던 것과 비슷한 사례로서 국왕의 권위를 드러내고, 국왕 중심의 군사 질서를 확립하려는 의도와 관련이 있었다. 특히 정조의 경우 제도 정비까지 염두에 두고 국초의 오위제(五衛制)를 회복하려고 한 것은 이 시기 다른 분야에서 나타났던 현상, 즉 국왕 내지 국가의 제도를 재정비하려던 지향과 같은 맥락이라고 할 수 있다.

이와 같이 강무는 국왕의 권위를 상징하는 군례로서 조선시대 역사에서 국왕권의 강약에 따라 그 시행에 차이가 있었음을 알 수 있다. 국왕의 권위를 상징하는 행사도 실제적인 국왕권의 강약에 따라 그 시행 여부가 달라질 수 있었음은 조선시대 국왕의 권한이 중국에 비해서는 상대적으로 견제되었던 역사적 현실을 반영한다고 볼 수 있다.

각종 제사 의례의 주체

국왕이 참여하는 길례의 경우 제사가 상당수를 차지하였다. 그 가운데 국왕이 직접 참여하여 지내는 제사로서 대표적인 예는 종묘와 사직에서 지내는 제사이다. 흔히 왕조를 상징하는 용어로도 종묘사직이 병칭되고, 줄여서 종사(宗社)라고도 하여서 자주 불린다. 종묘와 사직에서

지내는 제사는 제사 가운데서도 가장 큰 제사인 대사(大祀)이다. 제후
국이어서 하늘에 지내는 대사를 지낼 수 없었던 조선으로서는 땅과 사
람에 대한 제사인 종묘와 사직제가 가장 큰 제사였고 이를 중시하였다.
특히 조선 초기에는 사직제보다는 종묘제가 더욱 중시되었는데 왕통을
강조하려는 의도가 있었다. 성종 때까지 종묘제에 국왕이 참여한 친제
(親祭)가 41회였던 반면 사직제의 친제는 같은 기간 3회에 불과한 것을
비교해 보면 종묘제례에 대한 국왕의 관심을 알 수 있다.[22] 이는 곧 왕
통의 상징이 종묘로 대표됨을 보여준다.

그런데 17세기 이후에 환구제의 하나인 기곡제(祈穀祭)를 부활시켜
사직에서 지내게 하면서 사전(祀典)에 기곡제 역시 대사로 등재하였다.
조선 후기의 국왕들은 사직제보다는 기곡제를 중시하여 이를 통해 간
접적으로나마 국왕의 권위를 높였다. 사직에서 지냈던 국왕의 친제는
조선시대를 통틀어 97회인데, 그 가운데서도 숙종~정조 대 사이에 57
회가 시행되어 탕평 국왕의 시기에 자주 행해진 것을 알 수 있다.[23] 조
선시대 국왕이 참여하였던 선농단(先農壇)에서의 친제는 14회, 친경(親
耕)은 14회이다.

국왕의 행차 - 거둥

국왕을 상징하는 것 가운데 하나로 국왕의 행차를 들 수 있다. 조선시

22　한형주, 『朝鮮初期 國家祭禮 硏究』, 일조각, 2002, 87~88쪽.
23　한형주, 「조선의 국가의례」 『오례』, 국립고궁박물관, 2015, 74쪽.

대의 국왕은 백성에게나 신하에게 신성한 존재였으므로 국왕의 모습을 직접 보는 것이 현실에서는 쉽지 않은 일이었다. 따라서 국왕이 직접 행차하는 모습을 보는 것만큼 국왕을 강하게 각인하는 일은 드물었다고 할 수 있다.

국왕이 행차하는 것을 거둥이라고 하였는데, 보통 거둥은 일상적인 일은 아니었다. 종묘에 친제를 지내러 가거나 성균관에 갈 때, 그리고 왕릉에 가거나 강무를 행할 경우에 거둥하였다. 국왕의 거둥은 일상적인 행사가 아니므로 그 준비를 하는 데에 적지 않은 수고가 필요하였다. 이 때문에 신하들은 국왕의 거둥에 대해 대체로 부정적인 의견을 보이는 경우가 많았다. 많은 인원이 동원되는 것에 따른 비용의 문제나 도로 개수(改修)로 인한 백성들의 부역 등은 국왕의 거둥을 방해하는 요소였다.

그러나 국왕으로서는 좁은 궁궐 내에서의 생활로 인해서 발생하는 답답함도 있었지만 여러 가지 이유를 들어서 궁궐 밖으로의 거둥을 원하였다. 그것이 때로는 왕릉을 찾는 효성이기도 했고, 친제(親祭)나 친경(親耕) 등을 거둥의 구실로 삼기도 하였다. 국왕의 거둥에는 많은 인원이 동원되었는데, 대규모의 행차인 대가(大駕)의 경우 공식 수행 인원만 2,900여 명이고, 추가되는 인원까지 포함하면 거의 5,000명에 달하기도 하였다.

국왕의 거둥 장소는 대체로 한양 지역에 한정되었지만 왕릉을 참배하거나 제사를 지내기 위해 가는 경우는 한양을 벗어나는 경우도 있었다. 대표적인 거둥이라고 할 수 있는 정조의 1789년 능행을 살펴보면 전국에서 이를 보기 위해 수만 명이 몰려들 정도였다. 〈능행도(陵行圖)〉

〈화성능행도(華城陵幸圖)〉 병풍의 〈시흥환어행렬도(始興還御行列圖)〉(국립중앙박물관 소장)

에 표현된 이 관광민인(觀光民人)들을 보면 자유로운 상태에서 국왕의 행차인 거둥을 그야말로 구경하고 있는 것을 볼 수 있다. 같은 시기에 청나라에서 황제의 거둥이 있을 때에는 일반 백성들은 출입을 통제하여 행차를 볼 수 없었던 사례와 비추어 본다면 조선 국왕의 거둥은 백성들에게 국왕을 상징적으로 보여주는 행차였다.

정조는 이러한 거둥을 활용하여 백성들에게서 민원을 듣는 기회로 활용하였다. 정조는 민인들이 억울한 일을 호소하기 위해 군사들이 시위(侍衛)하고 있는 바깥에까지 접근하여 격쟁(擊錚, 원통한 일을 당한 사람이 임금의 거둥 길에서 꽹과리를 쳐서 하문을 기다리는 일)하는 것을 허용하여 그들의 의견을 들었다. 심지어 정조 대에 매일의 국정(國政)을 기록하였던 『일성록(日省錄)』에 관련 기록을 수록하도록 지시하기까지 하였다.[24] 정조는 이렇게 행행(行幸) 시에 접수한 모든 상언(上言)을 당일로 직접 보고 그에 대한 처리를 지시하였다. 유교적 민본정치를 추구하였던 조선왕조로서도 국왕의 행차를 방해하였던 민인들의 호소를 국왕이 직접 만나서 해결하도록 하였던 일은 국왕이 백성과 직접 연결된다는 것을 상징적으로 보여준 것이었다.

---

24 한상권, 『朝鮮後期 社會와 冤訴制度』, 일조각, 1996 참조.

3. 불교

조선시대 국왕을 수식한 상징 가운데 불교적인 요소는 사실 가장 영향이 적은 부분이다. 아예 불교적 방식의 상징은 조선의 국왕과는 반대적 측면의 요소일 수도 있다. 성리학에 철저했던 조선으로서는 불교를 억압하거나 탄압의 대상으로 보았으며, 실제로 조선 초기부터 승려는 도성에 출입조차 하지 못할 정도로 금기시되고 천시된 측면이 있었다.

하지만 조선시대에 유교를 숭상하고 불교를 억압하는 숭유억불(崇儒抑佛)의 정책에도 불구하고 고려시대 내내 혹은 이전 시대부터 신앙화하여왔던 불교의 영향은 한꺼번에 소멸된 성질의 것은 아니었다. 조선시대 국왕을 수식하고 상징하였던 많은 부분이 유교 또는 성리학에서 발원하고 영향을 받은 것은 사실이지만 그 가운데 일부는 불교적 요소에 영향을 받아 그에 가까운 것도 다소 있었다. 예를 들어서 궁궐에서 가장 격이 높은 정전에서 국왕이 앉아 있는 자리인 어좌 위에 설치된 당가(唐家)를 들 수 있다. 당가의 유래에 관련해서는 분명하지는 않지만 불교의 법당에 설치된 닫집과 그 형태가 매우 유사하므로 거기서 유래한 것으로 보아도 좋을 것이다.

또한 임금의 모습을 직접 그린 어진(御眞)의 경우 임금에 대한 표현으로서는 최고의 상징이라고 말할 수 있다. 그런데 이 어진 자체가 불교적인 것은 아니지만 이 어진을 모셨던 진전(眞殿)이나 진전에서 제례를 수행한 것은 불교적인 의례였다. 조선에서는 국왕에 대한 제사만이 아니라 모든 제사는 위패를 중심으로 지내게 되는데 이것은 성리학적인 제사 방식이다. 따라서 국왕의 초상화인 어진을 그리고, 이를 제사에 직접 활용하였던 전통은 유교적인 방식이라기보다는 불교의 영향에 가까웠다고 할 수 있다.

조선 초기에는 고려 이래의 불교적 영향 때문에 어진을 그려 모시는 전통이 지속되었다. 왕족과 사대부들도 사찰의 진전이나 묘소 근처의 영당(影堂)에 초상화를 봉안하고 재(齋)를 올리거나 향사(享祀)를 하는 경우가 많았다. 그러던 분위기에서 태종은 원찰이나 진전에 영정을 보존하던 기존의 전통을 과감하게 비판하고, 자신과 원경왕후의 초상화를 원찰이나 진전에 봉안하지 못하게 하였다.

심지어 태종이 상왕(上王)으로 있을 때 세종이 그려준 자신의 초상화도 없앨 것을 지시하기도 하였다. 이는 불교적 의식을 배제하고 성리학적 의례를 실천하고자 하는 태종의 강력한 의지였다. 물론 전국에 5개의 진전을 두고 태조의 어진을 봉안하기는 하였으나 이는 창업 군주에 대한 특별한 조치일 뿐이었다. 위와 같은 사례를 보면 어진을 진전이나 영당에 모시는 형태는 불교적 영향 아래서 실현되었던 상징적 조치였음을 확인할 수 있다.

또한 왕실에서는 표면적으로는 불교를 배척하면서도 불당을 궁궐 안에 설치하거나 왕실의 안녕이나 복을 기원하는 불교 사찰을 짓거나 후원하기도 하였다. 여기에 더해 왕릉의 수호 사찰을 지정하여 운영하기도 하여 국왕이나 왕실 가족들의 사후 세계를 지키는 수호신으로서 불교를 인정하기도 하였다.

불교적 상징을 조금 더 자세하게 살펴보자.

국왕을 수식하는 최고의 장식, 당가(唐家)

당가의 사전적 정의는 옥좌(玉座)나 불좌(佛座) 등의 위에 장식적으로 꾸미는 집의 모형 또는 법당의 불상 위에 만들어서 다는 장식이나 감실을 가리킨다. 다시 말하면 궁궐에서 어좌 위쪽이나 사찰에서 불상을 안치하는 윗부분을 장식하여 꾸민 것 또는 불감(佛龕)을 말하며, 특히 지붕 장식 구조를 한정하여 말한다. 명칭도 닫집, 당가, 보개(寶蓋), 천개(天蓋), 화개(花蓋), 현개(縣蓋), 원개(圓蓋) 등 여러 가지이다.

이러한 당가가 왜 궁궐의 최고 존재인 국왕의 자리를 장식하며, 동시에 불교에서 최고 존재인 부처, 즉 불상을 장식하는 공통점을 지닌 것일까? 언제부터 유사성이 있었는지에 관해 밝히는 것은 쉽지 않다. 그러나 적어도 최고로 존엄한 존재에 대한 수식이 불교에서건 유교에서건 비슷하게 나타났다는 점은 매우 흥미롭다. 그래서 여기에서는 공통점을 살피고, 실제적인 쓰임과 구조에서는 차이가 있음을 지적하려 한다.

우선 궁궐의 당가와 사원의 닫집은 상부 구조와 하부 구조, 그리고 그 사이의 공간 구성에서 유사한 점이 있다. 외부 형태에서는 좌탑(座榻, 어탑(御榻), 불단(佛壇)), 상부 공포(栱包, 처마 끝의 무게를 받치려고 기둥머

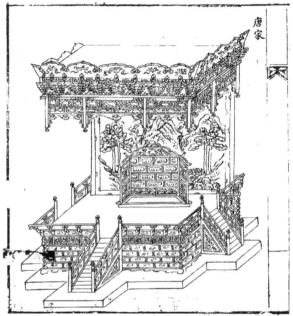

창덕궁 인정전의 당가(위)와 당가 그림(『인정전중수의궤(仁政殿重修儀
軌)』, 서울대 규장각한국학연구원 소장)

　　　　　　　　　　　　　　　2부 '왕'의 사상적 기반과 상징

리에 댄 나무쪽)의 장식과 허주(虛柱)의 사용에서 비슷하다. 그런데 의궤(儀軌)에 따르면 궁궐에 사용된 당가는 대체로 좌탑과 당가로 설명되며, 당가로 볼 때에도 좌탑까지 포함하여 상부 구조와 하부 구조 전체를 가리키는 용어로 보인다.

궁궐의 정전에 꾸며진 당가는 국왕의 공간이라는 위엄을 상징하며, 또한 이곳에서 행하는 모든 의례가 왕의 어좌, 즉 당가를 중심으로 배치하도록 구성된다. 결국 궁궐 정전에서의 당가는 정전의 상징인 국왕의 존엄성을 극대화하는 공간 구조의 핵심인 셈이다. 이러한 구조를 갖게 된 데에는 원래 불교에서 초기에 사리나 경전 등을 보관하는 소규모의 독립된 구조물이었던 불감이나, 존엄한 존재를 위해 공간을 구분하는 장막식의 구조가 발전한 것이라고 볼 수 있다.

당가가 이러한 불교적인 측면에서 유래했음은 현재 궁궐의 당가에서 보이는 장식이 연꽃이나 모란꽃인 점에서도 알 수 있다. 조선 초에 호조판서 안순(安純)은 근정전 어좌에 일찍이 진언(眞言)을 써놓아서 불좌(佛座)와 같다 하여 이미 명하여 고쳤지만 어좌의 상옥(上屋) 중에도 또한 진언 여덟 글자가 있으니 이를 모두 없앨 것을 청하여 이를 따랐다는 기록이 있다.[25] 이를 보면 조선 초에 당가의 장식은 불단의 장식과 별다르지 않게 치장되고 인식되었음을 알 수 있다.

당가의 유래가 불교 양식을 기본으로 발전했지만 조선의 궁궐 정전에 장식된 당가와 불교 사원의 닫집은 그 발전 과정에서 차이점도 분명히 있었다. 궁궐의 정전은 의례를 구체적으로 시행하였기에 열린 공간

25 『세종실록』 권34, 세종 8년 10월 13일(계유).

으로 구성한 반면 사찰의 닫집은 닫힌 공간으로 장엄하게 구성한 차이가 있었다.[26]

진전(眞殿)과 어진(御眞)

궁궐의 당가만이 아니라 조선시대 임금의 초상화인 어진과 어진을 모셔두었던 진전의 경우에도 불교적 영향을 상정해볼 수 있다. 진전은 고려시대부터 제도적으로 설치되었는데, 도성 내에 경령전(景靈殿)에 두거나 도성 밖 사찰인 원찰(願刹)에 두는 두 가지의 경우가 있었다.

경령전은 왕의 어진만이 아니라 신위(神位)도 두었던 궁궐 안 왕가의 사당과 같은 곳이었다. 경령전 제도는 송대에 경령궁(景靈宮)을 두어서 황제와 후비의 진영을 봉안하였던 제도를 수용한 것으로 보인다. 원찰 역시 송대의 영향으로 짐작이 되는데, 송대에는 도교(道敎)의 사원인 도관(道觀)에도 두었던 것과는 차이가 있었다.

조선에서는 고려의 영향으로 태조의 진영을 모시는 진전을 서울의 문소전(文昭殿)을 비롯하여 외방 5군데, 즉 경주 집경전(集慶殿), 전주 경기전(慶基殿), 평양 영숭전(永崇殿), 개성 목청전(穆淸殿), 영흥 준원전(濬源殿)에 두었다. 경복궁 내에는 선원전(璿源殿)을 두어 선왕선후의 진영을 함께 봉안하였다. 이 밖에 세조 진영은 세조 사후에 양주 정릉(正陵) 곁 봉선사(奉先寺) 동쪽에 봉선전(奉先殿)을 짓고 여기에 봉안함으로써 고려시대 진전 제도와 비슷한 현상을 보였다.

---

26 박희용, 「宮闕 正殿 唐家의 形式과 空間構造」, 『서울학연구』33, 2008 참조.

그러나 이러한 진전 체제 운영의 틀은 임진왜란으로 인하여 크게 와해되었다. 난을 거친 뒤에 전우(殿宇, 전당)로는 개성의 목청전, 양주의 봉선전, 평양의 영숭전, 경주의 집경전, 그리고 서울의 선원전이 폐기되었다. 조선 후기에는 숙종 연간에 남별전(南別殿)을 중건하여 영희전(永禧殿)이라 개칭하고 새로이 장녕전과 만녕전을 설치하여 숙종과 영조의 어진을 봉안하였다. 그리고 숙종 사후에는 창덕궁에 새로이 열성어진을 받드는 선원전을 설치하여 결국 영희전과 함께 각기 열성조어진(列聖朝御眞)을 받들게 되었다.

　　어진은 국왕의 초상화라는 점에서 매우 중요하게 받들어졌으나 조선시대에는 고려시대와 같이 제향의 대상이 되지는 않았다. 성리학에 따른 의례가 준행됨에 따라 신위를 모시고 제사를 지내는 것이 일반화되었기에 진전은 다만 어진을 보관하는 의미가 컸다. 심지어 조선 중기에는 임금의 어진을 한동안 그리지도 않다가 숙종 때에서야 다시 어진을 모사하여 봉안하였다. 나아가 선원전을 설치하여 제사까지 지내게 된 현상은 국왕을 상징하는 요소를 보다 강화하려는 탕평 국왕의 노력 때문에 가능한 일이었다.

　　이와 같이 살펴보면 어진 자체로는 불교적인 요소라고 보기는 어렵지만 진전을 두고 진전에서 의례를 행하였던 것은 불교적 영향을 감안해야 할 것이다. 특히 왕실의 원찰을 두어 제례를 행하는 경우는 말할 나위도 없이 불교적 수식이라고 할 수 있겠다.

왕실과 사찰

조선에서는 주지하다시피 불교에 대해 적대적인 정책을 펼쳤다. 따라서 이를 피하기 위해서는 사찰의 입장에서도 생존을 위해 왕실과 어떻게든 관계를 유지하고자 하였다. 왕실에서는 공식적으로는 억불책을 시행하면서도 한편으로는 국왕과 왕족들의 안녕을 위해 불교에 의지하는 수요가 있었다. 따라서 조선왕조에서 왕실과 관련된 사찰이 적지 않게 존재하였다. 크게 보아서는 궁궐 안에 있었던 내불당 형태의 사찰, 왕릉의 수호를 위해 만든 왕릉 수호 형태의 사찰, 왕자의 탄생이나 왕족의 치병, 구복을 위한 사찰, 국가적인 평안을 기원하는 사찰 등이 있었다.

궁궐 안에 있었던 내불당 형태의 사찰로는 태조 때의 흥덕사(興德寺), 세종 때의 정업원(淨業院), 광해군 때의 자수원(慈壽院), 조선 후기의 인수궁(仁壽宮) 등이 이에 해당한다. 왕릉을 수호하는 사찰은 매우 많은데, 태조 때의 흥천사(興天寺)부터 정조 때의 용주사(龍珠寺)까지 20여 개의 사찰이 있었다.

조선 초에는 불교에 적대적인 정책을 펼치기는 하나 왕실에서는 불교에 호의적인 측면이 있었다. 조선 초에는 왕릉을 수호하는 사찰의 경영이 활발하여 15세기에 10개소에 가까운 왕릉 수호 사찰이 창건되거나 중창되었다. 세조의 경우 정권 찬탈 과정에서 많은 구업을 지었기에 그러한 업장을 소멸하고 자신의 병을 치료할 목적으로 많은 원당 사찰을 경영하거나 후원하기도 하였다.

그러나 성종 이후 사림파들이 여론을 주도하게 된 이후에는 원찰을

경기도 화성의 용주사(문화재청 사진)

경영하는 것이 힘들게 되었다. 불교에 호의적이었던 문정왕후가 있었
던 명종 때에나 겨우 봉은사를 이건하여 중창한 경우가 있을 따름이다.
조선 전기에 세워지거나 경영된 원찰의 경우 임진왜란을 거치면서 거
의 파괴되었다.

　하지만 임진왜란과 병자호란 양란을 거치면서 불교에서 특히 승군
(僧軍)의 도움을 받고 나서는 불교의 필요성을 일부 인정하게 되었고,
제한적이기는 하지만 일정 부분 불교를 제도권 내로 수용하는 경향도
나타났다. 왕실의 입장에서는 왕실의 구복이나 안녕, 열성 조상들의
영혼 위로 등 기복적 차원과 충효의 실천적 측면에서도 왕실 원당 사
찰의 설립이나 유지의 필요성이 있었다. 따라서 양란 이후에 궁핍해진
사회·경제적 현실 속에서 사찰은 공격의 대상이 되기도 하고, 승려로

의 출가 규제, 도성 출입 금지 등 각종 억불책이 여전히 존재함에도 불구하고 존재의 근거를 가질 수 있었다. 승군이나 승역 등으로 잡역(雜役)을 부담하고, 산을 찾는 사람들에게는 물품이나 노역을 제공하는 등의 역할은 조선 후기 사원의 존립 기반이기는 했지만 사찰의 입장에서는 이러한 고역에서 벗어나고자 왕실의 원찰로 편입되는 것에 적극적이었다.

한편 이러한 불교의 영향으로 조선 초부터 제사 때 고기를 먹지 않는 소찬(素饌)의 전통이 있었다. 소찬은 불교에서 금기시하는 살생과 관련되며, 육식을 금하는 것과 직접 연관된다. 곧 제례에서도 육선(肉饍)을 올리는 유교와는 달리 고기나 생선을 제외한 음식을 올린 것이다. 소찬이 불교적인 영향 때문이라는 점은 태종 3년 태상왕이었던 태조가 불경을 읽을 때는 술과 고기를 먹지 않으므로 먼저 소찬을 올리고 다음에 육선을 올리니 허락하였다는 기록에서 확인할 수 있다.[27]

이후 왕실에서는 소찬을 한 기록을 다양하게 확인할 수 있는데, 상(喪)을 당하거나 진전(眞殿)과 능침(陵寢, 능)의 제사나 기일(忌日), 혹은 명망 있는 신하들의 사망 소식에도 일정 기간 애도의 표시로 소찬을 먹기도 하였다. 그러나 상례나 제례에서 소찬의 규정이 있었던 것은 아니다. 국왕이나 왕실에서 애도를 표시하거나 효제(孝悌)의 상징으로서 자의적으로 시행한 것이었다. 이는 유교적 의례인 상례와 제례를 시행하면서도 불교적 영향을 받은 소찬의 예를 더함으로써 복을 비는 것이었다.

---

27 『태조실록』 권6, 태종 3년 8월 7일(임자).

4. 도교

조선의 국왕을 상징하는 요소는 도교에도 있었다. 조선 초에는 고려에 이어 도교가 왕실을 중심으로 신봉되었다. 고려에서는 중기 이래로 도교의 사원인 복원궁(福源宮)을 설치하기도 하였고, 국가를 위해 재이(災異)를 없애고 복을 기원하는 재초(齋醮, 재앙을 멀리하고 복을 구하기를 비는 도교 제례 의식)를 지내기도 하였다. 그런 분위기 때문에 고려의 지식인들 역시 도교에 관련된 책을 많이 읽었다. 복원궁에서 도교의 교리를 강론하면 많은 사람들이 모였다고 한다.

또 민간에서도 도교의 장생(長生)과 관련된 풍습이 있어서 경신(庚申)일마다 밤에 잠을 자지 않고 지새우는 풍습도 있었다. 사람의 수명을 단축하는, 눈에 보이지 않는 벌레가 자신의 몸에서 빠져나가 천제에게 악한 행동을 고해바치는 것을 막기 위해서였다.

소격서(昭格署)의 존속

조선에서도 왕실을 중심으로 도교가 이어졌으나 조선은 성리학을 국가 건설의 이념으로 삼았기 때문에 도교에 대해 초기부터 비판적인 시선을 거두지 않았다. 조선 건국의 혁혁한 공로자인 정도전이나 권근은 도교의 제례만이 아니라 장생을 추구하는 도교의 이론까지 거론하여 원리적 가능성까지 부정하는 등 적극적으로 비판하였다.

그래도 조선 초기에는 개경에 소격전(昭格殿)을 남겨두기도 하고, 한양으로 천도한 뒤에도 소격전을 만들었으며, 세조 때에는 소격서로 승격하기도 하였다. 소격서에는 관원을 두었고, 삼청전(三淸殿)·태일전(太一殿)·직숙전(直宿殿)·십일요전(十一曜殿) 등을 두어 재초를 거행할 수 있게 하였다. 이 외에도 태청관(太淸觀, 도교 의식을 거행하던 곳)이나 고려시대 정사색(淨事色, 도교 의식을 맡아보던 관아) 터에 재건한 개경의 소격서, 그리고 5도에 설치된 태일전 등에서 소격서와 같은 성수(星宿) 초례〔醮禮, 신(神)에게 제사 지내거나 단(壇)을 만들어놓고 기도하는 것, 또는 그 예식〕를 시행하였는데, 이들을 모두 한양의 소격서로 통합하였던 것이다.

이렇게 고려에 비해 규모는 축소되었지만 제도적으로 도교 행사의 시행을 뒷받침했던 것에 대해서는 계속적인 문제 제기가 있었다. 논의의 초점은 대체로 불교와 마찬가지로 도교를, 혹세무민하며 군신(君臣)이나 부모(父母)도 없는 것으로 여기는 잘못된 종교로 비판하는 것에 모아졌다. 그래서 소격서는 설치된 이후에도 계속 존폐의 논란에 휩싸였다. 여기에는 사상적인 이유 외에도 초례의 번다함과 이에 따른 과도한 국고의 지출 등이 문제가 되었다.

마침내 연산군 때에 소격서는 혁파되었다. 그러나 중종 초에 다시 복립이 되었고, 이에 따라 대신에서 성균관 생도에까지 이르는 격렬한 반대에 부닥쳤다. 100회가 넘는 상소가 올라갔음에도 불구하고 중종은

2부 '왕'의 사상적 기반과 상징

뜻을 굽히지 않고 소격서의 복립을 강행하였다. 이 문제는 특히 조광조(趙光祖)를 비롯한 기묘사림에게도 가장 중요한 논란거리가 되어 조광조 등의 기묘사림은 중종에게 소격서 혁파의 허락을 받아내게 되었다. 이후 기묘사화로 기묘사림들이 사라진 가운데 중종 때에 소격서가 잠시 복립되기도 하지만 결국은 이어지지 않게 되었다.

왜 이렇게 소격서를 둘러싸고 국왕과 유신(儒臣)들은 대립하였을까? 그것은 소격서의 기능을 살펴보면 이해되는 측면이 있다. 소격서에서 행해진 초례는 여러 가지가 있었는데, 대체로 가뭄이나 장마 등의 천재지변, 왕실이나 국가에 내우외환이 없기를 기원하는 것이었다. 따라서 매우 현실적인 이익을 추구하는 제의이면서 동시에 국왕이 스스로 천자로서 제천의식으로 거행하는 것이었다. 따라서 자연스럽게 국왕의 권위를 높일 수 있는 것이기도 하였다. 이에 비해 성리학에 입각한 왕도정치를 원하는 유신들의 입장에서는 허용하기가 곤란할 수밖에 없었다.

임진왜란 이후에는 더 이상 소격서를 둘러싼 논쟁은 거의 일어나지 않게 되었다. 대신에 도교는 제도적인 후원, 즉 왕실이 중심이 되어 진행되던 것에서 개인에 의해 전수되는 것으로 바뀌었다. 물론 조선 전기에도 이러한 개인들에 의해 전해지는 도교는 수련의 형태로 꾸준히 지속되었다. 그 대표적인 인물이 김시습이다. 흔히 한국에 도교의 수련 전통이 알려진 것은 신라 말기에 당나라에 유학한 인물들에서 비롯되었다고 전해진다. 한무외(韓無畏, 1517~1610)의 『해동전도록(海東傳道錄)』에 따르면 승려인 자혜(慈惠)와 최승우(崔承祐), 김가기(金可記)가 이에 해당하는 인물이다. 이들은 중국의 여동빈(呂洞賓)의 스승인 종리권(鍾離權)으로부터 장안 근처의 종남산에서 도맥을 전수받았다고 한다. 종리권은 나중에 중국 전진교(全眞敎)의 연원이 되는 인물이다.

김시습은 이러한 도교의 전통을 이어받았으며 조선시대의 도교, 특히 단학(丹學)은 그로부터 시작된 것으로 알려져 있다.[28] 김시습은 유·불·도 삼교에 정통한 인물로서 그의 문집에서도 쉽게 도교의 수련 방법에 관한 언급을 찾을 수 있다. 불로장생하는 신선의 경지에까지 이르지는 못하더라도 도교에서 수련을 통해 제시하는 양생은 매우 설득력 있는 것이었다.

그렇기에 사대부의 문집에는 양생 혹은 수련에 관련된 많은 언급이 보인다. 심지어 이황(李滉)이 『활인심방(活人心方)』을 짓기도 하였고, 이이(李珥) 역시 『의약책(醫藥策)』에서 의약을 중심으로 하여 양생 내지 도교의 수련법과 연결하기도 하였다. 이러한 경향은 이미 세종 때 만든 『의방유취(醫方類聚)』에 많은 양의 양성문편(養性門篇)이 있어 도교의 수련과 양생을 연결시키고 있었던 데에서도 확인된 바였다. 조선시대의 대표적인 의학서인 『동의보감(東醫寶鑑)』의 편찬에도 역시 이러한 도교의 영향이 수용되었다.

한편 전란 역시 적지 않게 사상적 전환에 영향을 주었다. 임진왜란과 병자호란을 겪은 이후 17세기 조선에서는 성리학을 중심으로 체제를 수습하려는 노력을 경주하는 한편 성리학과는 다른 길을 찾는 경향도 많아졌다. 전쟁의 공포를 경험하면서 현실적이고 합리적인 문명 세계 안의 유교에서는 해답을 찾기 어려운 부분을 도교나 불교에 기대어 해결하려는 경향이 생긴 것이다.

---

28 양은용, 「朝鮮時代 修練道教의 展開와 養生思想」, 『韓國宗教史研究』 4, 1996.

김홍도의 〈군선도(群仙圖)〉(국립중앙박물관 소장)

　　도가 사상이나 신선 사상에 관심을 갖게 된 이들은 적지 않았는데,
이는 이전보다 강화되는 성리학적 경향에 대해 대응하려는 노력과 연
결되었다. 그래서 도교에 관심을 갖는 이들은 두 가지 방면으로 노력하
였다. 한편으로는 신선 사상을 이론적으로 정비하려고 노력하였고, 또
다른 한편으로는 조선에도 신선이 실재하였으며 한국의 도교에도 성
리학이나 불교 전통에 못지않은 도통(道統)의 맥이 있음을 밝히려는 시
도가 이어졌다.[29] 많은 경우 이들의 시도가 도교 내부의 입장에서 오지
않은 것도 있으나, 이전보다는 도교에 대한 새로운 이해와 긍정적인 입
장의 변화 속에서 나온 것임은 분명하다. 그 결과 17세기의 조선에서는
유교·불교·도교의 '삼교회통(三敎會通)' 분위기가 생기게 되었다.

29　김낙필, 「조선후기 民間道敎의 윤리사상,」『韓國文化』 12, 1992.

앞에서 보듯, 신선을 그린 그림들은 대개 이 17세기부터 본격적으로 나타났다. 이와 같은 도교의 신선 그림들은 복을 기원하고 장수를 축원하는 의미를 띠고 있었다. 그래서 이런 그림들은 대개 해가 바뀌는 연초에 선물로 주고받는 용도로 사용되었다. 궁중의 그림을 담당했던 도화서에서 새해에 수성(壽星)이나 선녀 등을 그려 임금에게 바치기도 하였고, 또 재상이나 근신들에게 선인(仙人)의 형상을 그려주기도 하였다.[30]

뿐만 아니라 신선 그림은 왕실 행사에 사용되기도 하였다. 서왕모가 사는 곤륜산 요지에서 열리는 연희의 장면을 그린 〈요지연도(瑤池宴圖)〉가 대표적인 예이다. 그리고 궁중의 장식화로도 그려져서 왕실의 안녕과 복락을 기원하였다. 복을 바라고 장수를 축원하는 이러한 그림에 대한 왕실의 애호는 사대부를 비롯한 민간에도 전파되었다. 수연(壽宴)을 경축하는 자리에 으레 〈남극노인도〉와 같은 신선도가 자주 등장한 사례는 수없이 많다.

---

30 백인산, 「조선왕조(朝鮮王朝) 도석인물화(道釋人物畵)」, 『澗松文華』 77, 2009.

하늘〔天〕·땅〔地〕과 국왕의 상징

1. 천문 역법의 제왕학과 국왕

왕은 하늘의 아들, 곧 천자(天子)로 인식되었다. 물론 왕은 그보다 한 등급 위인 황제가 하늘과 연결되는 것에 비해서는 그 강도가 좀 약했다. 유교의 등급에서는 천자만이 하늘과 직접 연결되어 천지에 제사할 수 있고, 제후에 해당하는 왕은 특정 지역의 산천에 제사할 수 있었기 때문이다.

스스로를 제후인 왕으로서만 인정했다면, 조선시대에는 하늘에 제사 지낼 수 없었으며, 하늘에 관해서는 어떤 연관도 가지기가 어려웠다고 보아야 한다. 그러나 실제 조선시대에 하늘에 대한 제사, 곧 제천의례(祭天儀禮)가 거행되었고, 하늘과 연결되어 국왕을 강조하는 의식과 행사가 이루어졌다. 물론 제천의례가 조선시대 내내 거행된 것은 아니다. 하늘과의 연결성 역시 전면에 늘 부각된 것은 아니었다. 그럼에도 불구하고 국왕은 하늘의 아들이라는 의식이 보편적으로 받아들여졌다.

왕은 이르노라. 하늘이 많은 백성을 낳아서 군장(君長)을 세워, 백성을 길러서 서로 살게 하고 백성을 다스려 서로 편안하게 하였다. 그

러므로 군도(君道)가 득실(得失)이 있음과 인심(人心)의 향배(向背)는
천명(天命)의 떠나가고 머물러 있음에 달려 있으니, 이것이 이치의
항상됨이다.[31]

위의 기사는 태조 이성계가 조선왕조를 개창하며 왕위에 오른 뒤에
발표한 즉위교서에서 처음으로 한 언급이다. 이성계는 여기에서 하늘
이 백성을 낳고 이들을 다스려 편안하게 하기 위해 군장, 곧 국왕을 세
웠음을 지적하고, 이 모든 것이 천명, 곧 하늘의 명에 달려 있다고 하였
다. 즉, 국왕은 하늘의 명을 받들어 이를 수행하는 존재라는 점에서 하
늘과 연결된 존재로서 이해하고 있음을 알 수 있다.

이러한 이성계의 인식은 정도전이 『경제문감(經濟文鑑)』에서 국왕과
하늘의 관계를 설명한 것과 매우 비슷하다.

우주 만물의 근본은 무엇인가? 그것은 바로 하늘이다. 이 땅 모든 나
라의 근본은 무엇인가? 그것은 바로 왕이다. 우주 만물이 살아가며
그 생명을 영원히 유지할 수 있는 것은 바로 하늘의 도가 있기 때문
이다. 이 땅의 모든 인류가 평화롭게 살아갈 수 있는 것은 바로 왕의
도가 있기 때문이다. 그러므로 왕이 하늘의 도를 본받는다면 이 땅
의 모든 나라들이 평안하게 된다.[32]

---

31 『태조실록』 권1, 태조 1년 7월 28일(정미) "王若曰, 天生蒸民, 立之君長, 養之以相生,
　治之以相安. 故君道有得失, 而人心有向背, 天命之去就係焉, 此理之常也."
32 『삼봉집』 『경제문감』.

조선시대에 국왕이 하늘과 연결되어 있었다는 사고가 있었기에 하늘의 변화를 읽어내는 천문 역법에 대한 관심 역시 조선 초부터 있었다. 대표적인 사례는 〈천상열차분야지도(天象列次分野之圖)〉의 제작, 서운관(書雲觀)을 관상감(觀象監)으로 개편, 천문 관측 기구의 제작과 운영, 달력의 편찬 등이다.

그 가운데 〈천상열차분야지도〉는 태조가 즉위하면서 하늘에 뜻에 따라 새 왕조가 세워졌음을 천명하기 위해 제작한 것이다. 즉위한 지 4년 뒤인 1395년에 완성한 이 천문도는 권근(權近) 등 11명의 학자와 천문학자들의 노력으로 만들어졌다. 〈천상열차분야지도〉는 천상(天象), 즉 천문 현상을 12개의 분야로 나누어 차례로 늘어놓은 그림이라는 뜻이다.

중국에서도 볼 수 없는 이름을 가진 이 천문도에, 권근은 이 천문도가 예전 고구려 때 평양성에 있던 천문도 석각본(石刻本)을 분실하였던 것을 누군가 인본(印本)을 바쳐서 만든 것이라고 기록하였다. 물론 다시 그대로 새기지 않고, 서운관에 명하여 성도(星度)에 오차가 생긴 것은 고쳐서 만들게 하였다고 하였다.[33]

이러한 언급은 매우 중요한 의미를 가지고 있다. 즉, 동아시아에서 제왕은 천명을 받을 때만이 왕의 정당성을 지닐 수 있었다. 고구려의 천명은 고구려 멸망 이후에 보존되지 못하다가 새로운 왕조 조선이 건국되면서 다시 회복되었다는 것을 간접적으로 증언하는 것이 바로 천문도였던 것이다. 고려왕조를 대체하는 조선으로 천명이 넘어왔음을

---

33 『양촌집』 권22, 「천문도시(天文圖時)」.

웅변하였던 증거로서 〈천상열차분야지도〉를 만든 것이다.

권근이 발문에서 지적한 다음의 말은 국왕과 천문의 관계를 잘 보여준다.

예로부터 제왕이 하늘을 받드는 정치는 천문 관측과 시간의 관측 및 보시(報時, 시각을 알림)를 앞세우지 않음이 없습니다. 요(堯)임금이 희화(羲和)에게 명하여 사계절의 질서를 잡게 하고, 순(舜)임금이 선기옥형(璇璣玉衡)으로써 일월오성의 운행을 가지런하게 한 것은 하늘을 공경하고 백성을 두려워하는 마음을 늦출 수 없기 때문입니다. (중략) 전하께서도 이와 같은 마음을 두시어 위로는 하늘을 공경하고 아래로는 백성의 일에 힘쓰면 천하의 공이 성대하게 빛나서 요·순과 같이 융성하게 될 것입니다. 하물며 이 천문도를 비석에 새겨서 영구토록 자손만세의 보배가 될 것이 분명한 것에 있어서이겠습니까?

이러한 언급은 『서경』에 나오는 사례를 들어 제왕이 천문역법을 운영한 것을 지적한 것으로서 천문학이 제왕학이라는 점을 분명하게 보여준다. 요임금이 희화씨에게 천문역법을 운영하게 하고, 순임금이 선기옥형을 만들어 천문을 관측하게 한 것은 이후 새 왕조를 만들면서 반드시 따라야 하는 전범이 되었던 사례이다.

조선왕조에서 개국한 지 불과 3년 만에 이러한 천문도를 작성한 뜻은 분명하다. 바로 조선의 국왕은 천명을 받은 존재로서 중국의 천자국에 버금가는 새로운 또 하나의 왕조를 만든 것을 선언한 것이다. 이러

〈천상열차분야지도(天象列次分野之圖)〉각석. 처음 새긴 각석(1395)이 닳아 숙종 13년(1687)에 다시 새긴 것이다.(국립고궁박물관 소장)

한 사례는 이전 한국의 역사에서는 전혀 찾아볼 수 없는 사건이었다. 더구나 〈천상열차분야지도〉는 중국의 천문도를 그대로 모방한 것이 아니라 자국에서 측정한 데이터를 활용하여 중국의 데이터와 결합함으로써 새로운 모범을 만들었다. 당시 이 같은 천문 데이터를 확보할 수 있었던 곳은 유라시아 대륙을 통틀어서 이슬람 일부 지역과 북경 등에 한정되었다.

이때 만든 〈천상열차분야지도〉는 경복궁에 보존되었는데, 임진왜란 이후에도 방치되어 보존 상태가 좋지 않았다. 그래서 영조는 이것을 제대로 보존하기 위해 1770년(영조 46)에 관상감에 흠경각(欽敬閣)을 지어 숙종 때에 새로 새긴 〈천상열차분야지도〉와 함께 두었다. 또 선조 때에는 목판본으로 제작되어 2품 이상의 신하들에게 나누어주기도 하였다.[34]

영조 대에 석각 천문도가 만들어지게 된 것은, 전란의 와중에 태조 대에 만들어진 석각 천문도가 매몰되어 천문도의 제작과 보급에 문제가 발생하였기 때문이다. 현종 대에 본격적으로 시도되어 숙종 대에 가시적인 성과를 거두었으며, 영조 대에 석각 천문도의 발굴과 복각이 일단락되었던 것이다.[35] 이는 고대의 제왕이 추구하였던 하늘을 받드는 정치〔奉天之政〕를 추구하기 위한 것이었고, 이는 곧 위로는 천시(天時)를 받들고, 아래로는 민사(民事)에 힘쓰는 정치사상의 반영이었다.[36]

---

34 『선조실록』 권5, 선조 4년 10월 19일(무신). 같은 책, 권5, 선조 4년 11월 3일(신유).

35 구만옥, 「〈천상렬차분야지도(天象列次分野之圖)〉 연구의 쟁점(爭點)에 대한 검토(檢討)와 제언(提言)」, 『동방학지』 140, 2007, 125~126쪽 참조.

36 『양촌집』 권22 「天文圖詩」.

조선에는 비단 〈천상열차분야지도〉와 같은 천문도만이 아니라 제도적으로 국왕 내지 국가의 천문 관측을 맡은 기관이 있었다. 이는 조선만의 고유한 제도는 아니었다. 이미 고려 때부터 천문 기상의 관측, 역서(曆書) 제작 등의 역할을 하도록 만든 서운관(書雲觀)을 조선에서도 그대로 계승한 것이다. 태조 때에는 고려에서와 비슷하게 천문(天文), 재상(災祥), 역일(曆日)의 추택(推擇) 등을 맡았지만 세종 때에는 역할이 확대되어 천문학과 천문 관측에 관한 일이 대폭 늘었다. 그래서 서운관도 관상감(觀象監)으로 명칭이 바뀌었고, 천문, 역법과 시간의 측정, 천문·기상 관측, 지리학과 지도 제작까지 그 영역을 확대하였으며 인원도 대폭 늘려서 세종 때에 94명까지 이르기도 하였다.

그 결과, 조선에서는 천문역법에서 새로운 경지를 갖추게 되었다. 원래 역법은 이념상 유일하게 하늘의 대행자인 황제가 책력을 만들어 주변에 내려주는 것이었다. 이는 물론 천자-제후의 이념적 관계에서 그러하기도 하였지만 독자적인 역법을 계산하고 이를 데이터로 만들 과학적 능력이 부족한 현실과도 관련이 있었다. 그래서 전통적으로 한국에서는 역대로 삼국시대부터 중국의 역법을 수용하여 그대로 사용해 왔다. 고려가 당의 역법인 『선명력(宣明曆)』을 사용하다가 원이 『수시력(授時曆)』을 반포하자 그대로 따른 것은 그러한 사례에 해당한다.

조선에서도 이는 비슷하여 비록 〈천상열차분야지도〉라는 획기적인 천문도를 마련했음에도 불구하고 조선 초에는 『수시력』을 제대로 이해하지 못해 여전히 독자적인 역법 계산을 할 수가 없었다. 그러다가 세종 대인 1420년 무렵에 이의 해결을 시도하였고, 10년 뒤인 1430년에 어느 정도 계산법을 익히게 되었다. 그리고 다시 10년이 더 걸려서 조

『수시력(授時曆)』(서울대 규장각한국학연구원 소장)

선의 도성인 한양을 기준으로 한 계산을 확보하여 1442년(세종 24) 『칠
정산내편』을 편찬하기 시작하였고, 1444년에 『칠정산내편(七政算內篇)』
과 『칠정산외편(七政算外篇)』을 간행하게 되었다. 당시 동아시아의 역
법에서 표준이었던 『수시력』을 시행한 지 160여 년 만에 조선은 독자
적인 역법을 갖게 된 것이다. 이후 조선은 17세기에 『시헌력(時憲曆)』이
시행되기 전까지 200여 년 동안 칠정산에 입각한 독자적인 역서를 만
들어 간행하고 반포하는 독자성을 발휘하였다. 이는 곧 조선의 국왕이
단순한 제후가 아니라 천자와 대등한 존재였음을 상징하는 증거이다.

  이러한 독자적인 천문학의 발전은 천문 의기(儀器)의 제작에 의해
뒷받침되었다. 세종 대에는 관측 기구였던 간의(簡儀)를 만들었다. 이는

3부 하늘[天]·땅[地]과 국왕의 상징

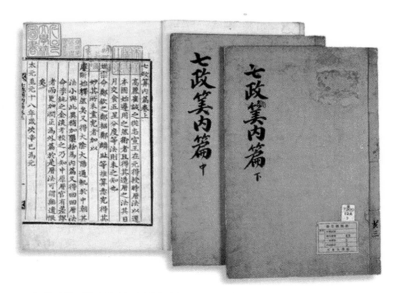

조선의 독보적인 역서(曆書) 『칠정산(七政算)』(서울대 규장각한국학연구원 소장)

혼천의를 개량한 원의 천문학자 곽수경(郭守敬)이 개발한 획기적인 천문 관측기구와 같은 것이었다. 나아가 조선에서는 간의를 작게 개량한 소간의와, 해시계인 현주일구(懸珠日晷)와 천평일구(天平日晷)까지 만들었는데, 이들은 원나라에도 없던 것들이다.

특히 해시계인 앙부일구(仰釜日晷)의 경우에는 당시 서울의 궁궐 바깥 혜정교와 종묘 앞에 설치하였다. 동서를 관통하는 큰길에 설치함으로써 많은 사람들에게 시각을 알 수 있도록 만든 것이다. 이는 하늘의 대행자로서, 하늘을 상징하는 국왕이 백성들에게 시간을 알려주는 의미가 있었다. 천명을 대행하는 왕을 확실하게 인식시킨 행위였다.

2. 천변재이(天變災異)와 국왕

천문역법을 통해 하늘의 운행과 질서를 파악하는 것이 조선시대 국왕의 제왕학이라면 천재지변(天災地變)은 하늘에서 내려온 경고였다. 원래 유학에서는 하늘과 사람은 합하여 하나가 된다는 '천인합일(天人合一)' 사상에 입각하여 자연의 현상과 사람을 연결시켰다. 유교를 국교화하는 데에 결정적 역할을 하였던 동중서(董仲舒)는 추연(鄒衍)의 음양오행설을 기본으로 한 천인감응설(天人感應說)을 받아들였다.

동중서에 따르면 하늘과 사람이 하나로 감응되는데, 사람에게 일어난 일의 원인은 하늘을 통해서 알 수 있고, 하늘에서 일어날 일도 사람의 일을 통해 알 수 있다는 것이다.[37] 하늘과 사람이 하나로 느끼어 반응하기 때문에 가능한 일이다. 이는 왕조의 성립이 곧 백성들의 뜻에 감응한 하늘의 명, 곧 천명(天命)에 따라 이루어진 일이라는 합리화도 가능한 논리였다.

물론 반대로, 백성들의 뜻에 따르지 않는다면 왕조가 바뀌는 것 역

---

37 동중서(董仲舒), 『춘추번로(春秋繁露)』, 「동류상동(同類相同)」.

3부 하늘(天) · 땅(地)과 국왕의 상징

시 얼마든지 가능할 수 있다. 이 경우는 먼저 재이(災異)가 일어나는데, 백성들의 원망이 기로 모여서 이 기에 의해 하늘이 감응하면 재이가 발생한다는 것이다. 곧 재이는 국가에서 실정(失政)이 발생한 것을 의미하였다. 덕이 없는 군주가 등장하여 잘못된 정치를 펴면 하늘은 재해를 통해 꾸짖고 경고하는 것으로 본 것이다.

이러한 의미에서 동중서의 단계에서는 하늘을 인격 있는 존재로 파악하였다고 볼 수 있다. 그에 비해 주희가 보는 재이관은 약간의 차이가 있다. 즉, 하늘은 그 자체로 인격을 가지고 있는 것으로 보지는 않았다. 한대에 비해 송대에는 과학 지식이 비약적으로 늘어나서 자연현상의 변화는 일단 그 자체로서 이(理)와 기(氣)의 변화에서 말미암은 것으로 파악하게 되었다. 그 대신에 재이는 이치를 벗어나는 현상으로 설명되고, 이치에 상관없이 기가 움직여서 재이가 발생한 것으로 보았다. 결국 이와 같은 재이에 대한 이해 위에서는 재이에 대한 수정 역시 궁극적으로는 이치를 벗어난 기를 되돌려 정상으로 되돌리기 위해서 인간의 노력이 필요하며, 이는 곧 '수양'을 통해 가능하다고 보았다.

그러나 주희에 의해 재이에 대한 대처 방식이 달라졌다고는 하지만 조선시대에 재이가 발생하면 여전히 천인감응설에 입각하여 하늘이 경고를 내리는 것이라는 인식은 널리 퍼져 있었다. 예를 들어 재이가 발생하면 그 원인을 음양의 조화가 깨어진 것에서 찾고, 음양의 조화가 깨어진 이유는 주로 백성들의 억울함이나 원통함에서 찾는 것이 일반적이었다. 백성들이 억울한 이유는 여러 가지가 있는데, 토목공사와 같은 부역이나 미혼 남녀의 원망, 억울한 옥사 등 다양하였다.

재이가 발생하면 국왕에게 요구된 것은 궁궐의 정전(正殿)을 피하고 반찬의 가짓수를 줄이는 감선(減膳)이었다. 이는 중국의 역사적 사례에서 나오는 것으로 경연에서 일상적으로 주장되고 논의된 내용이었다. 예를 들어 세조 원년에 경연에서 『통감속편절요(通鑑續編節要)』를 강독하다가 재이 기록을 문제 삼았다. 즉, 송 태조 때에 혜성(彗星)이 동정(東井)에 나타났는데, 황제가 정전(正殿)을 피하며 음식의 가짓수를 줄이고 대사령을 내리니 그날 저녁으로 혜성이 없어졌다는 대목이 있다. 이에 대해 세조는,

> "역사(歷史)란 믿을 만한 글이다. 그러나 이를 기록한 자는 지나치다. 천도(天道)가 과연 이와 같이 그 반응(反應)이 빠를 수 있단 말인가?"
> 하니, 시독관(侍讀官) 홍응(洪應)이 말하기를,
> "이에서 몸을 닦고 반성하여 재앙을 소멸, 변화하게 하는 이치를 볼 수 있습니다." 하였다. 임금이 말하기를,
> "어찌 반성하여 생각한다고 해서 능히 소멸과 변화를 가져온단 말인가?" 하니, 홍응이 말하기를,
> "하늘과 사람은 그 이치가 같아서 감통(感通)의 신묘(神妙)함을 속일 수 없습니다. 이 이치가 매우 밝아서 예감(睿鑑)에 비치는 바도 있을 것입니다." 하므로, 임금이 말하기를,
> "이는 후세의 인주(人主)를 경계하는 데 불과한 말일 뿐이다."
> 하였다.[38]

---

38 『세조실록』권2, 세조 원년 9월 16일(무자).

3부 하늘(天)·땅(地)과 국왕의 상징

라고 하여 재이에 대해 군주가 피전(避殿)과 감선, 대사령을 하여도 이렇게 신속하게 재이가 없어지는 것을 의심하였다. 그러나 신하들의 입장에서는 국왕의 수양을 통해 재이를 없애는 것은 물러설 수 없는 원칙이었다. 세조 역시 후세의 임금을 경계하기 위해 지은 것이라고 말하였지만 이를 근본적으로 부정할 수는 없었다. 연산군 역시 이와 비슷하게 홍수나 가뭄 때에 자신이 기도를 하는데도 하늘이 들어주지 않는 이유를 묻기도 하였다. 그러나 경연관들의 응답은 역시 국왕의 지극한 정성 문제를 이유로 삼지 않을 수 없었다.[39]

국왕에 대한 경고인 재이에 대해 국왕으로서는 피전과 감선 등의 소극적인 대책만으로는 그 해결에 한계가 있을 수밖에 없었다. 따라서 국왕은 소극적인 수양과 함께 적극적인 재이 해결을 위한 노력을 할 수밖에 없었는데, 대표적인 예가 가뭄에 대한 기우제(祈雨祭), 또는 계속적인 비에 대한 기청제(祈淸祭), 혹은 눈을 바라는 기설제(祈雪祭)이다. 이 의례들은 모두 강우 또는 강설이 낳은 현실의 고통과 위기를 극복하기 위해 치렀던 기후 의례인 것이다.

농업이 주된 산업이었던 조선시대에 비가 오지 않는 가뭄은 대표적인 재이로 볼 수 있었다. 따라서 우선 피전과 감선 또는 음악을 물리고, 금주나 금연을 시행하는 절제와 금욕의 조치 외에도 원통한 옥살이를 살피거나 죄인을 풀어주고, 노인이나 과부, 홀아비, 고아와 독자 등을 살피는 등의 일도 시행하였다. 이러한 일은 모두 비를 바라는 일곱 가지 일[祈雨七事]로 명명되었다.

---

39 『연산군일기』 권48, 연산군 9년 2월 21일(무오).

조선시대에 거행된 실제의 기우제는 매우 다양한 방식으로 거행되었지만 대체로 햇볕과 열에 몸을 노출시키는 폭로의례(暴露儀禮)나 기우제에 용을 등장시켜 용을 압박하여 원하는 바를 얻으려고 하였다. 그러나 이러한 주술성이 강한 의례는 점차 유교의 경건주의와 부딪치면서 유교의 예제에 맞게 정비되었다. 특히 조선 후기에는 국왕이 직접 행하는 기후의례가 증가하였다.[40]

40　최종성, 『『기우제등록』과 기후의례』, 서울대학교출판부, 2007.

3. 궁궐에 표현된 하늘과 땅

국왕이 일상적으로 거주하며 공사의 생활을 영위하였던 궁궐에는 하늘과 땅을 주재하는 국왕의 상징이 도처에 있었다. 하늘과 땅은 원래 합쳐서 우주를 의미하였다. 조선시대에 하늘과 땅을 포함하는 우주는 원형과 방형의 결합으로 표현되었다. 성리학에서 이해한 우주를 표현한 것은 〈천명도(天命圖)〉에서 볼 수 있다.

〈천명도〉는 정지운(鄭之雲, 1509~1561)이 중종 32년(1537)에 『천명도설(天命圖說)』을 지으면서 '인물지성(人物之性)'을 논하는 설을 취하고 그 밖의 여러 설을 참고하여 그린 그림이다. 이후 명종 8년(1553)에 이황이 송의 유학자인 주돈이(周敦頤)의 『태극도설(太極圖說)』, 소옹(邵雍)의 〈선천도(先天圖)〉의 도설 등을 절충한 고증을 받아 새로 〈천명도(天命圖)〉를 만들었다. 정지운이 그린 것을 〈천명구도(天命舊圖)〉라 하고 이황이 수정한 것을 〈천명신도(天命新圖)〉라 한다. 특히 이황의 〈천명신도〉에는 이중의 원이 외각에 있고, 안쪽으로 사각형이 접해 있으며, 그 사각형 안쪽에 인체의 각 부위를 형상화한 그림을 그려서 천·지·인 삼재를 표현하였다.

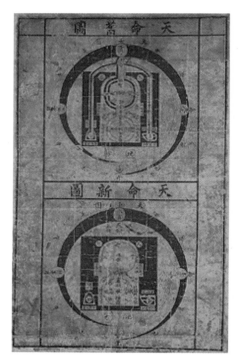

천명구도(天命舊圖, 위)와 천명신도(天命新圖, 아래)
(국립민속박물관 소장)

3부 하늘(天)·땅(地)과 국왕의 상징

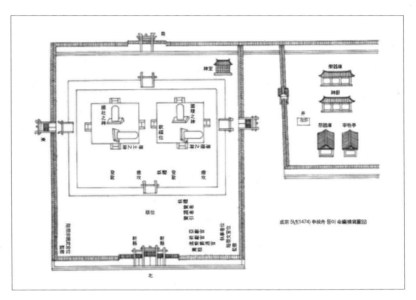

사직단도(社稷壇圖)(『국조오례서례(國朝五禮序例)』, 서울대 규장각한국학연구원 소장)

하늘은 둥글고 땅을 네모진 것으로 이해하였던 우주는 하늘과 땅을 상징하는 건축물에 그대로 표현되었다. 하늘에 제사를 지냈던 환구단과 땅에 제사를 지냈던 사직단의 건축은 이러한 모양을 그대로 따라서 환구단은 원형으로 사직단은 사각의 형태로 건축되었다.

천원지방(天圓地方)의 형태는 환구단과 사직단만이 아니라 궁궐에서도 도처에서 공간적으로 구현되었다. 궁궐의 연못이나 건물의 기둥에서 쉽게 찾아볼 수 있는데, 창덕궁 후원의 부용지, 애련지(최종 조성 당시), 경복궁의 향원지 등의 연못에는 평면을 사각 모양으로 만들고, 가운데 섬은 둥근 형태로 조성하였다. 이러한 형태의 연못은 종묘에 있는

창덕궁 후원 부용지(문화재청 사진)

경복궁 향원지(문화재청 사진)

3부 하늘(天)・땅(地)과 국왕의 상징

경회루의 돌기둥(문화재청 사진)

것도 같은 모양을 취하여 국왕의 신주를 모신 곳에 천지의 우주를 상징
적으로 표현하였다. 또한 경복궁 경회루에 있는 기둥의 모양도 천원지
방의 형태를 본떠서 바깥쪽의 기둥은 24개의 네모진 모양의 기둥으로
만들고, 안쪽 기둥은 24개의 둥근 모양의 원기둥으로 만들었다. 이러한
형태는 경회루의 2층과 1층에 모두 적용되었다.

4. 땅과 곡식을 관장하는 국왕 - 사직제(社稷祭)

종사(宗社)가 왕조나 국가를 상징한 것에서 알 수 있듯이 사직은 종묘와 더불어 조선왕조와 국왕을 상징하는 곳이었다. 국가는 백성을 근본으로 하는데, 백성은 토지를 기반으로 그곳에서 나오는 곡식으로 살아가므로 토지와 곡식의 신에게 제사 지내는 곳인 사직은 국가나 다름없었다. 그래서 나라를 다스리는 국왕은 반드시 토지의 신과 곡식의 신에게 제사를 지내서 백성들의 민생을 해결해주는 토지와 곡식에 대해 보답할 책임이 있었다.

원래 토지, 곧 땅에 대한 제사는 하늘에 대한 제사와 함께 천자만이 지낼 수 있는 제사였다. 천자가 하늘에 대해 지내는 제사는 환구제(圜丘祭)이며, 땅에 대해 지내는 제사는 방택제(方澤祭)이다. 조선은 건국 이후 논의를 거쳐 황제만이 시행할 수 있는 의례인 환구제와 방택제를 제외하고 사직제를 지내게 되었다. 원래 중국에서 사직제는 환구나 방택에서의 제사, 종묘에서의 제사보다 격이 낮았다. 고려에서는 사직제가 종묘제보다는 상위에 있었지만 이 역시 국왕이 직접 주관하는 친제가 아니고 신하들이 국왕의 명을 받아 대신 지내는 섭행(攝行)이 원칙이었

달성의 사직단

다. 따라서 사직제가 대사(大祀)가 되고 국왕의 직접 거행하는 친제가
된 것은 황제가 지내는 땅에 대한 제사를 형식적으로는 피하면서 내용
적인 면에서는 포기하지 않으려고 했던 조선왕조의 지향을 의미한다고
볼 수 있다.

사직에서 사(社)는 토지 신을 의미하며, 직(稷)은 곡식 신을 뜻한다.
사직에는 각각 사단(社壇)과 직단(稷壇)을 만들어서 그곳에서 토지 신
과 곡식 신에게 제사하였다. 사직은 한양의 서쪽에 위치하였는데, 이는
『주례(周禮)』에서 도읍 왼쪽에는 종묘, 오른쪽에는 사직을 두는 원칙에
따른 것이었다. 중국의 경우 자금성의 바로 오른쪽에 접해서 사직단이
위치한 것에 비해 조선은 경복궁을 기준으로 거리를 두고 설치하였다.

사직은 한양에만 있었던 것이 아니다. 종묘는 한양 한 곳에만 있었

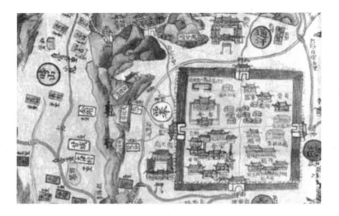

남원부 지도. 남원성을 중심으로 중앙에 관아가, 북쪽에는 향교와 여단(厲
壇)이, 서쪽에는 사직단과 성황단이 자리하고 있다.('1872년 지방 지도', 서
울대 규장각한국학연구원 소장)

남원의 사직단

3부 하늘[天]·땅[地]과 국왕의 상징

던 것에 비해 사직은 지방의 각 군현에도 설치되었는데, 한양과 비슷하게 고을의 서쪽에 두었다. 다만 한양의 사직단은 사단과 직단이 분리되어 있지만 지방 주현 사직단은 하나의 단만 만들어서 사용하였다.

사직에서 지내는 사직제는 『국조오례의(國朝五禮儀)』에서 대사(大祀)로 분류된 이후 가장 중요한 제사가 되었을 뿐만 아니라 조선 후기에는 연이은 가뭄과 전염병 등으로 인해 피폐해진 민생을 구제하는 차원에서 사직단에서의 기곡제(祈穀祭)도 대사로 편입되었다. 국왕이 직접 제사를 지내는 친행(親行)의 제사로 중시되었고, 여기에 기우제(祈雨祭)까지 대사로 편입되었다. 사직단이 토지와 곡식의 신만이 아니라 토지를 소유한 자의 권위와 정통성을 상징하는 사직 체계에 민생의 구제와 안정을 기원하는 기능을 추가하였던 것이다.

지방 주현의 사직단에서는 역시 국왕을 대신하여 지방관에 의해 사직제가 시행되었다. 지방 주현에서의 사직제는 매년 음력 2월과 8월의 춘추 제사만 거행되었고, 12월의 납일제(臘日祭)는 시행되지 않았다. 제사의 주관은 그 주현의 수령이 담당했으며, 소사(小祀)의 규정이 적용되었다.

5. 농업의 모범과 국왕 – 선농제(先農祭)와 친경례(親耕禮)

국왕은 사직에서의 제사를 통해 풍년을 기원할 뿐만 아니라 실제로 농사를 짓는 모범을 보이기도 하였다. 이와 관련된 의례로는 선농제(先農祭)가 있었다. 선농제는 선농단(先農壇)에서 시행하는 제례이기는 하지만 제례보다는 제례를 행한 이후에 직접 농사짓기를 시행하는 친경례(親耕禮)도 중요시되었다. 친경례의 목적은 국왕이 솔선수범하여 농사의 시범을 보임으로써 권농(勸農)하여 한 해의 농사가 잘되기를 비는 기곡(祈穀)의 성격이 컸다. 여기에 더해서 종묘를 비롯한 국가 제례에 소용되는 곡식〔粢盛〕을 직접 마련하는 부가적인 효과도 있었다.

선농제와 친경례의 기원은 『예기(禮記)』「월령(月令)」편에 보이는데, 월령의 첫 달, 맹춘(孟春)에 천자가 좋은 날을 택하여 하늘의 상제에게 풍년을 비는 기곡제와 밭에 나가 손수 쟁기질을 하는 친경례에서 유래한다. 우리나라에서도 삼국시대에 선농제가 시행되었고, 고려시대에도 기곡제와 친경례가 시행되기는 하나 불교적인 의례에 밀려서 친경례가 성종과 현종 때 두 차례밖에 시행되지 않았다.

조선에서는 국가의 제사와 관련된 전례인 사전(祀典)이 정비되면서 선농제는 중사(中祀)에 속하게 되어 종묘제와 사직제에 비해서는 한 등급 아래에 놓이게 된다. 그러나 제향 등급의 높고 낮음보다도 선농제는 국왕으로서 몸소 행해야 하는 일로서 중요하게 인식되었다. 태종 14년 (1414) 10월에 예조에서 새로 제정한 〈신수적전의(新修籍田儀)〉를 올릴 때 태종은 "예종에서 이것을 제정한 것은 내가 이 의례를 거행하길 바라기 때문이다. 이것은 하늘을 공경하고 백성을 근실하게 만들고 종묘를 받들고 귀신을 섬기는 도리에 매우 지극한 것이다. 나는 이를 반드시 행하겠다."[41]라고 하여서 그 중요성과 시행에 대해 강조하였다. 세종 역시 직접 행하지 못할 때는 이 이유를 변명할 만큼 부담을 느끼고 있었다.[42]

그러나 그러한 부담이 있었음에도 불구하고 조선시대를 통틀어서 친경례를 거행한 것은 모두 16차례에 불과하였다. 친경례의 중요성에 비해서는 다소 적은 횟수가 아닐 수 없다. 시행 횟수가 많지는 않았지만 선농제와 친경례가 시행될 때는 상당히 성대하게 거행되었다.

선농제와 친경례는 크게 보아서 어가를 타고 궁을 나오는 거가출궁(車駕出宮), 선농단에서의 제사 의례인 선농제, 밭을 가는 경적(耕籍), 어가를 타고 궁으로 들어오는 거가환궁(車駕還宮), 궁궐에서 축하 의미로서 베푸는 잔치인 진하(陳賀)·반교(頒敎), 행사에 대한 수고를 위로하는 다음 날 잔치인 노주연(勞酒宴) 등으로 진행되었다.

이 가운데 밭을 가는 행사인 경적례를 보면 제향을 마치고 동틀 때

---

41 『태종실록』 권28, 태종 14년 10월 25일(을미).

42 『세종실록』 권32, 세종 8년 4월 12일(을해).

쯤 국왕이 적전으로 이동하여 먼저 쟁기를 잡고 다섯 번 미는 예(五推禮)를 행한 후에 관경대(觀耕臺)에 나간다. 이어서 종친(宗親)과 재신(宰臣)이 일곱 번 미는 예(七推禮)를 행하고 다음으로 판서와 대간이 아홉 번 미는 예(九推禮)를 행하는 것이다. 왕과 신하가 쟁기 미는 일이 끝나면 봉상시 부정(奉常寺副正)이 서인(庶人)을 인솔하여 나머지 밭을 갈아 마무리한다. 이로써 밭갈이를 마치고, 나이가 많고 덕이 높은 평민인 기민(耆民)을 국왕이 있는 관경대 아래 서게 하여 좌통례(左通禮)가 임금의 교지를 읽어 백성을 위로한 후 국왕에게 예가 끝났음을 아뢰면 마치게 된다.

이와 같이 친경례는 직접 국왕과 신하들이 소를 끄는 쟁기를 직접 손에 들고 밭갈이를 하였던 의식이다. 실제로는 국왕이 혼자서 잡지 않고 근시(近侍) 1인과 품계가 높은 품관이 같이 쟁기를 잡았다. 여하간 이러한 형태로나마 국왕이 직접 농사일의 모범을 보이는 것은 농사의 중요성을 강조하는 효과가 있었다. 일련의 행사 가운데서도 선농제보다 친경례가 더욱 의미를 갖는 측면이 여기에 있다고 할 수 있다.

그런데 선농제와 친경례는 그 성격상 봄이 시작되는 무렵에 농경의 풍요를 기원하는 의식이므로 경사(慶事)의 성격이 있었다. 그래서 경사에 쓰이는 일련의 행사가 부가되었다. 예를 들어 국왕이 오가는 길이나 궁궐의 문, 도로나 교량 등에 색종이와 색이 있는 천으로 화려하게 장식하는 결채(結綵)를 하였고, 또 궁궐에 돌아오는 길에 도중에 마련한 장소에서 나이가 많은 기로(耆老)와 유생(儒生), 교방(敎坊)의 기녀(妓女)들이 나와서 임금을 맞이하며 가요를 바치기도 하였다. 또 가면을 쓰고 귀신을 쫓는 나례(儺禮)를 행하기도 하였다. 『국조오례의』에 따르면 이러한 행사를 하는 경사는 부묘(祔廟)나 중국 사신을 맞이할 때도 행하던 것이다.

이에 따라 임금이 친경을 행할 때에 백성들이 많이 운집하게 되었다. 이는 국왕의 입장에서도 바라는 일일 수 있었다. 예조에서도 성종이 친경을 행할 때 주변의 가까운 고을에 거주하는 백성들에게 이 성례(盛禮)를 보여서 이를 시행하는 뜻을 알게 하자고 건의하기도 하였다. 또 백성들만이 아니라 경기 지역의 관찰사(觀察使), 도사(都事), 현령(縣令)들에게 시립하도록 하기도 하였다.

백성들 역시 임금이 직접 밭 가는 것을 보는 행사에 많이 몰려와 감탄하거나 심지어 눈물을 흘리기도 하였다. 성종의 친경례에 참여한 백성들에 대해 실록에서는 다음과 같이 기록하였다.

> 임금이 쟁기를 잡고 직접 밭을 가시니, 반열에 있던 신료(臣僚)·군교(軍校)·기로(耆老)와 도성의 사대부와 부녀, 경기도의 백성들로서 와서 보는 자들이 감탄하지 않는 경우가 없었고 심지어 눈물을 흘리는 사람도 있었다.[43]

> 그런데 신(臣) 등이 듣기로는 지난달 27일에 사족(士族)의 부녀(婦女)가 다투어 창경궁(昌慶宮) 근방에서 구경하는 막차(幕次)를 만들고, 먹을 만한 음식을 장만하였으며, 가마 타고 말 탄 자들이 길에 줄을 지을 정도로 많았는데, 폭우(暴雨)를 만나 몸을 용납할 곳이 없게

---

43 『성종실록』 권51, 성종 6년, 정월 25일(을해).

되자, 그 종까지 잃고서 한밤중에 남의 집 문(門)을 두드리며 하룻밤을 묵어가기를 애걸하면서 무분별하게 밟고 밟히고 하였으며, 심지어는 넘어져서 상처를 입는 자까지 생겼다고 하니, 예의(禮義)의 나라인 우리 조선에 일찍이 그러한 풍습이 있었습니까?[44]

지방에 있는 부녀까지 임금의 친경례를 위한 행차를 구경하기 위해 올라온 것은 그만큼 선농제와 친경례에서 친행이 갖는 국왕으로서의 상징성이 높았음을 반영한다. 친경례는 그 의미에서만이 아니라 행사가 갖는 경사, 축제로서의 성격이 백성과 국왕 모두에게 기능하였던 것이다.

그러나 경사로서의 이러한 성격은 동시에 선농제와 친경례가 비판받는 원인이 되기도 하였다. 중종 때 신하들은 결채나 가요, 진하 등 부가되어 치르는 의식에 대해 비판적인 의견을 제시하였고, 논의 끝에 선농제와 친경례에서 권농과 기곡의 의미를 살리는 쪽으로 목적에 충실하게 운영하는 선에서 타협해 시행했다.

이후 숙종 대에는 친경례에서 기곡제가 분리되었다. 원래 조선 초 환구단을 폐지한 후에 기곡제는 숙종 9년(1683)부터 사직에서 거행하게 되었다. 따라서 선농제 혹은 친경례의 거행을 통해 바라던 기곡의 의미는 크게 퇴색되었다. 예를 들어 숙종 22년(1696)에 임금이 직접 사직단에서 기곡제를 올렸다. 이후 일시적으로 선농단에서 기곡제가 거행된 예가 드물게 있기도 하지만 대체로 기곡제는 사직단의 제향으로

---

44 『성종실록』 권275, 성종 24년 3월 5일(경오).

3부 하늘[天]·땅[地]과 국왕의 상징

순종 황제의 친경례 장면

자리 잡게 되었다.

　한편 영조 대에는 친경을 세 차례나 거행하였다. 영조는 자신이 매년 유서(諭書)로써 보여준 권농의 의지를 겉치레로 만든 수령들을 비판하고 직접 실천하는 방식으로 친경을 합리화하였다. 그리고 나아가서 선왕의 예제를 친경례를 통해 수호한다고 보아서 관예(觀刈)나 장종(藏種) 같은 고례를 회복하기도 하였다. 관예는 봄에 적전에 나가 친경하면서 뿌린 곡식이 수확할 시기가 되면 다시 밭에 나가 추수하는 것을 살피는 의례이다. 장종은 가을걷이한 곡식의 종자를 국왕이 받아 왕비에게 전하여 보존하는 의식이다.

이렇듯 조선 후기에 들어서는 선농제와 친경례에서 변화가 있게 되었다. 즉, 경사 때 시행되는 부가적인 요소나 기곡의 의미는 퇴색된 채 본래의 권농의 의미를 새롭게 재조명하여 시행되었다. 그러나 조선시대 산업의 기본이었던 농업이 지녔던 국왕의 상징성은 여전히 퇴색되지 않고 이어져서 국가의 권위를 유지하는 데에 기여하였다.

사람〔人〕과 국왕의 상징

1. 왕통(王統)의 계승자

1) 왕의 초상, 어진(御眞)

어진은 임금의 초상화로서 다른 어느 것보다 국왕을 표현하는 상징성이 크다. 국왕을 최고의 지엄한 존재로 인식한 조선시대에 임금의 초상화는 국왕의 다른 분신으로서, 그 자체로서 임금과 동등하게 존중되었다.

임금의 초상화를 그리는 전통은 비단 조선시대에 처음 시작된 것은 아니다. 우리 역사에서 아마도 삼국시대와 통일신라시대에도 이미 왕의 초상은 만들어진 것으로 추정된다. 고려에서는 어진이 활발하게 제작되어 진전에 보존되었음을 여러 기록을 통해 확인할 수 있다. 조선 초에도 고려의 전통을 이어서 임금의 어진을 제작했던 것은 자연스러운 일이었다고 볼 수 있다. 태조의 어진은 태조 7년(1398) 2월에 함주의 준원전(濬源殿)에 모셨다는 기록으로 보아서 생전에 그렸음을 알 수 있다. 이후 태조의 어진은 집경전, 경기전, 영숭전, 목청전, 문소전, 선원전 등에 봉안되었다. 그리하여 명종 때에 이르면 태조의 어진은 26축이나

태조 어진을 봉안하고 있는 전주 경기전(慶基殿)(문화재청 사진)

4부 사람(人)과 국왕의 상징

되었다고 한다.[45]

태조의 어진이 전국적으로 봉안된 것은 태종의 의도가 반영된 것이었다. 처음부터 주도면밀하게 진전을 전국적으로 확대한 것은 아니지만 결과적으로 전국 각지에 세워진 진전은 왕실의 승인과 후원을 받았다. 따라서 이러한 진전의 설치는 조선왕조의 권위와 상징을 조선의 전역에 인식시키는 효과를 가져왔다. 동시에 각 지역에 대해서도 중앙 정부의 포용적인 태도를 보여주는 계기가 되었다.

그러나 어진의 제작이 당연시된 것만은 아니었다. 태종은 원경왕후와 자신의 초상화는 원찰이나 진전을 설치하여 봉안하지 못하도록 엄격하게 금지하였다. 원경왕후의 사후에도 초상화를 그리지 못하게 하고, 이미 그린 태종 자신의 어진도 없앨 것을 지시하기도 하였다. 왕의 어진을 원찰이나 진전에 봉안하여 불교식 제례를 받는 것을 탐탁지 않게 여겼기 때문이다. 초상화로 대표되는 불교식 제례를 신주(神主)로 대표되는 유교식 제례로 전환하려는 과도기에 발생한 일이다.

그럼에도 불구하고 세종이나 문종은 어진을 그렸으며, 세조 역시 어진을 그린 것으로 보인다. 다만 성종 때부터는 국왕의 생전에 어진을 그리던 방식에서 벗어나 사후에 그리는 전통도 생겼다. 이후 국왕의 어진이 제작되었다는 분명한 기록은 보이지 않는다. 대체로 숙종 이전까지는 어진이 제작되지 않은 것으로 보인다. 이는 사림의 등장 이후 성리학을 새롭게 해석하고 이해함으로써 신주(神主) 위주의 제사가 정착되자 초상화 제작에 부정적이었던 분위기가 반영된 것으로 이해할 수

---

45 『명종실록』 권8, 명종 3년 10월 10일(신해).

영조 어진(왼쪽)과 영조의 연잉군 시절 초상(국립고궁박물관 소장)

있다.

결과적으로 숙종은 세조가 생전에 어진을 그린 이후 250여 년 만에 비로소 자신의 어진을 그려서 강화도와 창덕궁에 봉안하는 일을 도모하였다. 어진도사도감(御眞圖寫都監)이라는 특별한 기구를 두어서 재상들을 도제조와 제조로 임명하여 추진함으로써 정치적 효과도 극대화하였다. 여기에서 그친 것이 아니라 숙종은 태조의 어진을 모사하여 봉안함으로써 왕권의 상징성을 더욱 드러내었다.

영조 역시 왕자 시절에 숙종의 어진 도사 과정에 직접 참여하여 이를 지켜보았기 때문에 어진을 그리는 일에도 열성을 다하였다. 영조는 세조의 어진과 숙종의 어진을 다시 모사하여 봉안하는 것은 물론이고 자신의 어진을 10년마다 정기적으로 그리게 함으로써 어진의 상징성을 최고로 활용하였다. 숙종 대에 시작된 탕평 정치의 구심으로서 국왕의 정치적 이미지를 어진을 통해 구현하려던 것으로 해석할 수 있다.

이러한 어진 제작을 국왕이 주도하여 그것에 정치적 의미까지 부가되면서 어진 제작에 더욱 정성을 쏟게 되었다. 어진 제작에 당대 최고의 기량을 갖춘 화원들이 참여하여 그렸기에 어진은 또한 당대 문화 역량이 그대로 드러나는 준거가 되기도 하였다.

정조 역시 어진의 도사(圖寫) 과정에 매우 세심한 관심을 기울였다. 정조는 선왕인 영조 대의 어진 제작 과정을 철저하게 참고하여 계승하였다. 관련 기록을 검토하고 어진의 제작을 주관하였으며 완성된 어진을 규장각에 봉안하도록 하여 이후 어진 제작의 관행을 수립하였다. 규장각의 설립 이유로 든 근거가 역대 선왕의 어진과 어필을 보존하는 것이었기 때문이다. 정조 이후에는 대체로 정조의 이러한 어진 제작 관행을 따르게 되었다.

조선왕조의 어진으로 현재 남아 있는 것은 태조, 영조, 철종, 익종 등 일부에 불과하다. 나머지 임금의 어진은 한국전쟁 시기에 부산으로 옮겨졌다가 화재로 소실된 것으로 보고 있다. 그러나 조선왕조에서 임금이라도 어진을 모두 그렸던 것은 아니므로 화재로 소실된 어진 속에 조선왕조의 모든 임금의 어진이 있었던 것은 아니다.

2) 왕의 신주(神主), 종묘(宗廟)

종묘는 사직과 함께 국왕과 왕권, 혹은 국가를 상징한다. 조선이 건국된 후에 새로운 수도인 한양을 건설할 때도 궁궐보다 먼저 만든 것이 종묘와 사직이었다. 종묘와 사직, 줄여서 종사가 왕을 대표로 하는 국가를 상징하였는데 그 가운데 종묘는 바로 선왕들의 위패를 모심으로써 국왕의 인적인 부분을 더욱 잘 드러내는 곳이다.

종묘에서 지내는 종묘제례가 대사에 들어가는 것은 주지의 사실이다. 종묘는 조선왕조의 역대 선왕들의 위패를 모시고 제사를 지내는 곳으로, 천지인(天地人) 가운데 사람을 대표한다. 그러나 사직에 비해 종묘는 순서상 뒤에 있는 것으로 인식되기도 하였다. 조선은 제후국이었기에 천자국에서 천지에 시행하였던 환구제와 방택제를 지낼 수 없었던 대신에 사직이 그 기능을 대신하였기 때문이다. 정조가 우리나라의 사직단 제사는 고례의 방구(方丘, 방택의 다른 이름)와 같다고 한 언급은 이러한 점을 잘 보여준다.

사직에서 지내는 사직제가 갖는 공적인 성격도 종묘보다는 사직을 앞에 두는 근거가 되었다. 토지와 곡식을 관장하는 신에게 제사함으로써 민생의 근거가 되는 가장 중요한 산업을 안정시키고 이를 토대로 민생을 도모하는 것은 국가가 유지되는 한 기본적인 책무에 해당하기 때문이다. 이에 비해 종묘에 모셔진 역대 선왕은 국왕과 혈연적으로 연결된 선조이기는 하나 정당성이라는 측면에서는 사적 성격이 강하다고 볼 수 있다.

그러나 조선시대의 사전(祀典) 체계에서 사직이 종묘에 비해 앞선다

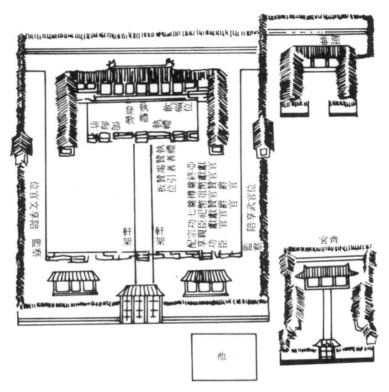

조선 태조 때 처음 만들어진 종묘 배치도(『국조오례서례』, 서울대 규장각한국학연구원 소장)

고 하더라도 실제의 역사적 현실에서는 종묘제례가 사직제례보다 더욱 중시되고 관심의 대상이 되었다. 조선시대에 국왕들이 사직제를 직접 친제로 행한 경우는 모두 97차례이다. 이를 국왕 1인당 평균으로 계산하면 3.6회 정도이다. 그에 비해 국왕이 종묘제례와 종묘에 참배하는 전알(展謁)을 행한 횟수를 계산하면 인조 이후 정조 대까지만 해도 약

252차례나 되어 훨씬 많이 행차한 것을 알 수 있다.

그렇다면 종묘에 모셔진 신주, 즉 위패는 어떻게 보존되었을까? 현재 종묘는 정전(正殿)과 영녕전(永寧殿)으로 나뉘어 조선 국왕들의 신주를 봉안하고 있다. 그 가운데 정전만 해도 19위의 국왕의 신주가, 영녕전에는 16위가 모셔져 있다. 원래 종묘 제도가 유래한 중국의 『예기』의 원칙을 따른다면 '천자는 칠묘(七廟), 제후는 오묘(五廟)'의 원칙이므로 정전만 해도 터무니없이 많아서 맞지가 않다.

이는 조선에서 '불천지주(不遷之主)'를 적절하게 활용하였기 때문이다. '불천지주'는 후대에 국왕과 신하들이, 제사 지내는 대수(代數)가 다하는 친진(親盡)에 이른 국왕의 공덕이 높아서 옮기지 않기로 결정한 신주를 말한다. 이러한 '불천지주'는 오묘나 칠묘 등의 대수에 포함되지 않았다. 따라서 불천지주에 포함되지 않은 선왕의 신주는 친진에 이르면 영녕전으로 옮기는 부묘(祔廟)의 과정을 거친 것이다. 영녕전에 처음으로 옮겨진 신주는 태조의 사대조인 목조(穆祖)로서 이후 태조의 추존 4대조가 차례로 영녕전에 모셔졌다.

원래 최초로 태조 4년(1395)에 건립된 종묘에는 정전 7칸으로 만들었지만 5칸만 신실(神室)로 사용하고 나머지는 두 칸은 부족할 때 사용하였다. 그런데 앞서 살펴본 바와 같이 친진에 이른 선왕의 신주를 영녕전으로 옮겼으나 불천지주가 늘어남에 따라 결과적으로 종묘 정전를 확장할 수밖에 없었다. 처음에는 종묘 정전의 협실로 문종(文宗)의 신주를 옮기는 등 임시방편의 조치를 취했으나 이 역시 명종 대에 한계에 도달함에 따라 취한 조치였다.

임진왜란으로 인해 종묘는 소실되었지만 광해군이 즉위하던 해에

태조의 신주

이전과 동일하게 11칸으로 중건하였다. 그러나 불천지주가 늘어나 자연스럽게 종묘 정전의 크기 또한 늘어날 수밖에 없었다. 영조 2년(1726)에는 4칸을 증축하여 15칸으로, 헌종 2년(1836)에 또 4칸을 증축하여 모두 19칸이 되었다. 이때 영녕전의 동서 협실도 각각 6칸으로 만들어서 영녕전 정전의 4칸을 합하여 모두 16칸으로 만들었다. 이후 종묘의 정전과 영녕전의 증축은 더 이루어지지 않았으므로 19실의 정전과 16실로 이루어진 종묘의 건축은 조선 국왕을 상징하는 건물이 되었다.

그러면 종묘에서, 돌아가신 국왕을 상징하는 것은 무엇인가? 그것은 바로 신주이다. 종묘의 정전과 영녕전에 보존된 조선시대 역대 국왕들의 신주는 신위(神位), 묘주(廟主), 목주(木主), 신위판(神位版), 판위(版位), 위패(位牌) 등으로 다양하게 불린다. 신주에는 우주(虞主)와 연주(練主) 두 가지가 있는데, 우주는 산릉(山陵)에 임시로 가설한 길유궁(吉帷宮)에서 글을 써서 첫 번째 기일에 지내는 연제(練祭) 이전까지 혼전(魂殿)에 봉안하였던 신주를 말한다. 이에 비해 연주는 연제에서부터 사용하는 신주로서 이 연주가 바로 종묘에 최종적으로 봉안되어 실재하는 신주이다. 우주는 연제에 연주를 사용하기 바로 전에 종묘의 북쪽 계단 사이에 묻었다.

이 신주에는 임금을 상징하는 이름이 적혀 있다. 원래 이 이름은 우리가 일반적으로 알고 있는 임금의 이름인 묘호(廟號)와 시호(諡號)로 구성되어 있다. 묘호는 신주를 종묘에 봉안할 때 붙이는 이름이고, 시호는 신하들이 올리거나 중국에서 보내온 이름이다. 명나라가 있을 때에는 연주에 '유명증시(有明贈諡)', '사시(賜諡)', '묘호', '시호', '대왕'의 순으로 썼다. 예를 들어 태종의 경우 '유명증시 공정(恭定) 태종(太宗) 성덕신공문무광효(聖德神功文武光孝) 대왕(大王)'이라는 글자로 연주에 적혀 있었다. 이에 비해 조선 후기, 청이 등장한 이후에는 '묘호', '시호', '대왕'으로 적어서 청에서 내려준 시호를 생략하였다. 예를 들어 인조의 경우 '인조(仁祖) 헌문열무명숙순효(憲文烈武明肅純孝) 대왕(大王)'으로 적었다.

조선의 국왕 가운데 연주에 쓰인 이름이 가장 길었던 임금은 영조로 모두 52자나 되었는데, '영종(英宗) 지행순덕영모의열(至行純德英謨毅烈) 장의홍륜광인돈희(章毅弘倫光仁敦禧) 체천건극성공신화(體天建極聖功神化) 대성광운개태기영(大成廣運開泰基永) 요명순철건건곤녕(堯明舜哲乾健

坤寧) 익문선무희경현효(翼文宣武熙敬顯孝) 대왕(大王)'이 그것이다.

한편 조선의 국체가 대한제국이라는 황제국으로 변하면서는 이에 맞게 변화하였다. 중국에서 준 사시(賜諡)는 생략하고, 대왕 대신 황제로 바꾸었다. 태조의 경우 '유명증시강헌태조지인계운성문신무정의광덕대황(有明贈諡康獻太祖至仁啓運聖文神武正義光德大皇)'에서 '태조지인계운응천조통광훈영명성문신무정의광덕고황제(太祖至仁啓運應天肇統廣勳永命聖文神武正義光德皇帝)'로 바뀐 것이다.

그런데 국왕의 신주는 공식적으로는 종묘에 봉안되어 보존되었지만 궁궐 안에도 보존된 곳이 있었다. 바로 궁궐 안에 있으면서 역대 선왕의 신주를 봉안하던 문소전(文昭殿)이다. 문소전은 원래 원묘(原廟)에서 기원하였는데, 원묘는 선대(先代)의 왕과 왕비의 개별적인 혼전(魂殿)으로서 상례를 치르는 동안 상제례(喪祭禮)를 하였던 공간이며, 영정(影幀)을 봉안하였다. 그런데 개별 국왕마다 사당인 원묘를 만드는 것은 문제가 있었기에 세종은 새로운 형태로 문소전을 설립하고 여기에 오묘제(五廟制)를 반영하여 태조와 4대조의 신주를 봉안하였다. 영정에서 신주로 제사의 대상이 바뀌었다.

선왕의 신주를 보존한다는 측면에서는 문소전과 종묘는 비슷하였지만 종묘가 공적인 의미를 지녔던 데 반해 문소전은 국왕의 사묘(私廟)로서 가묘(家廟)와 비슷하였다. 따라서 문소전에 봉안되는 인물 역시 왕위 계승에 따른 공식적이고 공적인 관계보다는 혈연적인 관계를 우위에 두고 있음이 특징적이다.

이와 같이 문소전에 혈연관계의 비중을 둔 것은 왕위 계승이 항상 부자 관계로만 이루어지지 않는 현실과 관계가 있었다. 태조 이후 정종

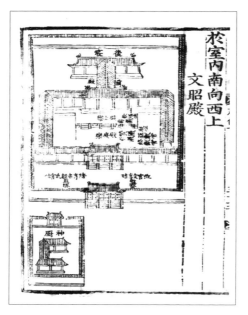

문소전 배치도(『국조오례서례』, 서울대 규장각한국학연구원 소장)

과 태종이 형제로서 연이어 국왕이 되었으므로 정종과 태종의 위차가 같은 문제가 발생하였다. 공식적인 왕위 계승의 측면에서는 형제 사이라도 부자의 의미가 성립될 수 있지만 가묘적인 성격의 문소전에서는 세종이 즉위하자 백부인 정종은 문소전에서 제외되고 태종이 문소전에 봉안되었다.

이 같은 현상은 이후에도 계속 이어졌다. 성종은 형식상으로는 문소전을 존중하였지만 생부(生父)를 위해 별도로 연은전(延恩殿)을 건립하기도 하였다. 또 동생으로 왕위를 이은 명종은 형인 인종을 연은전에

4부 사람(人)과 국왕의 상징

부제(祔祭)하기도 하였다. 이런 논란 끝에 결국 사림의 주장에 따라 왕위의 형제 상속을 인정한 '동세이실(同世異室, 같은 항렬의 경우 신위를 모신 실을 달리함)'의 원리를 문소전에 적용하여 인종과 명종을 모두 봉안하는 결과를 가져오기도 하였다.

그러나 결국 문소전은 역대 국왕과 왕후의 신주를 위한 공식적인 공간인 종묘가 있는데도 불구하고 사적인 사당을 추가하여 두는 이중의 사당이라는 '첩제(疊祭)'로 간주되는 문제 제기를 피하기가 어려웠다. 중종 대부터 문소전의 폐지에 대한 의견이 제기된 이래 논란이 거듭되었는데, 선조 대에 임진왜란으로 인해 소실된 문소전은 더 이상 복구되지 않아 역사 속으로 사라졌다. 국왕의 가묘, 사묘는 더 이상 운영되지 않았다.

3) 왕의 족보, 『선원록(璿源錄)』

조선시대의 국왕도 개인으로서는 한 가문의 일원이었다. 물론 왕실은 단지 하나의 가문이 아니라 경우에 따라서는 국가와 같은 것으로 받아들여질 만큼 공적인 성격이 강하였다. 그러므로 왕의 족보, 나아가서 왕실의 족보는 한 가문의 족보를 넘어서서 '국가의 족보'로 인식되기도 하였다. 따라서 왕실의 족보인 '선원록(璿源錄)'류에 대한 작성, 관리와 보존은 『조선왕조실록』과 같은 차원에서 국가적 사업으로 이루어졌다. 조선 후기에 전국 네 곳에 분산되어 있던 사고(史庫)에는 실록을 보존하는 '사각(史閣)'과 나란하게 '선원록'류를 보존하였던 '선원각(璿源

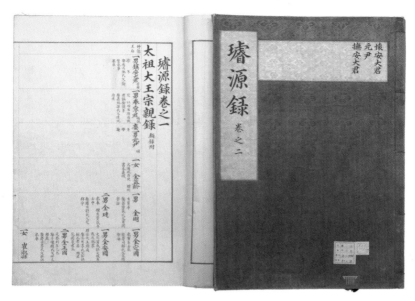

『선원록(璿源錄)』(국립고궁박물관 소장)

閣)'이 있었다.

　왕실의 족보와 관련된 문헌은 한두 개가 아니라 여러 개 있다. 왕실의 일차적 구성을 보여주는 자료로서 『선원선계록(璿源先系錄)』, 『선원세계(璿源世系)』, 『국조보첩(國朝譜牒)』, 『선원록(璿源錄)』, 『선원계보기략(璿源系譜記略)』 등이 있고, 이 밖에 왕실 내외척의 구성을 보여주는 자료로서 『가현록(加現錄)』, 『종친가현록(宗親加現錄)』, 『유부가현록(類府加現錄)』, 『(當代)선원록(璿源錄)』, 『(各王)선원록(璿源錄)』, 『(各王)종친록(宗親錄)』, 『(各王)유부록(類附錄)』, 『선원속보(璿源續譜)』, 『왕비세보(王妃世譜)』, 『팔고조도(八高祖圖)』 등이 있다.

　왕실의 선대를 밝히는 족보인 『선원록』은 조선 초 태종 때부터 편찬이 시작되었다. 이때 만들어진 것이 선조(先祖)를 대상으로 한『선원록』, 종성(宗姓) 자손을 대상으로 한『종친록』, 종녀(宗女)와 서얼을 대상으로 한『유부록』이다. 처음에는 체제나 내용 면에서 매우 소략한 형태로 만들었고, 세종 때 만들어진 종부시(宗簿寺)에서『선원록』은 10년에 한 번 수정하고,『종실보첩(宗室譜牒)』은 3년에 한 번 내용을 추가하는 형태로 보완이 이루어졌다.

『선원록』에 대한 대대적인 수정 작업은 임진왜란이 계기가 되었다. 임진왜란으로 실록 등과 함께 사고(史庫)에 보존하던『선원록』을 추가로 작성하여 다시 각 사고에 보존하는 과정을 밟았는데, 이때 보완 작업이 추진되었다. 이 작업은 선조 39년(1606)에 일차로 마무리가 되었다. 이후 새로 등장한 왕실 후손을 찾아 적는 가현록(加現錄) 형태의『선원록』은 철종 12년(1861)까지 3년에 한 차례씩 계속 간행되었다.

선조 이후에도『선원록』의 수정 작업이 계속 되풀이되었지만『선원록』편찬에 가장 큰 계기는 숙종 때 이루어졌다. 특히 이러한 변화에 종실인 낭원군〔朗原君, 간(偘)〕이 큰 기여를 하였는데 낭원군은 인조 연간에『선원록』편찬에 깊이 간여하였던 인흥군(仁興君)의 아들이다.

낭원군은 먼저 개인적으로『선원보략』의 수정본을 숙종 5년(1679)에 올리는데, 이를 본 숙종은 그의 자품(資品)을 올려주고, 내용에서 잘못된 것을 수정하게 하였다. 여러 왕들의 휘호(徽號)와 시호(諡號)에 착오가 있었기 때문이다. 이에 대한 수정 작업은 우여곡절 끝에 2년 뒤인 숙종 7년에『선원록』5건을 비롯하여『어첩』,『열성지장』,『왕후세보』,『종반행적』등이 완성되었다. 한편 이러한 작업을 참조하여 같은 해에『선원보략』도 완성되었다.

이때 만들어진『선원록』은 모두 50권 51책에 달하는 방대한 양으로 그 체제에서도 몇 가지 특징이 있었다. 즉, 옆으로 칸을 쳐서 한 면을 6층으로 나누고, 외파(外派)를 싣는 유록(類錄)을 종록(宗錄)에 합쳐서 한 책으로 만들었는데, 유록은 6대(代), 종록은 9대를 실었으며, 수록 순서에서도 아들을 먼저 적고 딸을 나중에 적는 '선남후녀(先男後女)'의 방식을 취했다. 또 함께 적서(嫡庶)를 구별하는 원칙을 중복해 적용하여 대군-공주-왕자-옹주의 순서로 하였다.

서술상의 특징을 살펴보면, 대체로 왕실 족보로서『선원록』이 지니는 특성이 상대적으로 줄어들고 일반 사대부의 족보에서 보이는 특징이 많아졌다는 점이다. 이렇게 된 이유는 숙종의 관심 속에서『선원록』편찬 작업에 참여한 낭원군, 창성군, 회원군과 전문적인 보학자들이 사대부 가문의 우수한 족보를 참고 자료로 활용하였기 때문에 태조에서 현종에 이르는 각 국왕의 내·외손을 모두 수록할 수 있었기 때문이다.

종래에는 외손 계열의 유록은 책을 달리해 작성하여 친손을 수록한 종록에는 포함시키지 않았던 것이다. 이러한 수록 방식은 당시 사대부 가에서 편찬되던 족보의 변화와는 방향을 달리하고 있었다. 즉, 17세기를 전후로 하여 대체로 부계(父系) 위주의 친족 질서가 형성되면서 족보에서도 외손(外孫)을 배제하고 부계 친손을 위주로 족보의 등재인에 대해 상세하게 기록하는 형식이 일반화되는 것에 비해 내·외손을 합쳐서 기술하는 것은 오히려 사대부가와는 다른 방향이었던 것이다.

이와 같이 된 이유로는『선원록』편찬에 끼친 당대의 정치적 영향을 들 수 있다. 주지하다시피 숙종 이전의 시기는 붕당정치로 인해 예송(禮訟)의 치열한 대립이 지속되던 때였다. 예송이 진행되면서 문제가 된

　　　　　　　　　　　　　　　4부 사람(人)과 국왕의 상징

것은 상복의 복제(服制) 기간이 문제가 되기도 하였지만 결국 이 논쟁의 핵심은 사대부가의 질서를 왕실에도 적용할 수 있는지의 여부가 문제였다. 다시 말하면 국왕을 포함한 왕실의 질서가 사대부와 동일하게 적용될 수 있는지의 여부는 상복만이 아니라 족보에서도 제기될 수 있는 분위기였다.

숙종은 이러한 논쟁 때문에 위축되었던 왕실을 복원하고, 왕실을 재건함으로써 왕권의 기반을 튼튼하게 하고자 하였다. 숙종 대에 이루어진 빈번한 환국(換局) 역시 정치적으로 왕권을 다시 세우기 위한 의미도 있었다. 숙종 대에 연이어 조선왕조의 건국주인 태조(太祖)를 높이는 작업이 지속된 것도 이러한 맥락과 연결되었다. 태조에게 시호를 추상하고, 위화도 회군을 다시 평가하고, 태조의 어진을 다시 그리게 하고, 북도(北道)의 사적을 정비하는 등의 일은 이러한 맥락에서 추진되었다.

그래서 숙종은 낭원군에 의해 제기된 『선원록』의 수정을 크게 환영하였고, 왕실 족보의 대대적인 수정 작업을 시행하였던 것이다. 그리고 여기에 당시 사대부가의 우수한 족보 형식을 대거 차용한 것이다. 다만 숙종은 이러한 왕실 족보의 편찬이 단지 사대부 가문에서 작성한 족보 형식으로 되풀이되어서는 안 된다고 판단한 것으로 보인다. 왕실은 가문 중에서도 최고의 가문이며, 권위의 상징임을 감안할 때 종래에 구분되었던 외손을 하나로 합쳐서 왕실의 규모를 키울 필요가 있었다. 이는 당시 왕실의 규모가 점차 줄어드는 것과도 연관이 있었다고 볼 수 있다.

2. 도통(道統)의 담지자

1) 성학(聖學)의 수련, 서연(書筵)

세자 교육 - 세자시강원(世子侍講院)

국왕을 성인으로 만들려는 교육은 국왕이 되기 이전인 세자 때부터 본격적으로 시작되었다. 세자는 다음 대 왕위를 계승할 존재로서, 전 조선을 통틀어 국왕 다음가는 중요성을 한 몸에 지닌 인물이었다. 따라서 그러한 세자를 교육하고 보도(補導)하여 성군의 길로 이끄는 것 역시 무엇보다도 중요한 일일 수밖에 없었다. 따라서 조선에서는 세자의 교육을 위해 세자시강원이라는 독립된 기관을 설치하여 세자의 교육을 전담하였으며, 당대 최고의 석학들을 시강관으로 참여시켜 세자의 학문적 교양과 정치적 역량을 함양할 수 있도록 배려하였다.

조선시대 후사(後嗣)를 위한 교육정책이 실시된 것은 태종 대의 일이었다. 이미 장성한 아들들이 있던 태조 대를 지나 태종 대가 되자마자 이러한 교육이 실시되었다는 사실은 국초부터 조선이 얼마나 후계자 교육에 지대한 관심을 기울였는지를 잘 보여준다. 특히 세자, 혹은 원자의 사부로 임명되어 그들의 교육을 맡았던 젊은 신하들은 훗날 세자가 국왕이 된 뒤에도 그들의 정치적 후원자로 남을 수 있었기에, 일찍부터 세자를 위한 교육기구를 설치하고 세자의 사부를 선정하는 것은 중요한 일이 아닐 수 없었다. 따라서 세종 대에 들어서는 집현전을 중심으로 국왕의 경연과 서연을 담당하도록 하였다. 특히 세종 대 왕세자였던 문종이 무려 30여 년에 가까운 세월(1421~1450) 동안 세자의 자리에 있었기에, 왕세자의 교육은 중요한 화두가 아닐 수 없었다. 그러나 집현전 관원이 겸직으로 세자 교육을 담당하며 교육의 전문성이 문제가 되었고, 결국 1456년(세조 2) 집현전이 혁파되자 왕세자 교육을 전담하는 세자시강원이 별도로 설치된다.

이러한 세자시강원의 위상은 인조 대에 들어 변화를 겪게 된다. 특히 산림(山林)들의 중앙 진출이 세자시강원을 통해 이루어지면서, 세자시강원은 단순한 교육기관이 아닌 당대 최고의 학자들이 정계로 입문할 수 있는 통로가 되었다. 여기에 참여하는 것은 왕세자의 사부로 향후 국정 운영에 중요한 변수로 부상할 수 있는 가능성을 동시에 지니게 되는 것으로 변모하였다. 먼저 1646년(인조 24) 김상헌(金尙憲)의 건의로 세자시강원에 찬선(贊善), 익선((翊善, 진선(進善)), 자의(諮議)를 신설함으로써 산림 직제가 비로소 제도화되기 시작하였다. 그러나 이 시기 김자점(金自點)의 득세로 인하여 대다수의 산림은 인조 말년까지 조정에 출사하지 않았다. 다만 송시열과 같은 산림들은 당시 왕세자였던 효종의 사부라는 위상을 통해 효종 대 정국에 깊숙이 개입할 수 있었다.

효종 즉위 이후에는 세자시강원에 산림 직제가 제도적으로 정착되기 시작하였다. 송시열, 송준길(宋浚吉)을 위시하여 서인 계열의 이유태(李惟泰), 윤선거(尹宣擧), 이상(李翔), 송기후(宋基厚) 및 남인 계열의 윤휴(尹鑴), 권시(權諰), 허목(許穆), 정도응(鄭道應) 등이 징소되었다. 세자시강원의 찬선, 진선, 자의 외에도 산림직으로 성균관 좨주(祭酒)를 신설하여 송준길을 처음으로 임명하였다. 이때 역시 인조 대와 마찬가지로 서인과 남인을 구분하지 않고 산림을 징소하였다. 산림들은 경연에도 참석하였으며, 따라서 당시의 왕세자였던 훗날의 현종은 산림들에게 지대한 영향을 받을 수밖에 없었으며, 현종 대에 산림들이 주도한 예송논쟁이 일어난 일도 우연은 아니었다. 그러나 숙종 대 이후 산림출신 서연관에 대한 대우가 스승의 위치에서 세자의 호위관으로 변질되면서 산림들의 출사로(出仕路)로서의 위상은 탈각되고, 영조 대 이후 세자시강원은 다시금 세자의 교육기관 본연의 임무에 충실한 기관으로 되돌아가게 되었다.

조선 초기의 시강원 직제는 『경국대전』을 통해 살펴볼 수 있다. 시강원은 경관직(京官職)의 종3품아문(從三品衙門)으로, 그 임무는 "세자(世子)를 모시고 경서(經書)와 사서(史書)를 강(講)하고, 도의(道義)를 올바로 계도하는 일을 맡는다. 모두 문관(文官)을 쓴다. 부빈객(副賓客) 이상은 다른 관사(官司)의 관원(官員)으로 겸임케 한다."라고 규정되어 있다. 소속 관원으로는 사(師) 1원(정1품 영의정), 부(傅) 1원(정1품 의정), 이사(貳師) 1원(종1품 찬성), 좌빈객(左賓客)·우빈객(右賓客) 각 1원(정2품), 좌부빈객(左副賓客)·우부빈객(右副賓客) 각 1원(종2품), 보덕(輔德) 1원(종3품), 필선(弼善) 1원(정4품), 문학(文學) 1원(정5품), 사서(司書) 1원(정6품), 설서(說書) 1원(정7품), 12명으로 구성되어 있었다. 이 중 부빈객 이상은 겸직이었으므로 시강원의 실무직은 총 5명이었다고 할 수 있다.

　이러한 시강원 직제는 조선 후기 들어 변화를 겪게 된다. 영조 때 편찬된 『속대전(續大典)』에 규정된 시강원 직제를 보면, 시강원은 기존의 종3품아문에서 정3품아문(正三品衙門)으로 승격되었다. 그 관원으로는 사(師) 1원(정1품 영의정), 부(傅) 1원(정1품 의정), 이사(貳師) 1원(종1품 찬성), 좌빈객(左賓客)·우빈객(右賓客) 각 1원(정2품), 좌부빈객(左副賓客)·우부빈객(右副賓客) 각 1원(종2품), 찬선(贊善) 1원(정3품), 보덕(輔德)·겸보덕(兼輔德) 각 1원(종3품), 필선(弼善)·겸필선(兼弼善) 각 1원(정4품), 문학(文學)·겸문학(兼文學) 각 1원(정5품), 사서(司書)·겸사서(兼司書) 각 1원(정6품), 설서(說書)·겸설서(兼設書) 각 1원(정7품) 등 총 20명으로 구성되어 있었다. 특기할 만한 것은 정3품 아문으로 승정원, 사간원, 홍문관 등과 같은 반열에 올라서며 그 위상이 제고되었다는 사실과 산림관 직제로 찬선, 진선, 자의가 증설되고, 겸보덕, 겸필선, 겸문학, 겸사서, 겸설서 등 겸직이 증치되어 실무직이 13명으로 늘어났다는 점이다. 이후 정조 때에 보덕과 겸보덕이 당상관으로 승격되어 조선 후기까지 이어진다. 한편 교육을 담당하는 위와 같은 서연관들 외에, 4인(『경국대전』)에서 15인(『속대전』)의 서리(書吏)들 및 구실아치들이 배속되어 세자의 교육에 보조적인 역할을 담당하도록 하였다.

세손 교육 - 세손강서원(世孫講書院)

일반적인 경우는 아니었으나, 조선의 역사를 통틀어 몇 차례 국왕이 생존하는 상황에서 왕세손, 곧 왕세자의 아들이 출생한 경우가 있었다. 바로 세종 때 (나중의) 단종, 인조 때 (나중의) 현종, 영조 때 의소세손(懿昭世孫) 및 (나중의) 정조, 순조 때 (나중의) 헌종이 출생한 것이다. 따라서 세손강서원은 이 다섯 경우에 대응하여 각각 1448년(세종 30), 1649년(인조 27), 1751년(영조 27), 1759년(영조 35), 1829년(순조 29) 다섯 차례 설치되었으며, 아울러 세손의 호위를 위한 위종사(衛從史)를 설치하였다.

세손강서원이 최초로 설치된 것은 1448년의 일로, 당시는 아직 세자시강원의 관직이 정비되기 이전 시기로 강서원 역시 집현전 관원이 겸직을 하는 구조로 이루어져 있었다. 이후 인조 대에 현종을 위해 강서원을 다시 설치하였는데, 당시는 집현전이 혁파되고 홍문관으로 대치된 상황이었기에 홍문관 관원이 강서원 관직을 겸하였다. 이후 영조 대에 의소세손을 위한 강서원이 설치되었을 때, 세자시강원의 예를 따르고 세자와 세손의 위상을 고려하여 종1품 세손사(世孫師)와 세손부(世孫傅)를 설직하였다. 의소세손의 훙서 후 1759년 다시 정조를 위한 강서원이 설치되는데, 당시의 강서원은 유일하게 15년이 넘는 세월 동안 유지가 되었으며, 따라서 강서원의 위상과 직제 역시 강화되었다.

『속대전』에 규정된 세손강서원 직제를 보면, 세손강서원은 세자시강원과 같이 정3품아문(正三品衙門)으로, 그 역할은 "왕세손(王世孫)을 모시고 강의(講義)하는 임무를 담당한다."라고 규정되어 있었다. 소속 관원으로는 사(師)·부(傅) 각 1원(종1품), 좌유선(左諭善)·우유선(右諭善) 각 1원(종2품~정3품이 담당), 좌익선(左翊善)·우익선(右翊善) 각 1원(종4품), 좌권독(左勸讀)·우권독(右勸讀) 각 1원(종5품), 좌찬독(左贊讀)·우찬독(右贊讀) 각 1원(종6품) 등 총 10명으로 구성되어 있었다. 이러한 강서원의 직무와 절차는 시강원과 동일하였으며, 왕세자와 왕세손의 위상을 고려하여 관원들의 품계와 인원에 차등을 두었다.

세자의 성균관 입학

조선에서 왕세자 교육의 이념과 지향이 가장 잘 드러난 의례는 왕세자의 성균관 입학례이다. 왕실의 후사를 책임질 왕세자가 태학과 같은 국가의 최고 교육기관에 입학하는 의례는 중국의 『예기』에서 기원한 것으로 보인다. 예기의 "국왕의 태자(太子)나 왕자(王子)는 학교에 입학하여 나이순으로 앉는다(入學以齒)."라는 구절에 따라 입학례를 행하였던 것이다. 그러나 중국에서는 양나라 때와 당나라 때 몇 건의 입학례 거행 기록이 남아 있는 것을 제외하면, 거의 입학례를 실시하지 않았다. 반면 조선 왕실에서는 몇 건의 예외적인 경우[46]를 제외하면 입학례가 꾸준히 거행되었다. 이와 같은 입학례는 학문과 예의를 중시했던 조선 왕실의 이념이 가장 잘 집약된 의식이라고 할 수 있다.

앞에서 살폈듯이 왕세자의 교육을 실질적으로 담당했던 기관은 성균관이 아닌 세자시강원이었다. 그럼에도 불구하고 가능한 한 모든 왕세자들이 이 입학례를 거행하였다는 사실은, 입학례가 결코 심상하지 않은 의미를 지니고 있었음을 보여준다. 우선 성균관은 최고의 교육기관이라는 사실에 앞서, 유교의 성인 중 하나인 문선왕(文宣王) 공자를 모시는 상징적인 곳이라는 점을 들 수 있다. 곧 입학례를 통해 공자를

---

46 자식이 없이 승하한 인종, 궁 밖의 사저에서 유년 시절을 보내어 정상적인 세자 책봉 경로를 밟지 않은 중종·선조·철종·고종, 왕세자에 책봉된 후 입학례를 마치고 즉위할 시간이 부족했거나 어린 나이로 즉위했던 순조와 헌종의 경우가 있다.

배향함으로써 왕세자가 공자의 가르침을 따르는 유학도라는 점을 만방에 공표한다는 의미를 지닐 수 있었다. 또한 왕세자가 공자와 여러 사부에게 스승의 예를 표함으로써, 전 국가적으로 존사(尊師)의 기치를 드높이는 효과를 누릴 수 있었다.

이처럼 입학례를 통해 유교 이념과 스승-제자의 윤리적 관계를 재확인함으로써, 유교적인 교육과 교화의 기틀을 다지고자 하였던 것이다. 아울러 왕세자가 전면에 나서서 의례를 통해 이를 체화함으로써, 왕실과 종묘의 후사로서의 위상을 공고히 하고 국가의 모범이 되는 효과를 누릴 수 있었다. '인륜을 밝힌다(明人倫)'는 뜻을 가진 명륜당에서 왕세자가 학생의 신분으로 스승에게 갖춰야 할 예절을 지킨 것은 입학례가 명분과 실질이 잘 부합하는 의식이라는 점을 잘 보여주는 것이라 하겠다.

이러한 입학례의 실제를 잘 보여주는 사료들 중『현종동궁일기(顯宗東宮日記)』에 수록된 현종의 입학 기록, 1761년(영조 37) 정비된 왕세손(나중의 정조)의 입학례를 수록한『국조보감(國朝寶鑑)』「입학의(入學儀)」를 통해 당시 입학례의 실제를 잘 느낄 수 있다.[47]

세자의 성균관 입학 의례 - 『국조보감(國朝寶鑑)』

왕세손이 작헌례(酌獻禮, 220쪽 참조)를 마치고 나면 익선(翊善)이 왕세손을 인도하여 문묘 문을 나와 명륜당 대문 동쪽에 이르러 서쪽을 향해

---

47 『국조보감(國朝寶鑑)』권65, 영조 37년 조.

서게 한다. 이어 편차(便次)로 가서 학생복(學生服)으로[연건(軟巾)을 뒤로 드리우고 청금포(靑衿袍)·세조대(細條帶)·흑화자(黑靴子)를 착용한다] 갈아입는다.

집비자(執篚者)가 폐백을[모시[紵] 3필] 광주리에 담고, 집준자(執尊者)가 단술을[2곡(斛)] 술동이에 담고, 집수자(執脩者)가 포[脩]를[5정(脡)] 안(案)에 놓는다. 이를 각각 편차의 서남쪽에 있는 탁상에 올려놓고 북쪽을 향해 서쪽을 윗자리로 하여 서서 지킨다.

박사 찬홀(博士贊笏)은 박사(博士)의 왼쪽 조금 뒤에서 서쪽을 향해 서 있는다.

왕세손 찬홀(王世孫贊笏)은 편차 앞의 왼쪽에 북쪽을 향하여 서 있는다.[왕세손이 편차를 나와 예를 행할 때에는 항상 왕세손의 왼쪽 조금 앞에 서 있고, 왕세손이 당(堂)에 오른 뒤에는 당 아래에 서 있는다.]

박사가 막차(幕次)로[명륜당 동쪽 담장 안쪽에 있다.] 나가 공복(公服)을[복두(幞頭)·홍포(紅袍)·금대(金帶)·상홀(象笏)·흑석(黑舃)] 갖추어 입는다.

동서재(東西齋)의 장의(掌議)가 유생을 인솔하여 좌우로 나누어 명륜당 뜰의 동쪽과 서쪽에 차례대로 서되, 서로 마주보고 북쪽을 윗자리로 한다.

주시관(奏時官)이 편차 앞으로 가서 엎드려 입학 정시(正時)가 되었음을 고한다.

왕세손 찬홀이, "익선은 왕세손을 인도하여 편차 앞에 서쪽을 향해 서도록 하시오." 하면, 필선(弼善)이 꿇어앉아 편차에서 나오도록 청한다. 왕세손이 의례대로 한다.

박사 찬홀이 "찬인(贊引)은 박사를 인도하여 명륜당 동쪽 계단 위에

서쪽을 향해 서도록 하시오."하면, 박사가 의례대로 한다.

왕세손 찬홀이, "장명자(將命者)는 나와 문의 서쪽에 동쪽을 향해 서서, '감히 일을 청합니다.'라고 하시오."하면, 장명자가 의례대로 한다.

왕세손 찬홀이, "왕세손은 조금 앞으로 나와 예를 갖추어 청하시오."하면, 왕세손이 조금 앞으로 나와, "아무개가 선생께 수업(受業)하기를 원합니다."한다.

왕세손 찬홀이, "장명자는 들어가 고하시오."하면, 장명자가 박사 앞으로 들어가, "세손(世孫) 아무개가 선생께 수업하기를 원합니다."하고 고한다.

박사 찬홀이, "박사는 읍(揖)하고 답하시오."하면, 박사가 읍하고. "아무개는 부덕(不德)합니다. 왕세손을 욕되게 하지 않도록 해주소서."하고 답한다.

박사 찬홀이, "장명자는 나가서 고하시오."하면, 장명자가 왕세손 앞으로 나가 의례대로 고한다.

왕세손 찬홀이, "왕세손은 고청(固請)하시오."하면, 왕세손이, "아무개가 선생께 수업하기를 원합니다."한다.

왕세손 찬홀이, "장명자는 들어가 고하시오."하면, 장명자가 박사 앞으로 들어가, "세손 아무개가 선생께 수업하기를 원합니다."하고 고한다.

박사 찬홀이, "박사는 읍하고 답하시오."하면 박사가 읍하고, "아무개는 부덕합니다. 청컨대 왕세손께서는 자리로 나가소서. 아무개가 감히 뵙겠습니다."하고 답한다.

박사 찬홀이, "장명자는 나가서 고하시오."하면, 장명자가 왕세손 앞으로 나가 의례대로 고한다.

왕세손 찬홀이, "왕세손은 삼청(三請)하시오." 하면, 왕세손이, "아무개가 감히 빈객(賓客)으로 볼 수 없습니다. 청컨대 끝내 뵙게 해주소서." 한다.

왕세손 찬홀이, "장명자는 들어가 고하시오." 하면, 장명자가 박사 앞으로 들어가, "세손 아무개가 감히 빈객으로 볼 수 없으니 끝내 뵙게 해주시기를 청합니다." 하고 고한다.

박사 찬홀이 "박사는 읍하고 답하시오." 하면, 박사가 읍하고, "아무개가 사양하여도 허락을 받지 못하였으니 감히 명을 따르지 않겠습니까." 하고 답한다.

박사 찬홀이 "장명자는 나가서 고하시오." 하면, 장명자가 왕세손 앞으로 나가 의례대로 고한다.

왕세손 찬홀이, "집비자는 광주리를 가지고 동쪽을 향하여 왕세손에게 올리시오." 하면, 집비자가 의례대로 한다.

왕세손 찬홀이, "왕세손은 광주리를 잡으시오." 하면, 왕세손이 광주리를 잡았다가 광주리를 다시 집비자에게 준다.

박사 찬홀이, "박사는 동쪽 계단 아래로 내려와 서쪽을 향해 서서 기다리시오." 하면, 박사가 의례대로 한다.

왕세손 찬홀이, "익선은 왕세손을 인도하여 문으로 들어와 왼쪽으로 가서 서쪽 계단의 남쪽으로 나아가 동쪽을 향해 서도록 하고, 〔집비자가 앞줄에 서고 산선(繖扇)과 배위(陪衛)는 문 밖에서 정지한다. 협시(挾侍) 3인과 사약(司鑰) 1인이 따라 들어온다.〕 집사자(執事者)는 단술 병과 수안(脩案)을 받들고 따라와서 왕세손의 서쪽에 남쪽 가까이로 동쪽을 향해 북쪽을 윗자리로 하여 서시오." 하면, [집비자는 광주리를 왕세손에게 올리고 물러나 뒤로 선다.] 왕세손이 의례대로 하고, 집사자가 의례대로 한다.

왕세손 찬홀이, "왕세손은 무릎을 꿇고 광주리를 올려놓고 두 번 절하시오." 하면, 집비자가 광주리를 드리고, 왕세손이 무릎을 꿇고 올린다.

왕세손 찬홀이, "일어나 몸을 구부려 절하고 일어나 몸을 펴시오." 하면, 왕세손이 의례대로 한다.

박사 찬홀이, "박사는 답배(答拜)하시오." 하고, 또 "몸을 구부려 절하고 일어났다가 다시 절하고 일어나 몸을 펴시오." 하면, 박사가 의례대로 한다.

왕세손 찬홀이, "왕세손은 무릎을 꿇고 광주리를 취하여 일어나 조금 앞으로 나와 무릎을 꿇고 박사에게 드리고, 단술과 포수를 받든 자는 무릎을 꿇고 단술과 포수를 박사 앞에 올리시오." 하면, 왕세손이 의례대로 하고, 집사자가 의례대로 한다.

박사 찬홀이, "박사는 무릎 꿇고 광주리를 받아 집사자에게 주고, 집사자는 무릎을 꿇고 단술과 포수를 받아 물러나시오." 하면, 박사 및 집사자가 의례대로 한다.

왕세손 찬홀이, "왕세손은 일어나시오." 하면, 왕세손이 일어난다.

박사 찬홀이, "박사는 일어나시오." 하면, 박사가 일어난다.

왕세손 찬홀이, "익선은 왕세손을 인도하여 계단 중간에 서서 북쪽을 향해 두 번 절하시오." 하고, 또 "몸을 구부려 절하고 일어났다가 절하고 일어나 몸을 펴시오." 하면, 왕세손이 의례대로 한다.

왕세손 찬홀이, "익선은 왕세손을 인도하여 편차로 나가 기다리도록 하시오." 하면, 왕세손이 명륜당 서쪽 협실(挾室)의 기둥 밖 소차(小次)

로 들어간다.

　박사 찬홀이, "찬인은 박사를 인도하여 막차로 들어가 상복(常服)으로〔오사모(烏紗帽)·흑단령(黑團領)·품대(品帶)·화자(靴子)〕 갈아입도록 하시오." 하면, 박사가 막차로 들어가 옷을 갈아입는다.

　박사 찬홀이, "찬인은 박사를 인도하여 당으로 올라가 자리로〔자리는 명륜당 동벽(東壁)에 서쪽을 향하여 두고 자리는 세 겹으로 한다.〕 나가시오." 하면, 박사가 의례대로 한다.

　왕세손 찬홀이, "소차에서 나와 서시오." 하면, 필선이 소차 앞으로 가서 소차에서 나가도록 무릎을 꿇고 아뢴다. 왕세손이 소차에서 나와 선다.

　왕세손 찬홀이, "필선은 왕세손을 인도하여 서쪽 계단에서 올라와 박사 앞으로 나가도록 하시오." 하면, 왕세자가 의례대로 한다.

　박사 찬홀이, "집사자는 당으로 올라가 박사 앞으로 나가 무릎 꿇고 안(案)을 설치하고 나서 물러나 계단 아래에 서시오." 하면, 〔박사 집사는 동쪽 계단으로 오르내리고 왕세손 집사는 서쪽 계단으로 오르내린다.〕 집사자가 의례대로 한다.

　왕세손 찬홀이, "집사자는 왕세손 앞으로 나아가 무릎을 꿇고 자리를 설치하고 나서 〔자리를 설치함에 있어 거리는 한 자리 정도의 사이를 두도록 하니 이른바 함장(函丈)이 이것이다.〕 물러나 계단 아래에 서시오." 하면, 자리를 설치하는 자가 의례대로 한다.

　박사 찬홀이, "집사자는 무릎 꿇고 박사 앞의 안(案) 위에 강할 책을 놓고 나서 물러나 계단 아래에 서시오." 하면, 협책자(挾冊者)가 의례대로 한다.

왕세손 찬홀이, "왕세손은 자리로 나가 동쪽을 향하여 무릎을 꿇으시오." 하면, 왕세손이 의례대로 한다.

왕세손 찬홀이, "집사자는 무릎 꿇고 강할 책을 왕세손 앞에 놓고 나서 물러나 계단 아래에 서시오." 하면 협책자가 의례대로 한다.

박사 찬홀이, "왕세손은 책을 강하시오." 하면, 왕세손이 책을 강한다.

박사 찬홀이, "박사는 뜻풀이를 하시오." 하면, 박사가 뜻풀이를 한다.

박사 찬홀이, "안(案)과 책을 치우시오." 하면, 협책자가 무릎 꿇고 책을 거두어 일어나고, 집안자(執案者)가 무릎 꿇고 안을 거두어 일어난다. 모두 계단 아래로 내려와 선다.

왕세손 찬홀이, "일어나시오." 하면, 왕세손이 일어난다.

왕세손 찬홀이, "익선은 왕세손을 인도하여 편차로 나가시오." 하면, 왕세손이 의례대로 한다.

박사 찬홀이, "찬인은 박사를 인도하여 명륜당의 동쪽 협실로 나가시오." 한다.

왕세손이 내엄(內嚴)과 외비(外備)를 하여 올 때의 의례대로 궁으로 돌아온다.

그림으로 본 왕세자의 입학식 - 『왕세자입학도첩(王世子入學圖帖)』

이상에서 살펴본 것과 같은 성균관 입학례를 가장 잘 보여주는 자료가 『왕세자입학도첩(王世子入學圖帖)』이다. 국립고궁박물관 및 고려대학교 박물관에 소장된 이 자료는 1817년(순조 17)에 거행된 효명세자의 입학식을 기록한 책자로, 의식 절차로 이루어진 6첩의 기록화를 수록하고 있다. 왕세자의 입학식 절차는 크게 출궁의(出宮儀, 궁궐에서 성균관에 도착할 때까지의 의례), 입학의(入學儀, 성균관에서 치르는 실제 입학식의 의례), 수하의(受賀儀, 입학례를 마친 왕세자가 궁으로 돌아와 신하와 종친의 축하를 받는 의례)로 구분되는데, 기록화는 이 중 출궁의와 입학의와 관련된 네 가지 절차, 수하의의 절차를 기록하고 있다. 아래에서는 기록화를 중심으로 입학식을 살펴본다.

첫 번째 〈출궁도(出宮圖)〉는 효명세자가 창경궁을 나와 성균관으로 향하는 모습을 그린 것이다. 행렬의 선두에는 세자를 호위하는 세자익위사의 관원들이 앞장을 서고 있으며, 행렬의 중앙에는 왕세자를 상징하는 도장(印)을 실은 말이 지나가고 있다. 왕세자의 가마 앞에 교육을 담당한 세자시강원의 시강관들이 지나고 있으며, 그 뒤에 왕세자가 탄 가마가 지나가고 있다.

두 번째 〈작헌도(酌獻圖)〉는 세자가 성균관에 도착하여 대성전(大成殿)에 모셔진 공자와 사성(四聖, 안자(顔子)·증자(曾子)·자사(子思)·맹자(孟子))의 신위에 술을 올리는 의식을 묘사한 것이다. 공자와 사성은 유교의 최고 성인으로서, 세자는 입학식을 거행하기 전 먼저 유학의 성인들에게 인사를 올리는 것이다. 세자는 학생복으로 갈아입고 먼저 공자에게 술을 올린 후, 이어 네 성인에게 술을 올렸다.

세 번째 〈왕복도(往復圖)〉는 세자가 스승에게 수업을 청하는 모습을 그린 것이다. 세자는 다음 대의 국왕으로 현재의 국왕 다음의 지엄한 존재였으나, 입학례에서 세자는 한 명의 학생으로서 스승에게 가르침을 구하는 위치에 서는 것이다. 따라서 세자는 스승에게 올릴 예물을 갖추고 장명자(將命者)라 칭하는 일종의 전령을 통해 스승에게 가르침

『왕세자입학도(王世子入學圖)』(국립고궁박물관 소장)

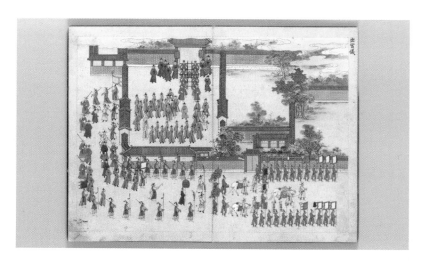

출궁의(出宮儀)

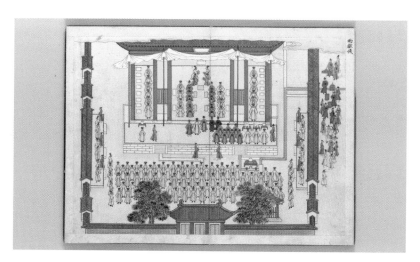

작헌의(酌獻儀)

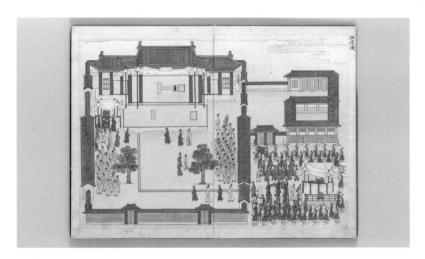

왕복의(往復儀)

수폐의(脩幣儀)

『왕세자입학도(王世子入學圖)』(국립고궁박물관 소장)

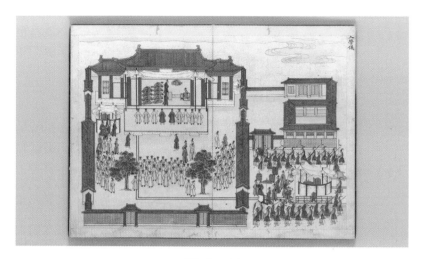

입학의(入學儀)

수하의(受賀儀)

4부 사람(人)과 국왕의 상징

조선시대에 거행된 왕세자(원자, 세손)의 입학례

연도	당시 국왕	입학자(군·세자호)	나이	당시 지위
1403	태종	양녕대군	10	원자
1421	세종	문종	8	왕세자
1448	세종	단종	8	왕세손
1457	세조	예종	8	왕세자
1487	성종	연산군	12	왕세자
1504	연산군	폐세자 황(顗)	8	왕세자
1522	중종	인종	8	왕세자
1560	명종	순회세자	10	왕세자
1597	선조	광해군	23	왕세자
1610	광해군	폐세자 지(祬)	13	왕세자
1625	인조	소현세자	14	왕세자
1645	인조	효종	27	왕세자
1652	효종	현종	12	왕세자
1669	현종	숙종	9	왕세자
1695	숙종	경종	8	왕세자
1722	경종	영조	29	왕세제
1727	영조	효장세자	9	왕세자
1742	영조	장헌세자	8	왕세자
1761	영조	정조	10	왕세손
1817	순조	효명세자	9	왕세자
1882	고종	순종	9	왕세자

을 청하고, 스승이 허락하면 비로소 명륜당으로 들어가게 된다.

네 번째 〈수폐도(脩幣圖)〉는 미리 갖추어둔 예물을 스승에게 올리는 모습을 그린 것이다. 왕세자가 예물이 든 광주리를 받은 다음 스승에게 먼저 두 번 절하면, 스승도 답으로 두 번 절한다. 입학례에서 세자는 학생의 입장이기 때문에 세자가 먼저 절하고, 스승이 이후에 답하는 것이다.

다섯 번째 〈입학도(入學圖)〉는 세자가 스승에게 수업을 받는 모습을 그린 것으로, 전체 입학례의 정수라고 할 수 있는 부분이다. 특이한 것은, 스승 앞에는 책상이 있는 반면 세자 앞에는 책상이 없어서 세자는 무릎을 꿇은 채 바닥에 엎드려 수업을 받도록 되어 있다는 점이다. 이는 왕세자와 스승의 위상 차이를 보여주는 것으로, 세자가 그만큼 학생의 입장에서 유학에 정진하겠다는 의지를 보여준다. 효명세자의 입학례 당시 사부 남공철(南公轍)은 세자에게 『소학』을 강의하였다.

마지막 〈수하도(受賀圖)〉는 세자가 입학례를 마치고 궁으로 돌아와 여러 신료와 종친의 축하를 받는 장면을 그린 것이다. 입학례를 마침으로써 왕세자이면서 유학에 전념하는 학생으로 자리매김한 왕세자를 축하하기 위함이었으며, 궁으로 돌아온 세자는 다시금 왕위를 이을 존귀한 존재로 돌아와 평상시와 같은 위치에서 신하들의 하례를 받았음을 알 수 있다.

서연(書筵)

서연(書筵)은 넓게는 왕세자를 보도(補導)하는 교육 활동 및 장소, 교육 기관 등을 의미하나, 일반적으로는 세자의 교육 활동을 의미한다. 곧 세자가 세자시강원의 스승들과 함께 유교의 여러 경전 및 사서(史書)를 강독하며 유교적 소양을 쌓고, 이를 통해 다음 대의 국왕으로서의 자질을 기르는 활동을 의미한다. 따라서 세자의 교육과 세자시강원의 활동은 이 서연에 초점이 맞추어져 있었으며, 서연에 참여할 세자의 스승을 선정하고 서연에서 강의할 교재를 선정하는 것은 무엇보다 중요한 일이었다. 이러한 서연에 참여할 스승에 관하여서는 앞서 세자시강원에 대해 살펴보면서 언급하였으므로, 여기에서는 서연에서 강의했던 교재, 그리고 서연의 형식에 대해 살펴본다.

서연의 강의 교재

조선 후기 서연에서 어떠한 교재를 사용했는지는 서울대학교 규장각에 소장된『열성조계강책자차제(列聖朝繼講冊子次第)』를 통해 잘 파악할 수 있다. 이 책에서는 효종, 현종, 숙종, 경종, 영조, 진종(효장세자), 경모궁(사도세자), 정조, 순조, 익종, 헌종, 철종, 고종이 왕위에 등극하기 전후에 강의하였던 교재의 목록이 기록되어 있다. 이 중 왕세자로 있을 때 진강했던 책들의 목록을 정리하면 다음 쪽과 같다.

왕세자[48]별 진강 책자

진강 왕세자	진강 책자[49]
효종	대학(大學), 대학혹문(大學或問), 대학연의(大學衍義), 논어(論語), 맹자(孟子), 중용(中庸)
현종	소학(小學), 통감(通鑑), 대학(大學), 논어(論語), 맹자(孟子), 계몽(啓蒙)
숙종	효경(孝經), 동몽선습(童蒙先習), 소학(小學), 통감(通鑑), 대학(大學), 논어(論語)
경종	효경소학초천자문(孝經小學抄千字文), 효경(孝經), 동몽선습(童蒙先習), 소학(小學), 삼강행실(三綱行實), 통감(通鑑), 사략(史略), 대학(大學), 논어(論語), 맹자(孟子), 중용(中庸), 시전(詩傳), 서전(書傳), 송감(宋鑑), 심경(心經), 대학연의(大學衍義), 근사록(近思錄), 강목(綱目), 주문초선(朱文抄選)
영조	소학(小學), 대학(大學), 논어(論語)
진종	효경(孝經), 소학(小學), 동몽선습(童蒙先習), 조감(祖鑑)
경모궁	효경소학초해(孝經小學抄解), 소학초략(小學抄略), 동몽선습(童蒙先習), 소학(小學), 효경(孝經), 사략(史略), 대학(大學), 논어(論語), 통감(通鑑), 어제자성편(御製自省編), 맹자(孟子), 중용(中庸), 시전(詩傳), 서전(書傳), 송감(宋鑑), 강목(綱目), 주역(周易)
정조	효경소학초략(孝經小學抄略), 동몽선습(童蒙先習), 소학(小學), 대학(大學), 논어(論語), 맹자(孟子), 사략(史略), 중용(中庸), 서전(書傳), 강목(綱目), 성학집요(聖學輯要), 주자봉사(朱子封事), 주서절요(朱書節要), 역학계몽(易學啓蒙)
순조	소학(小學), 사략(史略), 대학(大學), 고경중마방초(古鏡重磨方抄), 논어(論語), 맹자(孟子)
익종	천자(千字), 효경(孝經), 소학초략(小學抄略), 사략(史略), 소학(小學), 대학(大學), 통감(通鑑), 논어(論語), 시전(詩傳), 서전(書傳), 강목(綱目), 모훈집요(謨訓輯要), 송감(宋鑑), 어제자성편(御製自省篇), 팔자백선(八子百選), 육주약선(陸奏約選), 갱장록(羹墻錄), 주서백선(朱書百選), 조감(祖鑑)
헌종	효경(孝經), 소학(小學)

48 왕으로 즉위했을 경우 후의 묘호(廟號)로 기재, 사도세자의 경우 원 자료의 표기를 따라 경모궁으로 표기하였다.

49 진강 책자 표기 순서는 해당 왕세자의 진강 차례와 동일하다.

4부 사람(人)과 국왕의 상징

2회 이상 진강된 주요 책자

진강 책자	진강 왕세자
소학(小學)	현종, 숙종, 경종, 영조, 진종, 경모궁, 정조, 순조, 익종, 헌종 (10)
논어(論語)	효종, 현종, 숙종, 경종, 영조, 경모궁, 정조, 순조, 익종 (9)
대학(大學)	효종, 현종, 경종, 영조, 경모궁, 정조, 순조, 익종 (8)
맹자(孟子)	효종, 현종, 경종, 경모궁, 정조, 순조, 익종 (7)
효경(孝經)	숙종, 경종, 진종, 경모궁, 익종, 헌종 (6)
통감(通鑑)	현종, 숙종, 경종, 경모궁, 익종 (5)
동몽선습(童蒙先習)	숙종, 경종, 진종, 경모궁, 정조 (5)
사략(史略)	경종, 경모궁, 정조, 순조, 익종 (5)
중용(中庸)	효종, 경종, 경모궁, 정조 (4)
서전(書傳)	경종, 경모궁, 정조, 익종 (4)
강목(綱目)	경종, 경모궁, 정조, 익종 (4)
시전(詩傳)	경종, 경모궁, 익종 (3)
송감(宋鑑)	경종, 경모궁, 익종 (3)
대학연의(大學衍義)	효종, 경종 (2)
조감(祖鑑)	진종, 익종 (2)
소학초략(小學抄略)	경모궁, 익종 (2)
어제자성편(御製自省篇)	경모궁, 익종(2)

1회 진강된 책자 목록

진강 책자	진강 왕세자
대학혹문(大學或問)	효종
계몽(啓蒙)	현종
효경소학초천자문(孝經小學抄千字文), 심경(心經), 근사록(近思錄), 삼강행실(三綱行實), 주문초선(朱文抄選)	경종
효경소학초해(孝經小學抄解), 주역(周易)	경모궁
효경소학초략(孝經小學抄略), 성학집요(聖學輯要), 역학계몽(易學啓蒙), 주자봉사(朱子封事), 주서절요(朱書節要)	정조
고경중마방초(古鏡重磨方抄)	순조
천자문〔千字(文)〕, 모훈집요(謨訓輯要), 팔자백선(八子百選), 육주약선(陸奏約選), 갱장록(羹墻錄), 주서백선(朱書百選)	익종

진강 책자의 유형별 분류

구분	책자 목록
기초서	동몽선습(童蒙先習), (소학초략)계몽(小學抄略啓蒙), 효경소학초천자문(孝經小學抄千字文), 효경소학초해(孝經小學抄解), 효경소학초략(孝經小學抄略), 천자문〔千字(文)〕
사서류(四書類)	논어(論語), 대학(大學), 맹자(孟子), 중용(中庸), 대학연의(大學衍義), 대학혹문(大學或問)
삼경(三經類)	서전(書傳), 시전(詩傳), 주역(周易), 역학계몽(易學啓蒙)
사서(史書)	통감(通鑑), 사략(史略), 강목(綱目), 송감(宋鑑), 조감(祖鑑)
유가서(儒家書)	소학(小學), 효경(孝經), 심경(心經), 근사록(近思錄)
조선 성리학서 및 관찬서(官撰書)	주문초선(朱文抄選), 주자봉사(朱子封事), 주서절요(朱書節要), 성학집요(聖學輯要), 고경중마방초(古鏡重磨方抄), 모훈집요(謨訓輯要), 어제자성편(御製自省篇), 갱장록(羹墻錄), 주서백선(朱書百選)
기타	삼강행실(三綱行實), 팔자백선(八子百選), 육주약선(陸奏約選)

　　이를 통해 보면, 왕세자들에게 가장 많이 진강하였던 책자는 『소학(小學)』이었으며, 그 외에도 왕세자들은 사서(四書, 『논어』·『맹자』·『대학』·『중용』) 및 『효경(孝經)』과 같은 유교의 기본 경서와 『사략(史略)』, 『통감(通鑑)』과 같은 사서(史書)를 많이 읽었음을 알 수 있다. 또한 어린 나이에는 『소학』과 『효경』과 같은 유교의 기본 경서와 『동몽선습(童蒙先習)』과 같은 기초 학습서를 주로 진강하였음을 확인할 수 있다. 이러한 진강에는 개인 간의 편차가 존재하였다. 순조나 헌종과 같이 일찍 왕위에 오른 경우에는 기본적인 경서만을 진강한 채 왕위에 오르지만, 현종이나 경종, 경모궁, 정조와 같이 오랜 기간 왕세자(손)의 자리에 있었을 경우 기본적인 경서 외에도 『시전(詩傳)』, 『서전(書傳)』 등 고급 경서와 역사서를 많이 읽었음을 알 수 있다. 또한 후기로 갈수록 『성학집요(聖學輯要)』나 『갱장록(羹墻錄)』과 같이 조선에서 독자적으로 편찬한 책자들

을 진강하는 경향성을 확인할 수 있으며, 정조나 익종의 예에서 보듯 진강하는 책의 종류도 다양했음을 알 수 있다.

서연(書筵) 강의 형식

서연은 크게 법강(法講)과 소대(召對)·야대(夜對), 그리고 회강(會講)으로 구분할 수 있다. 이 중 법강은 매일 정규적으로 이루어지는 것으로, 다시 조강(朝講), 주강(晝講), 석강(夕講)으로 나뉜다. 이름에서도 알 수 있듯이 조강은 아침에 해 뜰 무렵, 주강은 점심 때, 석강은 저녁에 진행되었다. 소대는 시간에 관계없이 이루어지는 것을 말하며, 야대는 밤에 진행되는 서연 형식을 말한다. 법강과 소대에 따라 진강하는 책자의 종류에도 차이가 있는데, 법강에서는 경서(經書), 소대에서는 사서(史書)를 읽는 것이 기본적인 원칙이었다(法講則經書 召對則史記). 그러나 이러한 원칙이 반드시 지켜지지는 않았는데, 이는 앞서 살펴보았듯 각 왕세자마다 서로 처해 있는 여건이 달랐기 때문이기도 하다. 이처럼 경서와 사서를 나누어 읽는 체제는 법강을 통해 유교의 기본적인 통치 이념을 익히고, 수시로 역사서를 읽음으로써 통치에 도움이 되는 경륜을 밝히고자 하는 합리적인 구조를 이루고 있음을 알 수 있다. 서연은 왕세자라 하여도 함부로 정강(停講)할 수 없고, 국가의 기일이나 종묘의 대제(大祭) 등의 사유가 있을 때는 탈품(頉稟)이라는 사유서를 제출해야 했다.

　서연의 진행 방식은 왕세자가 암송하기 전에 음을 읽고 해석하고 암송하면, 시강관이 새로 배울 것을 읽어주고 왕세자도 한 번 따라 읽는다. 시강관이 해석을 한 번 하면 세자가 다시 해석을 한 번 하고, 다시

음독과 해석을 한 번 한다. 이때 세자가 관례를 치렀는지 여부에 따라 조금 차이가 있는데, 관례 전에는 (세자)빈객이 한 번 강독하며, 관례 후에는 동궁전의 궁관이 강독한다는 차이가 있었다.

회강(會講)은 세자(손)가 매달 왕과 사부 이하 세자시강원 관원들 앞에서 그동안의 학업 성취를 평가받는 것을 말한다. 조선 초기에는 매달 한 차례씩 시행한 예도 있었으나, 중기 이후에는 매달 두 번 행사하는 것을 원칙으로 하였다. 대체로 임금이 세자(손)에게 질문을 하면, 세자(손)가 그에 답하는 형식으로 이루어졌다. 이러한 회강은 그간의 학업을 평가하는 의미뿐 아니라, 매달 임금과 스승을 모시고 회강의 의례를 치름으로써 세자가 스스로 학생임을 재확인하고, 임금, 어버이, 스승을 모시는 예를 직접 체현한다는 의미를 지니고 있었다. 이러한 회강의 모습은 규장각에 소장된 『회강반차도(會講班次圖)』를 통해 확인할 수 있다.

이러한 회강례의 실제 모습을 보여주는 사료가 『영조실록(英祖實錄)』 및 『현종동궁일기(顯宗東宮日記)』에 기재되어 있는데, 이를 소개하는 것으로 회강례에 대한 설명을 마친다.

왕세자의 중간고사 – 『영조실록』에 실린 회강례(會講禮)

임금이 경현당에 나아가 왕세손(王世孫)과 회강(會講)에 참여하였다. 임금은 『대학(大學)』을 강하고 세손은 『소학(小學)』을 강하였다.

임금이 말하기를, "팔조목(八條目)이 많은데 반드시 수신(修身)을 근본으로 삼아야 하는 것은 왜 그런가?" 하니, 세손이 답하기를, "먼저 내 몸을 수양한 후에야 치국(治國)과 평천하(平天下)를 할 수 있기 때문입니다." 하였다.

임금이 말하기를, "어떻게 해야 공자(孔子)의 도(道)를 행할 수 있는가?" 하니, 대답하기를, "수신(修身)을 하면 행할 수 있습니다." 하므로, 임금이 말하기를, "쉬운가, 어려운가?" 하니, 대답하기를, "착실히 공부하면 쉽습니다." 하였다.

임금이 말하기를, "황제(黃帝)와 요순(堯舜)은 과연 덕이 있어서 제위(帝位)에 올랐으나 후세에는 덕이 없어도 제위에 오른 것은 왜 그런가?" 하니, 세손이 말하기를, "그 사람 이외에 다른 사람이 없으면 등극할 수 있습니다." 하매, 임금이 가상히 여겨 감탄하기를, "과연 옳다. 내가 그 말을 듣고자 하였는데 참으로 기특하다." 하니, 여러 신하들이 모두 감탄하여 마지않았다.

임금이 말하기를, "성인(聖人)의 아들이 그 아버지에게 미치지 못함은 왜 그런가?" 하니, 대답하기를, "부인(婦人)이 잉태(孕胎)할 때 잘하지 못해서 그런 것입니다." 하매, 임금이 말하기를, "옳다." 하였다.

임금이 말하기를, "오늘 말한 바를 너는 실천하고자 하느냐?" 하니, 대답하기를, "모쪼록 힘쓰겠습니다." 하였다.

대개 이날 임금이 많은 것을 물음이 수백 마디의 말뿐만이 아니었으니, 비록 성덕(成德)한 자라도 대답하기 어려운 곳이 가끔 있었으나 우리 세손은 응대함이 메아리처럼 빨랐다. 글뜻[文義]의 오묘한 의미[微旨]와 도덕(道德)의 기본[原頭]이 대체를 잃지 않았고, 행동[行止]과 말과 침묵[語默]이 저절로 법도에 맞았다. 임금이 매우 가상히 여겨 기뻐하였고, 여러 신하들이 서로 돌아보면서 기뻐하였으니, 우리 동방의 억만 년 무강(無彊)한 경사가 어느 것이 이보다 큰 것이 있겠는가? 임금이 상교(上敎) 및 세손의 대답한 말과 여러 신하의 이

름을 나열하여 써서 별도로 책자로 만들어 안으로 들이라 명하고,
각기 입시한 여러 신하들에게 한 벌씩 내렸다.

이어서 하교하기를, "후세에 영화롭게 빛날 것이다." 하였다.[50]

2) 성학(聖學)의 실천, 조선의 제왕학(帝王學)

승려에서 유학자로 바뀐 국왕의 스승

조선시대의 국왕은 어떻게 공부를 하였을까? 또 국왕들이 중요하게 여
긴 학문이나 책은 무엇이었을까? 이 질문은 매우 흥미롭다. 막연하게
생각하면 조선시대의 국왕들은 유학의 고리타분한 경전과 관련이 있을
법도 하지만, 구체적으로 국왕들이 의지한 책이나 행동 기준으로 삼은
제왕학이라는 것이 있었을까 하는 궁금증이 자연스레 일어난다.

이와 관련하여 조선시대의 최고 지도자인 국왕은 조선시대 당시의
가치관에 의해 교육을 받고, 또 그 가치관으로 통치하였을 것으로 생각
해볼 수 있다. 최고 지도자였던 국왕에게 적용되었던 가치관이나 기준
은 당시의 지배 이데올로기로 해석할 수 있는 동시에 그 시대를 이끌어
가는 최고의 이념이라고 할 수 있기 때문이다.

그래서 고려시대에는 국왕을 가르치거나, 또 나라에서 최고의 스승
으로 받든 왕사(王師)나 국사(國師)는 불교의 승려가 담당하였다. 고려

---

50 『영조실록(英祖實錄)』 권99, 영조 38년 3월 29일 임술(壬戌).

가 불교를 나라의 종교로 표방하였으며 최고의 정신적 가치로 삼았기 때문에 이는 자연스러운 현상이었다. 조선시대에는 불교의 가치를 부정하고, 현실을 이끌어가는 이념으로서 성리학을 선택하였기에 왕사 혹은 국사에 해당하는 역할은 자연스럽게 유학자가 감당할 수밖에 없었다.

그런데 조선왕조 초기는 과도기였기 때문인지 태조와 태종 때에는 승려를 왕사로 두기도 하였지만 세종 이후로 승려는 더 이상 정신적 지도자의 역할을 할 수가 없게 되었다. 대신 조선에서는 국왕의 학문을 이끄는 제도로 고려 이래로 있었던 경연(經筵)을 본격적으로 시행함으로써 유학으로써 최고 지도자를 계도하는 방편으로 삼게 되었다.

곧 최고 지도자에 적용된 가치 체계는 불교를 대신하여 유학, 성리학이 그 임무를 감당하게 된 것이다. 이 과정에 국왕이 학문을 배우고, 국정을 논의하였던 자리인 경연의 중요성이 부각되었다. 경연에서는 유학의 경전을 읽고 배웠으며, 부가하여 현안의 주요 안건이 논의되기도 하였다. 곧 유학의 경전이 제시하는 원칙을 현실에서 어떻게 구현하는 것이 좋은지 토론하였던 것이다.

국왕만이 아니라 국왕에 오르기 전인 세자, 혹은 왕자들에 대해서도 조선에서는 교육 시스템을 준비하였다. 특히 세종 연간에는 학문 연구 기관이었던 집현전이 자연스럽게 국왕의 교육인 경연을 담당하였고, 이어 왕자 교육에서도 중요한 역할을 수행하였다. 세종 때에 왕자 및 국왕 교육을 정비함에 따라 자연스럽게 왕사나 국사에는 더 이상 승려들이 설 자리가 없게 되었다.

조선시대에 유학자들이 국왕의 스승이었고, 성리학으로 국왕을 이끌었다면 국왕의 학문 역시 여기에서 크게 벗어나지 않았음을 짐작해 볼 수 있다. 하지만 대강의 범위가 그러하기는 하나 경우에 따라 성리학과는 거리가 먼 요소도 제왕학으로서 국왕의 관심 대상이 되기도 하였다. 예를 들어 병서(兵書)를 읽기도 하였고, 주역(周易)과 같이 변화의 원리를 담은 책을 주목하기도 하였다. 또 심지어는 세조와 같이 경연을 폐지하고 자신이 직접 신하들을 가르치기도 하여 경연의 취지와는 전혀 반대되는 현상이 나타나기도 하였다.

그럼에도 불구하고 조선시대 왕의 학문, 제왕학은 성리학과는 떼려야 뗄 수 없는 관계로 밀접하였다. 아무리 국왕이라고 하더라도 성리학을 자신의 통치 이념으로 삼아야 했고, 성리학에서 제시하는 방법을 학문의 방법, 나아가 통치의 방법으로 준수해야 했다. 경우에 따라 이러한 원칙을 부정한 국왕들이 출현하였지만 그것은 찻잔 속의 태풍으로 그칠 수밖에 없었다.

『정관정요(貞觀政要)』에서 『대학연의(大學衍義)』로

고려 말에 수입된 성리학은 새로운 사상이었다. 기존의 지배 이념인 불교는 현실 정치사상으로서는 근본적으로 한계가 있었고, 고려 유학 역시 기능적 문사를 배출하는 이상의 역할을 하지 못했던 상황에서 성리학의 도입은 매우 중요한 사건이었다.

성리학에서는 이전까지 황제 중심의 정치체제에서 보조적인 관료로서의 역할에 만족하였던 사대부를 정치의 주체로 설정하였던 점이 특징이다. 이와 함께 최고 지도자인 황제에 대해서도 성리학적 수양론을 통해 성인(聖人) 군주로 만들려는 목표를 가지고 있었다. 내성(內聖)과 외왕(外王)이라는 유학의 고전적 목표에 대해 성리학에서는 새롭게 목표로 설정하고 황제를 성인으로 만들려고 하였던 것이다.

이러한 새로운 군주론(君主論)의 등장은 성리학의 영향으로 변화된 천명론(天命論)과 관련이 있다. 이전까지의 군주가 한(漢)·당(唐) 유학에서 뒷받침되었던 것처럼 절대적인 군주였다면 성리학의 군주론에서는 끊임없이 수양(修養)할 것을 요구받는 존재로서의 군주상이 새로이 제시되었던 것이다.

종래 고려에서는 국왕의 교육을 위한 경연에서는 『정관정요(貞觀政要)』를 주로 읽었다. 이 책은 중국 당나라의 오긍(吳兢)이 지은 책으로 태종이 가까운 신하들과 동시대에 행한 정치상의 득실에 관하여 문답한 말을 모아 엮은 책이다. 성군(聖君)으로 존숭받은 당 태종의 업적이 실린 책이기는 하지만 『정관정요』는 절대적인 황제를 설정해놓고, 신하들은 이러한 절대적 황제를 잘 보좌하고, 경우에 따라 정치적 조언을 잘함으로써 황제를 훌륭한 정치로 인도한다는 특징이 있다.

이런 점을 고려해 보면 『정관정요』에서 임금과 신하는 엄격한 구분을 이미 전제해놓고 신하는 황제를 보완해주는 역할에서 크게 벗어나지 못하였던 것이다. 이 경우 황제를 계도하는 점에서 한계가 있고, 황제에게 성인(聖人)이 되기를 요구하는 것 역시 한계가 있는 것이었다.

그에 비해 고려 말에 도입된 성리학에서는 황제라는 최고 지도자에 대해 보다 주도면밀한 계획을 가지고 있었다. 이러한 계획은 '사대부의 정치 참여'라는 일관된 목표 속에서 황제 역시 성리학의 이론 아래 두고 황제를 성인으로 이끈다는 것이었다. 그러한 내용을 담은 책이 『대학연의(大學衍義)』였다.『대학연의』는 주희(朱熹)의 재전제자(再傳弟子)인 진덕수(眞德秀, 1178~1235)가 저술한 것으로『대학』의 뜻을 푼 것인데, 역대 제왕의 사례를『대학』의 순서대로 예로 들면서 제왕학의 지침을 제시한 책이었다.

『대학연의』에서는 격물치지(格物致知), 성의정심(誠意正心), 수신(修身), 제가(齊家)의 영역으로 나누어 역대의 역사적인 사례를 두루 제시하여 제왕으로 하여금 수양하는 방편으로 삼게 하였다. 그렇게 하면 나라를 다스리기〔치국(治國)〕와 천하를 태평하게 하기〔평천하(平天下)〕는 자연스럽게 된다는 것이었다.

이러한 내용을 지닌『대학연의』는 고려 말 국왕 교육과 정치사상의 지침서가 되었다. 공민왕 때부터 경연에서 진강이 되었고, 조선에 들어와서는 태조 때부터 제왕학의 절대적인 교과서 역할을 하게 되었다. 그에 따라 고려까지 경연에서 제왕학의 교과서 역할을 하였던『정관정요』는 그 자리를 내줄 수밖에 없게 되었다. 한마디로 패도(覇道)에서 왕도(王道)로 제왕학의 기준이 되는 '교과서'가 바뀌게 되었던 것이다.

『대학연의』에서 『성학집요(聖學輯要)』로

조선 전기의 국왕들은 비교적 강력한 왕권을 행사하였다. 왕조의 초기에 아무래도 국가를 운영하기 위해서는 제도와 문물의 정비가 필요하였기 때문이다. 또 고려 말의 혼란을 수습하기 위해 조선은 강력한 중앙집권제도를 구축하여 문제를 해결하려고 했기 때문에 국왕은 강력한 정치력을 발휘할 수 있었다.

특히 조선은 중국의 황제권이 관료제와 환관제 두 가지로 뒷받침된 것과는 달리 관료제에 의해 주로 지탱되면서 유교 특유의 군신(君臣) 의리에 뒷받침되고 있었다. 이러한 특징은 제왕학에서도 여실하게 드러났다.

『대학연의』는 앞서 지적한 것처럼 성리학적 제왕상을 제시한 제왕학의 교과서였다. 그런데 이 책에는 성리학적 제왕상만이 아니라 제왕을 중심에 두고 제왕이 주체가 되어 풀어가는 정치를 다루는 특징이 있다. 이른바 제왕을 높이는 이러한 경향은 성리학적 제왕상과 함께 『대학연의』에 포함된 중요한 특징이기도 하다.

예를 들어 『대학연의』에서 가장 중요하게 취급된 항목 중의 하나는 신하들을 구분하는 방법을 논하면서[변인재(辨人才)] 그중에서도 나라를 도둑질하는 신하나 간신(姦臣), 참신(讒臣)을 구분하는 것을 무엇보다도 비중 있게 다루고 있다. 군신의 관계라는 관점에서 본다면 신하들의 경우 철저하게 황제에 의해 일방적인 선택의 대상으로 파악되었던 것이다. 즉, 『대학연의』에서는 성리학적 심학(心學)의 충분한 수련을 통해 끊임없이 성인(聖人), 성왕(聖王)이 될 것을 요구받는 존재로 군주를 설정함으로써 군권(君權)을 제한하였다. 그러나 다른 한편으로 『대학연의』에서 제시된 '성학(聖學)'이 군주 개인의 수신에 대한 논리로 그치고 한·당대를 포함한 역사적인 사례를 통해 정치적인 논리를 보완함으로써 최고 지도자의 권한을 어느 정도 보장하는 안전판을 붙여두었던 것이다.

이러한 『대학연의』의 특징은 조선 전기에 강력했던 국왕권과 어느 정도 상통하는 측면이 있다. 곧 성리학을 수용하였지만 강력한 중앙정

부를 통해 정치를 운영하였던 조선 전기의 국왕에게『대학연의』는 이상적인 '제왕학의 교과서'였다. 따라서 조선 전기의 경연에서 이 책은 가장 각광받는 경연 교재로 활용되었다.『대학연의』가운데 있는 구체적인 사례가 검토되었고, 실제 정치의 운영에서 활용되기도 하였다. 예를 들어 조선 전기에 끊임없이 생산되었고, 조선 전기를 주도하였던 공신(功臣) 역시 강력한 국왕이 존재하였기에 의미가 있었던 것이다.

그러나 강력한 국왕권을 중심으로 운영되었던 조선 전기의 체제는 그 한계를 드러내면서 훈구파의 각종 정치·경제적 비리로 인해 망국에 가까울 정도의 모순에 휩싸이게 된다. 이러한 혼란에 대해 문제를 제기하면서 등장한 사림은 훈구와의 정치적 갈등 속에서 사화(士禍)를 거치며 정치적으로는 패배한다.

사림들은 자신들의 정치적 패배를 회복하는 방법으로 조선 전기의 체제를 근본적으로 반성하면서 새로운 사상을 모색하였다. 이것은 주자성리학에 대한 깊은 이해와 새로운 선택을 낳게 되었고, 이에 입각한 정치를 모색하였다. 최고 지도자인 국왕에 대해서도 '성학(聖學)'이라는 이름의 새로운 이론을 정립하였다.

원래 유교 정치에서 이상적인 형태는 왕통(王統)과 도통(道統)이 이상적으로 결합된 삼대(三代, 하·은·주)라고 할 수 있다. 그런데 왕통과 도통이 분리됨으로써 모순이 발생하였으며, 이후 왕통과 도통의 조화와 회복이 중요한 과제였던 것이다. 따라서 송대(宋代)의 성리학자들은 이러한 문제점을 해결하기 위해 바로 자신들이 그러한 분리된 도통과 왕통을 잇는다고 자부하였고, 최고 지도자인 제왕에 대해서도 이러한 관점에서 파악하였다. 국왕에 대해 왕통만이 아니라 도통을 온전하게 계승하기 위한 교육을 강화한 것이다.

　이를 위해서 도통의 기준이 국왕에게만 적용되는 것이 아니라 성리학에서 제시한바, 누구나 성리학 공부를 통해 도달 가능한 것이라는 이론을 제시하였다. 이것이 이른바 성학(聖學)이었다. 조선 중기에 성리학을 가장 잘 이해하고 독창적 이론을 제시한 퇴계 이황과 율곡 이이가 모두 이러한 성학에 대한 이론서(『성학십도(聖學十圖)』와 『성학집요(聖學輯要)』)를 제시하였다는 것은 의미심장하다.

　사림(士林)이 중앙 정계를 완전히 장악한 선조(宣祖) 때에 이이는 『성학집요』를 선조에게 바쳐서 제왕학의 기준으로 삼을 것을 요청하였다. 이것은 『대학연의』를 대신하여 사림들이 제시한 제왕학의 결정판이었다. 『성학집요』에서는 『대학연의』에 남아 있던 제왕 중심의 관점을 완전히 해소하여 철저하게 사대부가 제시한 제왕상이 표현되었다. 제왕, 즉 국왕 역시 성리학의 일반적인 기준에서 벗어나는 존재가 아니라는 점을 분명하게 하였다.

　즉, 『성학집요』는 존군(尊君) 논리의 고취가 아니라 군주를 사대부의 일원으로 사대부 논리의 실현자로 설정하고 그 안에서 사대부의 논리를 따라야 하는 존재로 만들었던 것이다. 그렇기에 군주권의 일정한 제한이 아니라 군주권의 원초적인 한계를 분명히 설정함으로써 자의적인 군주권 행사를 애초에 방지하는 의미가 있다고 할 수 있다. 따라서 『대학연의』의 군권 제한에 비해 『성학집요』에서는 단계를 달리하는 측면이 있다고 할 수 있다.

　『성학집요』에서 제시된 제왕학은 입지(立志) → 구현(求賢) → 위임(委任)의 논리로 구성되었다. 이에 따르면 국왕은 성인(聖人)이 되고자 뜻을 세워 열심히 수양해서 성인의 인격을 갖추어야 한다고 하였다. 그 래서 달성된 성인의 눈으로 현명한 신하를 구하여 결국 이들에게 정치를 위임하여 통치의 동반자로 삼아야 한다는 것이 성학론의 핵심이었다. 이러한 성학론은 사실 기묘사림(己卯士林) 이래로 사림들이 지속적으로 추구한 제왕학의 핵심이었다. 조선 중기에 붕당정치가 실현될 수 있었던 근저에는 이러한 사림의 성학론에 기반한 제왕학이 전제되어 있었던 것이다. 또 붕당정치를 넘어서 사림이 정국을 좌지우지하게 되는 산림(山林)정치의 출현 역시 이러한 성학론에 입각한 제왕학이 전제되었던 것이다. 왜냐하면 산림은 곧 세자 시절 국왕의 스승이었던 경우가 많았기 때문이다.

이러한 성학론이 제시됨에 따라 조선 중기의 국왕은 성학을 준수해야 하는 의무를 지니게 되었다. 경연에 꼬박꼬박 참여해야 했으며, 조선 전기보다도 훨씬 높은 기대 수준의 성리학적 제왕상을 요구받게 되었다. 조선 전기에 국왕 의례로서 행해졌던 강무(講武)가 사라지고, 심지어 국왕의 예술에 대한 관심마저 수양을 방해하는 요소로 간주되어 거기서 거리 둘 것을 요구받게 되었다.

『성학집요』에서 『대학유의(大學類義)』로

조선 중기의 국왕에게 제시된 성학은 사실 중국에서 발전한 정치사상 이론이었다. 주자성리학에서 이상으로 삼았던 붕당정치론에 입각하여 제왕학을 파악한 것이었다. 중국에서는 남송 때에 일부 이러한 붕당론이 현실화되어 실현되기도 하였으나 그 이후 원나라와 명나라를 거치면서 황제가 절대적인 권력을 휘두르게 되면서 현실과는 멀어지게 되었다. 비록 원나라나 명나라에서도 『대학연의』가 읽히기도 하였지만 성리학적 제왕상과는 거리가 있는 것이었다.

그에 비해 조선에서는 중기에 들어 『대학연의』보다도 훨씬 강력하게 군권(君權)을 제한하는 논리가 발전하여 중국에서보다도 훨씬 강력하게 실행되었다. 그 결과, 붕당정치가 활성화되기는 하나 지나친 붕당 간의 대립은 역으로 붕당의 존재를 부정하는 결과로 나타나기도 하였다. 붕당 간의 대립이 극에 달한 결과, 하나의 붕당이 정치권력을 독점하게 되었고, 이에 위협을 느낀 왕권 측에서는 신하들을 골고루 등용한다는 탕평으로 맞서게 되었다.

탕평정치를 추구한 숙종 이후 영조와 정조는 종래 신하들을 중심으로, 혹은 신하들에 의해 제시된 성학론을 자신들이 감당하고자 하였다. 종래 왕통과 도통을 합치려고 하는 주체나 방법이 신하들에 의해 제시되었던 것에 비해 이제는 왕권 측에서 왕통과 도통을 합치하겠다고 선언한 것이었다. '군사론(君師論)'이 그것으로, 왕통을 담당한 국왕이 성리학의 도통까지 겸함으로써 그야말로 삼대의 이상 군주를 실현할 것을 자임한 것이었다.

영조에서부터 제시된 이러한 제왕관은 종래 조선 중기의 제왕학과는 판이하게 다른 것이었다. 신하들에 의해 제시된 성학을 따르고 실천해야 하는 존재로서의 국왕에서 이제는 주체적으로 정치적·학문적 실천의 고리를 직접 주관하는 국왕으로 바뀐 것이었다. 탕평책은 이러한 국왕이 모든 신하들 위에서 신하들을 조정하는 것이었다.

변화된 국왕의 제왕학을 보여주는 제왕학의 교과서 역시 정조 때 편찬된『대학유의』에서 볼 수 있다. 이 책은『대학』에서 시작한 제왕학과 이를 성리학적 제왕상으로 보충한『대학연의』, 그리고 국왕 주도의 정국 운영에 치중한『대학연의보(大學衍義補)』를 모두 합한 책으로서 정조의 제왕학을 보여주는 대표적 사례이다. 정조는 조선 중기에 신하들이 요구한 성리학적 제왕상에 국왕으로서의 자신의 위상을 덧붙여, 군사(君師)로서 제왕을 완성하려고 한 것이다. 이는 유교적 이상을 자신이 실현하려고 한 것으로서 의미를 지닌다.

조선시대 제왕학의 특징

결론 삼아 정리하자면, 조선시대 국왕의 학문을 제왕학이라고 본다면 그 기본적인 얼개는 중국과 다르지 않다. 조선시대에 비록 제후국을 표방하였지만 최고 지도자에 대한 유교적 전망, 혹은 성리학적 의도는 크게 다르지 않았기 때문이다.

고려를 이은 조선은 우선 지배 이데올로기를 불교에서 유교, 성리학으로 전환하면서 정신적 지도자에 해당하는 왕사(王師) 내지 국사(國師)를 승려에서 성리학자로 바꾸었다. 곧 경연을 담당하였던 유학자가 왕의 스승 역할을 한 것이었다. 따라서 유학의 경전은 제왕학의 핵심적인 교재가 되었다.

경연은 중국 북송 때부터 발달한 제도로 무한한 황제권을 제약하고, 황제를 유학으로 순치시켜 자의적인 황제권의 행사를 막기 위해 만든 제도였다. 따라서 경연에서 유학의 교재를 통해 지속적으로 황제에 대한 교육을 하는 것은 큰 의미가 있는 것이었다. 이때 만들어진 경연의 대표적 교재가 남송의 진덕수가 만든 『대학연의』이다.

조선은 고려 이래 사용되었던 경연의 제왕학 교과서인 『정관정요』 대신 『대학연의』를 통해 성리학적 제왕을 만드는 것을 목표로 하였다. 그러나 조선 전기의 경우 국가의 제도 문물을 정비하며 국왕권을 높이는 방향의 흐름도 적지 않았기에 『대학연의』에 내재된 '존군'적인 경향 역시 많은 참고가 되었다.

사림의 정치적인 등장은 국왕의 제왕학에 보다 많은 제동을 거는 계기가 되었다. 『대학연의』를 계승한다는 목표로 저술된 이이의 『성학집요』에서는 최고 지도자에 대한 예외를 인정하지 않고, 국왕을 사대부와 마찬가지로 성리학의 질서가 적용되는 존재로서 설정하였다. 이러한 설정은 곧 군권(君權)에 대한 근본적인 제한인 동시에 국왕과 사족의 함께 다스리기〔共治〕를 위한 전제가 되었다. 조선 중기에 나타난 사림정치, 붕당정치, 산림정치의 틀은 이러한 변화된 제왕학, 제왕관과 연결되어 있었다. 또한 조선 중기의 국왕들이 신하들에 의해 끊임없이 성리학적 수양을 강조하는 요구를 들어야만 했던 이유, 국왕의 권위를 높이는 행사가 제한되었던 이유가 이러한 제왕학의 변화와 관련되었다.

붕당정치가 극성에 이르고 서인의 정치적 승리로 귀결된 것은 왕권 측의 위기감을 높이는 계기가 되었다. 이에 따라 종래 신하들과의 타협에 의존하였던 왕권 측의 입장은 보다 강력한 주도권을 행사하는 경향을 띠게 되었다. 숙종 때부터 제시된 탕평책은 이러한 맥락에서 나온 것이었다.

탕평책을 본격적으로 시행한 영조와 정조는 종래 신하들에 의해 주도된 제왕학에 대해 왕권 측의 입장을 반영하여 군사론(君師論)을 제기하였다. 이것은 유교의 고전적인 입장이었던 왕통과 도통을 일치시키려는 목표로 그 중심에 국왕, 곧 제왕이 있음을 선언한 것이었다. 경연을 통해 신하들에게 교육을 받는 국왕이 아니라 국왕 주도로 신하들을 재교육하려던 정조, 국왕 중심의 학술 연구 기관인 규장각을 설립하였던 정조의 의도는 곧 국왕을 중심으로 한 국가 운영이라는 목표를 분명히 한 것이었다.

이렇게 본다면 조선시대 국왕의 학문인 제왕학은 왕의 개인적 학문이라는 성격만이 아니라는 것을 쉽게 짐작할 수 있다. 당시 지배 이데올로기의 제약을 받으면서 동시에 정치적 동반자였던 신하들과의 관계가 끊임없이 고려되었던 것이다. 조선 전기의 강력한 국왕권 역시 성리학적 제왕관에 의해 견제되었고, 조선 중기에는 아예 국왕과 신하의 공치를 논할 정도로 제왕학의 위상은 변화되었다. 그리고 조선 후기에는 국왕 측에서 보다 강력한 제왕학을 주창하기도 하였다.

다만 제왕학의 주도권을 둘러싼 이러한 갈등은 지배층 내부만의 것은 아니었고, 궁극적으로는 국가를 어떻게 다스릴 것인가, 주도 계층을 어떻게 설정할 것인가의 방법을 둘러싼 고민이었다. 그런 고민 덕분에 일반 백성의 삶이 일정 부분 개선되는 측면도 적지 않았다고 할 수 있다.

3. 치통(治統)의 주체

1) 군대와 관료의 수장

열무(閱武)와 강무(講武)

조선시대 국왕의 권한에 대한 가장 중요한 특징은 무엇에 의해서도 규정되지 않은 권력이라는 점이다. 사실 국왕에 대해서는 조선시대 어느 곳에서도 그 권력을 행사하는 방식이나 규정을 두고 있지 않다. 역으로 말한다면 왕의 말은 곧 법이 되는 것이었다. 실제로 조선왕조의 헌법에 해당하는 『경국대전(經國大典)』은 있었지만 『경국대전』의 내용은 육조(六曹, 이·호·예·병·형·공조)에 관한 것으로 지금으로 보면 정부 조직에 해당할 뿐 국왕에 대한 규정은 없었다.

『경국대전』의 편찬 과정을 보면 처음부터 이런 고민이 없었던 것은 아니었다. 왜냐하면 『경국대전』의 편찬에 영향을 주었던 『조선경국전』에서는 보위를 올바르게 함(正寶位), 국호(國號)·국본을 바르게 함(定國本), 세계(世系)·교서(敎書) 등 국왕과 관련된 부분과 육전(六典) 등 신하에 관련된 부분을 이원적으로 나누고 있다. 그런데 이것은 원의『경세대전(經世大典)』이 제호(帝號), 제훈(帝訓), 제제(帝制), 제계(帝系) 등 황제와 관련된 부분 및 육전 등 통치에 관련된 부분으로 나뉘어 있는 것과 비슷하다.『경세대전』은『주례』의 육전 체제에 근원을 둔 것인데,『조선경국전』역시 총재(冢宰)를 중심으로 한 육전 체제를 한 축으로 삼으면서 국왕과 관련된 부분을 앞부분에 두고 있는 것이다.

그러나 어찌 되었건『경국대전』에는 국왕에 관한 규정이나 권한은 전혀 수록되어 있지 않다. 따라서 현대 국가가 입법권, 사법권, 행정권 등으로 삼권을 분립하여 권력의 집중과 남용을 막으려던 것에 비해 조선시대의 국왕은 이러한 삼권을 모두 가졌으며 제한받는 것이 없었다. 그러나 이는 현상적인 면에서 국왕의 권한을 지적한 것일 뿐 실제 상황에서는 국왕 자신이 권한을 자의대로 행사하는 데에는 많은 걸림돌이 있었다.

조선시대의 국왕은 국가의 주인으로서, 권력의 원천인 군대와 관료의 수장이었다. 특히 군대는 무력을 가졌으므로 이를 장악하는 것은 권력의 유지에서 필수적인 요소였다. 국왕의 가장 가까이 있는 군대는 금군(禁軍)이다. 조선 개국 초에는 사병(私兵)이 용인되기도 하였지만 이는 아직 왕권이 안정되지 않았을 때의 일이며, 태종은 시위군(侍衛軍)을 강화하는 형태로 금군을 강화하였다. 이후 중앙군은 세종 때에 강화되었고, 세조 때에 5위로 편제되었다.

조선 후기에는 5위 체제가 유명무실해지자 국왕의 호위와 수도의 방위를 위하여 5군영이 차례로 만들어졌다. 조선 전기에 비해 5군영은 병조에서의 통제권은 약화된 반면에 군영을 장악한 훈척 세력이나 붕당의 영향을 받기도 하였다. 국왕은 장수를 임명하여 그를 통해 군대를 움직였으며, 현대와 마찬가지로 군정(軍政)에 관한 일은 병조판서를 통해 해결하였다.

국왕이 군사를 직접 통제하였던 군사훈련에 해당하는 것은 대규모 열무(大閱), 국왕 친림 열무(親閱), 사냥 훈련(講武), 비상소집 훈련(吹角令) 등이 있었다. 이 가운데서도 군대의 최고 통수권자임을 보여주는 것으로 열무(閱武)와 강무(講武)가 대표적인 사례인데, 이는 국왕이 직접 군사를 지휘하거나 사열하는 것에 해당하였다.

열무는 군사들이 진(陣)을 펴고 다양한 훈련을 실시하는 진법 훈련으로서, 다른 훈련과는 달리 조선시대 전 기간에 걸쳐 국왕이 빈번하게 직접 사열하고 훈련시킨 점에서 의미가 있었다. 조선시대 이전에는 국왕이 친림하여 군사들에 대해 열병(閱兵)한 사례가 있기는 하지만 매우 드문 경우였고, 정기적으로 이루어지지도 않았다. 그에 비해 조선에서는 국왕이 주관하는 정기적인 군사훈련이 『경국대전』에 법으로 규정되고, 그 시행 역시 자주 이루어진 것에서 문치(文治)의 이면을 볼 수 있다.

한편 국왕이 궁궐 밖으로 벗어나서 열무 등의 군사훈련을 한성의 근교에서 주관하였다는 점은 군사적인 측면만이 아니라 정치적으로도 상징적인 의미가 있는 것으로 볼 수 있다. 대규모 열무인 대열의 경우에는 세종 3년 의주(儀註)가 만들어졌고, 세종 6년 개정되어 이에 따라 시행되었다.

의례로 시행된 대열의(大閱儀)에서는 왕과 왕세자 및 종친과 문무백관의 자리 배치부터 각 군의 대장과 지휘관의 위치까지 모두 군에 대한 왕의 통수권이 잘 드러나도록 배치되었다. 사열대에서는 오직 왕만이 남쪽을 바라보며(南面) 군사훈련 과정을 사열하도록 설정되었다. 이와 같은 의식은 이후 약간 변화하였는데, 왕의 복장을 금갑(金甲)에서 상복(常服)으로 바꾸어서 국왕이 직접 군을 지휘하는 존재에서 지휘권을 부여하는 존재로 변화한 것을 보여준다. 이러한 대열은 15세기에 열두 차례 시행되나 이후에는 거의 시행되지 않았다.

그러다가 조선 후기에는 열무의 경우 한강 변의 노량진 백사장에서 대규모로 열리는데, 17~18세기에 여섯 차례 정도 열렸다. 그러나 한 번 열릴 때 동원되는 군병의 규모가 대부분 1만 명을 넘을 정도로 대규모였다. 노량진에서 열무가 있는 당일 국왕은 노량에 거둥하여 장단(將壇)에 올라서서 대열을 보았다. 국왕은 전투복인 융복(戎服)을 입고 우립(羽笠)을 썼고, 다른 관원들도 융복 차림으로 국왕을 호종하였다.

대열의 절차는 시기에 따라 다소 변화가 있지만 대체로 명령의 전달에서부터 전투 훈련, 방영(方營)의 설치, 진영(陣營) 철수 및 복귀 등이 『병학지남(兵學指南)』, 『병학통(兵學通)』 등에 따라 이루어졌다. 특히 국왕의 특별한 명령에 의해 금군(禁軍) 등이 훈련도감 등의 진영을 공격하게 하는 등 매우 실감나게 진행되었다. 실제 국왕의 비밀 명령을 받은 군영의 군사들은 상대방 지휘기인 인기(認旗)를 탈취할 정도로 격렬한 경우도 많았다. 저녁에 국왕이 환궁하면서 열무를 마쳤다.

이러한 열무는 효종 5년에 처음으로 대규모로 시행되었고, 이후 숙종과 영조·정조 대에 시행되었다. 효종 대에 시행된 열무의 경우 당시 북벌을 준비하던 분위기와 연결되었다. 그러나 한편으로는 훈척 세력을 제거하고 산림(山林) 세력을 등용하여 새로운 정치를 펼치려던 분위기와도 깊은 연관이 있었다. 대체로 이후에 시행된 열무가 숙종에서 정조까지 모두 왕권의 권위를 높이려는 탕평 군주들에 의해 시행된 것은 국왕 주도 군사훈련이 갖는 상징성을 활용하려는 것이었다.

한편 강무는 오례(五禮) 가운데 하나로서 군례(軍禮)에 속하는 의례이다. 국왕이 직접 행하는 이 강무 의례는 국가를 무(武)로써 지켜야 한다는 입장에서 보면 매우 중요한 의미가 있는 의례이다. 원래 강무는 조선시대에 무비(武備)가 해이해지는 것을 막기 위해 국왕의 친림(親臨)하에 농한기를 이용하여 실시하는 군사훈련이었다. 사냥을 하는 형식을 취하였지만 군사훈련의 성격이 강하였고, 국왕이 주체가 되어 위엄 있게 치러진다면 그만큼 국왕의 권위를 상징하고 드러낼 수 있는 측면이 강했다.

강무는 조선에서 처음 시행된 것은 아니었다. 이미 강무의 원형이 되는 것으로는 삼국시대부터 행해진 왕의 수렵(狩獵) 행사를 들 수 있다. 짐승을 사냥하는 행사이기는 하였지만 이 역시 수렵 행위를 통해 자연스럽게 집단적인 군사훈련이 가능했을 것으로 추정해볼 수 있다. 임금이 행하는 사냥 행위로는 타위(打圍, 몰이꾼이 몰이를 한 짐승을 임금이 쏘아서 잡는 것)도 있었다. 하지만 타위의 경우 군사를 동원하지 않고 약간의 수행원만을 거느리고 행하였기에 강무와는 구별된다.

고려시대에는 강무에 관한 기록이 충분하지 않기 때문에 자세하게 알 수는 없다. 다만 조선 초의 기록과 일부 남아 있는 『고려사』의 기록을 종합하여 보면 고려시대에는 강무(講武)라고 하여 구체적인 명칭을 사용한 행사가 있었음을 알 수 있다. 다만 강무가 얼마나 활성화되었는지의 여부나 강무에서 사냥을 시행하였는지 여부에 대해서는 자세하게 알려져 있지 않다.

조선에서는 초기에 강무가 많이 시행되었다. 조선 초기에는 강무에 대한 논의를 통해 강무에 관한 의례가 정비되었다. 또 이를 바탕으로 적절하게 시행되었다. 태조의 경우 기록상으로는 자주 강무를 시행하지는 않은 것으로 보이지만 기록 이상으로 강무를 하였을 가능성도 상정해볼 수 있다. 본격적인 강무는 태종 대에 시행되었는데, 봄과 가을에 거의 매년 실시되었다. 이를 통해 태종은 국왕의 권위를 한껏 높였고, 이러한 점은 사병의 혁파와 군권의 확립으로 연결되었다고 할 수 있다. 세종도 태종에 이어 강무를 지속적으로 시행하였으나 시행 횟수를 1년에 한 차례로 줄이고, 강무장을 지정하는 등 강무제의 정비에 주력하였다.

강무를 행하였던 의례인 강무의(講武儀)는 다음과 같이 거행되었다.

병조에서 약속한 날의 7일 전에 여러 백성들을 불러서 사냥하는 법〔전법(田法)〕을 따르게 하고, 사냥할 들판을 지정하여 표시한다. 당일 새벽에 사냥하는 곳의 뒤편 적당한 곳에 깃발을 세우고, 여러 장수들이 각각 사졸(士卒)을 거느리고 깃발 아래에 집합하여 소란스럽지 않게 한다. 병조에서 사냥 명령을 알리면 에워싸서 사냥을 시작한다.

양쪽에 있는 장수는 모두 깃발을 세워 에워싸는데 그 앞쪽을 비운다. 임금이 탄 가마〔어가(御駕)〕가 북을 치면서 에워싼 빈 곳에 들어가면 유사(有司)가 북을 어가 앞에 진열한다. 동남쪽에 있는 사람은 서향하고, 서남쪽에 있는 사람은 동향하여 모두 말을 탄다. 북이 울리면 여러 장수들은 모두 가서 에워싼 곳에 이르고, 이에 몰이하는 기병을 배치한다. 임금이 말을 타고 남향하면 유사가 뒤따르고, 대군 이하의 관원이 모두 말을 타고 궁시(弓矢)를 가지고 어가 앞뒤에 진열한다. 유사가 짐승을 몰이하여 임금의 앞으로 나온다. 처음에 한 번 몰이하여 지나가면, 유사가 궁시를 앞으로 정돈하고, 두 번째 몰이하여 지나가면 병조에서 궁시를 올리고, 세 번째 몰이하여 지나가면 임금이 짐승을 쫓아가 왼쪽에서 화살을 쏜다.

임금이 화살을 쏜 뒤에 여러 군(君)들이 화살을 쏘고, 여러 장수와 군사들이 차례로 쏜다. 이를 마치고 짐승을 몰이하는 기병이 그친 뒤에 백성들에게 사냥을 허락한다. 사냥을 마치려고 하면 병조에서 깃발을 사냥 구역 안에 세워서 어가(御駕)의 북과 여러 장수들의 북을 크게 치면, 사졸들이 고함을 치고, 잡은 여러 짐승들을 깃발 아래에 바치고 깃발 왼쪽에 선다. 큰 짐승은 관에 바치고 작은 짐승은 자기 소유로 한다. 사자(使者)를 보내어 잡은 짐승을 종묘에 올리고, 다음에는 악전(幄殿)에서 연회하고 종관(從官)에게 술을 세 순배 내린다.[51]

세종 이후의 국왕들은 대체로 강무의 시행에 소극적이었다. 특히 성종 이후 강무는 크게 줄어들었다. 강무를 자주 시행하지 않게 된 데에는 여러 가지 원인이 있을 수 있다. 장기간에 걸쳐 평화가 지속된 점, 또 성종 이후 성리학을 중요시한 사림들이 등장함으로써 무(武)적인 요소보다는 문(文)적인 요소를 강조하게 된 점, 이의 연장선에서 국왕의 수

---

51 위에서 정리한 강무의(講武儀)는 『세종실록』권133의 군례(軍禮)에 실린 강무의를 토대로 작성한 것이다. 이 내용은 『국조오례의(國朝五禮儀)』권6, 군례(軍禮) '강무의'와 거의 차이가 없다.

신에 성리학적 교양이 강조된 점 등이 고려될 수 있겠다. 또 여기에 더해 백성들에게 민폐를 끼치는 점도 계속적으로 지적된 사항이다.

조선 중·후기에도 연대기에서 강무가 드물게 파악된다. 그러나 조선 후기의 강무는 조선 전기와는 다른 형태로 시행이 된다. 즉, 사냥과 군사훈련이 결합된 형태의 강무에서 군사훈련이나 점검을 위주로 하는 열무(閱武)가 강조되고, 사냥의 요소는 거의 생략되었다. 특히 이러한 열무 위주의 행사는 조선 후기에 들어 자주 시행된 능행(陵幸) 행사와 결부되어 나타나게 된 점은 앞서 설명한 것과 같다.

군대의 동원, 정벌(征伐)과 밀부(密符)

조선 초기에는 여진이나 대마도 정벌과 같은 대외 정벌이 있었으며, 국내적으로도 반란이 일어났을 때 이를 진압하기 위해서는 군대의 동원은 필수적인 일이었다.

조선 초기에는 만주 지역의 여진과 남쪽의 왜에 대해 회유와 정벌의 두 가지 정책을 병행하였다. 압록강과 두만강 연안 일대에 흩어져 살던 여진족은 조선 정부를 괴롭혀온 존재였다. 그래서 이들에 대해서는 경제적으로 식량과 토지를 주거나 무역을 도와 회유하기도 하였으나 때로는 무력으로 정벌하기도 하였다.

태종·세종 대에 4군 6진의 개척은 이러한 정벌을 통해 이루어졌다. 왜에 대해서는 경제적·문화적 요구를 일부 수용하기도 하였으나 한계에 도달했을 때는 대마도 정벌같이 무력을 동원하기도 하였다. 이러한 정벌은 조선과 국왕의 권위를 드높였으며, 일시적으로 효과가 있기도

(위) 군대를 동원할 때 지휘관에게 주던 밀부(국립민속박물관 소장)
(아래) 1594년 7월 14일에 선조가 이순신에게 밀부 제10부를 내리는 유서(문화재청 사진)

하였다. 그러나 성종 대 이후로는 대규모의 정벌은 더 이상 지속되지 않았다.

　군대가 동원이 되면 당연히 국왕은 장수에게 군대를 동원하는 명령을 전해주며, 이를 상징하는 표지도 전해주었다. 그러한 표지에 해당하는 대표적인 것이 바로 밀부(密符)이다. 밀부는 유수(留守)·감사(監司)·총융사(摠戎使)·절도사(節度使)·방어사(防禦使) 등에게 내려주는 병부(兵符)로서 이것을 통해 병란(兵亂)이 일어났을 때 때를 가리지 않고 급히 군사를 동원할 수 있었다. 그 모양은 둥글고 한 면에 '제몇부(第○符)'라고 쓰고, 다른 면에 임금의 화압(花押)이 친서되어 있었다.

군신 관계의 상징으로서의 관료

조선시대의 국왕은 관료제의 정점에 있는 존재였다. 국왕은 관료들을 임명하는 인사권(人事權)이 있어 관료를 임명하는 주체이기도 했다. 국가를 통치하는 데에 국왕 한 사람이 모든 것을 할 수 없는 현실에서 국왕을 대신하여 정치와 행정을 담당하는 관료를 임명하거나 파면하는 권한은 국왕의 권한 가운데서도 실제적이며 핵심적인 것이었다.

관료의 임명 과정에서도 국왕의 상징성은 두드러지게 드러난다. 국왕은 관료가 될 사람을 관학(官學)으로든 사학(私學)으로든 양성하여 과거시험을 통해 선발하여 썼다. 특히 문신(文臣)의 고위 관료가 되는 데에 필수적으로 거치는 문과(文科)의 경우 초시(初試)·복시(覆試)·전시(殿試)의 세 단계를 거치게 되어 있는데, 이 가운데 전시는 국왕이 주도하여 복시 합격자 33인을 대상으로 시험을 치르게 해서 최종 합격자의 등급을 가리는 시험이었다. 전시는 신하인 시관(試官)이 쥐고 있던 급제 결정권을 국왕이 직접 장악하는 데 그 목적이 있는 것으로서 과거의 최종 합격자를 왕이 인정하는 상징적인 의미가 있었다.

관료가 된 이후에도 중앙의 관료는 해당 관청의 당상관(堂上官)과 제조(提調), 해당 조의 당상관이, 지방의 관료는 관찰사(觀察使)와 병마절도사(兵馬節度使)가 매 6월 15일과 12월 15일에 근무평정 등수를 매겨 그 성적을 국왕에게 보고하게 되어 있었다. 관료의 인사에 관한 최종 결정은 국왕의 낙점(落點)에 의해 결정되었다. 낙점은 인사 후보자의 명단인 망단자(望單子)에서 가장 적합한 사람의 이름 위에 점을 찍는 행위로서 국왕의 인사권을 상징하였다.

그러나 국왕이 모든 인사권을 행사한 것은 아니었다. 이조나 병조 같은 인사 관련 부서에서 올린 후보자의 경우 특별한 사유가 없으면 망단자의 3인 가운데 수망(首望)에 해당하는 인물을 선택하는 경우가 많았다. 다만 국왕이 인사권을 꼭 발휘하여 임명하고 싶은 사람이 있는 경우에는 특지(特旨)를 내려 임명할 수 있었고, 당상관의 경우 반드시 국왕의 동의를 받아야만 했기 때문에 인사에서의 국왕의 권한은 절대적이었다고 할 수 있다.

조선의 국왕은 관료와의 관계, 곧 군신 관계에서 볼 때 항상 일정한 위상으로만 존재하였던 것은 아니다. 조선왕조의 존속 기간 동안 국왕의 위상은 신하들과의 관계 속에서 상당한 변화가 있었고, 그에 따라 국왕을 둘러싼 상징, 또는 상징적인 요소도 많은 변화가 있었다.

예를 들어 조선 전기의 경우 군신 의리를 상징적으로 보여주는 것은 과전(科田)이다. 과전은 국왕이 벼슬하는 자에게 내리는 세록(世祿)으로서 국왕에 대해 충성하는 사대부의 체모를 유지할 수 있게 해주는 것이었다. 현직 관료들에게 직무 수행의 대가로 주어지는 녹봉(祿俸)과는 별도의 것이었는데 중국에서는 이미 당나라 때에 없어진 것이었다. 과전은 비록 형식적이기는 한 것이지만 지방에 있던 산직(散職)의 품관(品官)들에게도 군전(軍田)이라는 이름으로 지급되었다. 본래 자기 소유지를 재인정하는 것이기는 했지만 피분급자들에게 궁성 시위의 임무를 부여함으로써 군신 관계의 일원적 체계화를 도모하였다.

조선 중기의 경우에는 향촌의 지주층인 사족들이 등장하여 종래 모든 정치가 국왕에서 비롯된다는 생각에 변화를 꾀하였다. 즉, 이들은 군신의 공치(共治)를 지향하여 이를 현실 정치에서 구현하려고 하였다.

신하가 제왕의 단순한 보필자라는 인식에서 벗어나 공도(公道)를 추구하는 신하들의 붕당을 용인하는 것을 전제로 한 붕당정치가 등장한 배경이다. 이는 군주만이 천도를 구현하는 존재가 아니라 신하와 함께, 혹은 학식 있는 신하들의 지도에 따라 성리학을 공유하는 존재로서의 국왕이 강조되었던 경연(經筵)에 의해 뒷받침되었다. 따라서 조선 중기의 국왕은 신하들과의 관계 속에서 상당한 제약을 받을 수밖에 없었다. 성리학에 관한 수련을 강하게 요구받은 것, 강무나 열무 같은 군사적인 지휘가 사라진 점, 궁궐 밖 행차인 거둥이 제한된 점, 신하들이 국왕의 부름에도 자신의 뜻과 맞지 않는 경우 나가지 않았던 점은 군신 관계에서 새로운 국면이었다. 국왕의 상징성은 그만큼 낮아지거나 빛이 바랬던 것이다.

조선 후기에는 이전의 붕당정치로 인한 다툼인 당쟁이 심화되어 국왕이 정치의 전면에 다시 나서지 않을 수 없는 상황이었다. 이 과정에서 붕당정치로 인한 왕권의 제약 요소들은 상당하게 약화되었다. 이는 왕권 측에서도 왕권 약화 상황을 적극적으로 타개해나간 것이기도 하다. 영조가 신하들이 왕정의 필수적인 요건으로 강조하던 경연을 오히려 자신이 주도하며 군사(君師)를 표방하고, 신하들로부터 '요명순철(堯明舜哲)'이라는 존호를 받은 것, 정조가 규장각(奎章閣)을 적극 활용하고 영조의 뒤를 이어 군사를 표방하여 국왕을 '만천명월주인옹(萬川明月主人翁)'으로 상정한 점 등은 모두 국왕 측 노력의 산물이었다. 따라서 이 시기의 관료는 국왕을 정점으로 한 군신 관계의 한 축으로서 의미를 지닐 수 있었다.

한편 국왕은 전국에 지방관을 파견하여 자신을 대신하여 백성을 다스리게 하였다. 팔도에 파견된 지방관은 국왕을 대신하여 국왕을 상징하는 존재이기도 하였다. 수령은 국왕을 대신하여 해당 지역에서 행정과 사법의 모든 권한을 행사하기도 하였으나 그렇다고 하여 완전히 독립적인 존재는 아니었다.

조선왕조에서는 해당 지역에서 절대적인 권한을 지닌 지방관이 토착 세력화하는 것을 방지하기 위해 임기도 가능하면 줄여서 3년 정도로 하였으며, 연고지에는 파견하지 않는 것을 원칙으로 하였다. 또 참하관의 경우는 중앙에서 꼭 필수적인 관직을 제외하고는 거의 지방관으로 나가게 하였다. 수령을 파견할 때는 국왕이 직접 인견(引見)하여 수령이 해야 할 7가지 일(守令七事)[52]을 주지시켰다.

수령의 권한은 막대했으므로 이를 관리하거나 감시할 필요가 있었다. 이에 국왕은 경차관(敬差官)이나 문폐사(問弊使) 등의 각종의 어사를 파견하여 수령을 감찰하고 민정(民政)을 살피게 하였다. 나중에는 성종대에 일반어사 제도로 바꾸고, 점차 암행화하여 이른바 암행어사로 불리게 되었다.

2) 외교와 교화의 주체

조선시대 국왕은 대외적으로 조선을 대표하였다. 조선시대의 외교 관

---

52 농업과 양잠의 장려, 호구(戶口)의 증식, 학교를 흥하게 함, 군정(軍政)을 정비함, 부역을 고르게 함, 소송을 간단하게 함, 풍속을 순하게 교정함, 7가지이다.

계는 당시로서는 세계에서 가장 중심 세력이었던 중국을 중심으로 하여 전개되었다. 중국과 여타 다른 나라는 구분이 되었는데, 중국에 대해서는 사대(事大) 관계 속에서 조공-책봉 체제를 유지하였고, 다른 나라와는 교린 외교를 시행한 것이 대체적인 외교의 실상이다.

중국과의 조공-책봉 체제에서 조선 국왕은 책봉의 대상이었다. 책봉은 구체적으로 새로운 국왕이 즉위한 뒤에 그 사실을 중국에 알리고 조선의 국왕으로 책봉하는 임명장인 고명(誥命)과 국왕의 인장인 인신(印信)을 받음으로써 완성되었다. 조선은 이러한 조공-책봉 체제를 통해 중국과의 평화로운 관계를 유지하려고 하였으며, 동시에 국내적으로는 조선 국왕의 상징과 권위를 중국을 통해 확인받았다.

이러한 외교 행위는 조선왕조의 건국 후에 태조부터 그대로 행해졌다. 태조는 1392년 7월에 즉위한 후 바로 다음 달부터 여러 차례에 걸쳐서 명에 사신을 보내 고명을 요청하였다. 그러나 홍무제는 이를 수용하지 않았는데, 고려 공민왕 이후 혼란스러운 왕위 계승 문제와 함께 당시 외교적 현안으로 인해 불신이 쌓인 탓이었다. 조선에서 요청한 국호의 문제를 수용하였음에도 불구하고 고명과 인신을 주지 않음으로써 조선으로서는 상당한 곤란을 겪게 만들었다. 이러한 상황은 태종이 즉위한 후인 1401년(태종 1) 건문제(建文帝)로부터 책봉 고명과 금인(金印)을 받음으로써 해결되었다. 그러나 이 역시 태종 2년 9월에 내전(內戰)에서 승리한 영락제(永樂帝)에 의해 이전에 받은 고명과 인신을 취소하고, 1403년 다시 새롭게 책봉을 받음으로써 완결되었다.

이후 조선에서 국왕이 즉위한 이래 고명과 인신을 받음으로써 책봉을 받는 외교 행위는 큰 문제 없이 지속되었다. 조선에서 요청하면 거

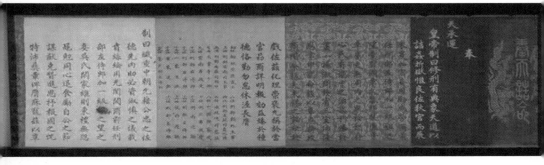

청의 고명〔중국제일역사당안관(中國第一歷史檔案館) 소장〕

의 관행적으로 고명이 발급되기는 하였으나 적장자가 아니었던 광해군
이나 인조반정의 경우와 같이 비상한 경우에는 경위를 조사하고 고명
을 주기도 하였다. 또 병자호란 이후에는 청으로부터 고명을 받는 변화
가 있기도 하였다.

조공-책봉 체제에서 대체로 중국에 요청하면 관례대로 고명과 인신
을 받는 것으로 책봉 절차가 완성되었듯이 조-중 관계는 사대 관계의
기본적인 틀을 유지한 채 그 안에서 변화하였다. 고명과 인신을 받는
과정에서 일시적으로 지연된 경우가 있었지만 결국 책봉에 문제가 없
었듯이 사대 관계에서 조선은 내정에서는 거의 독립적인 상태를 유지
하였다.

이는 조선 초기에 조-명 관계에서 조선 국왕의 지위를 친왕(親王)에
해당하는 것으로 인정하고, 면복(冕服)도 구장복(九章服)을 내린 것에서
조선을 특별하게 대우하였음을 알 수 있다. 태종에게 고명과 인신을 내
린 원년의 다음 해 2월, 명은 사신을 통해 조선 국왕에게 면복을 내리

태조 금보(1683). 숙종 9년 6월 12일 '정의광덕'이라는 시호를 더하여 올려 만든 '강헌지인계운
성문신무정의광덕대왕지보'(국립고궁박물관 소장)

면서 칙서에서 다음과 같이 언급하였다. 즉, 사이(四夷)의 나라는 비록
그 크기가 크더라도 자작(子爵)이며, 또 조선은 군왕(郡王)의 작위에 해
당하여 오장복(五章服)이나 칠장복(七章服)을 내려야 한다는 신하들의
주장에도 불구하고 황제는 조선이 멀리 있는 나라임에도 스스로 예의
로 찾아왔고 중국의 총수[寵數, 은총의 예수(禮數)]에 의지하여야 신민을
다스릴 수 있다고 하면서 특명으로 친왕의 구장복을 내린다는 것이었
다.[53]

조선에서 받은 이러한 대우는 명의 외번(外藩) 가운데서는 최혜국
(最惠國)의 대우로서 조선에 대한 독립성을 인정하는 의미가 있었다. 더

53 『태종실록』 권3, 태종 2년 2월 26일(기묘).

4부 사람(人)과 국왕의 상징

불어 문종 즉위년에는 세자의 위차(位次) 역시 친왕 세자의 기준에 맞추어 인정하였다. 이에 따라 이후 조선의 국가 의례는 친왕례(親王禮)를 기준으로 정비되었다.

이러한 분위기 때문에 조선의 자주성을 인정한 언급이 명으로부터 자주 나왔던 것이다.

> 고려는 산과 바다로 막혀서 하늘이 동이(東夷)로 만들었으므로 우리 중국이 다스릴 곳이 아니다. …… 성교(聲敎)를 자유로이 할 것이며, …… 동이의 백성을 편안하게 하며……[54]

> 황제가 고려는 동쪽 구석에 치우쳐 위치해 있으므로 중국이 다스릴 곳이 아니므로 예부에게 유시(諭示)하게 하기를, ……[55]

> 이미 선군(先君) 태조 황조께서 본국에 조유(詔諭)하기를, "의례(儀禮)는 본국의 풍속을 따르고, 법은 예전의 법을 지키며, 스스로 성교(聲敎)하는 것을 허락한다." 하였으니, 지금 이후에는 그 나라의 사무는 또한 스스로 시행하는 것을 인정한다고 하였습니다.[56]

이러한 언급들은 조선의 독자성을 인정하고 내정은 조선 스스로 알

---

54 『태조실록』 권2, 태조 1년 11월 27일(갑진).
55 『명사(明史)』 「조선열전」 홍무 25년 9월.
56 『정종실록』 권1, 정종 1년 6월 27일(병인).

구장복(九章服). 왕이 면복을 갖추어 입을 때 입던 옷(국립중앙박물관 소장)

4부 사람(人)과 국왕의 상징

아서 처리하는 것이 당연하다는 인식을 하였음을 확인해준다. 실제로 조선에서 이후 내정에서 간섭받는 경우는 거의 없었다.

외교에서 대외적으로 조선을 대표하는 상징으로서 국왕이 있을 뿐만이 아니라 국내적으로도 국왕은 백성들에게 교화(教化)의 주체였다. 유교에서 교화는 단지 국가의 기능이 백성의 삶을 안전하고 잘 살게 하기 위한 것만이 아니라 근본적으로 인간의 도덕성을 회복하고, 이에 기초한 사회질서를 구축한다는 의미에서 일방적이거나 강제적인 것만은 아니었다.

인간의 혼탁한 기(氣)를 바꾸어 선한 기의 본성을 회복하여 인의예지(仁義禮智)를 실천할 수 있는 인간으로 만든다는 것이 교화의 목적이었다. 이를 위해서 민에게만 교화를 강제한 것이 아니라, 조선 초의 경우는 오히려 관인들이 먼저 교화의 대상이 되기도 하였다. 그래서 조선 초에 간행된 『효행록(孝行錄)』이나 『삼강행실도(三綱行實圖)』의 보급 대상도 지배 계층인 관인들이었다. 이는 결과적으로 백성들에게도 영향을 미쳐서 실질적으로 고려에 비해 백성들 교화의 폭이 넓어지는 효과가 있었다.

조선 초기의 '민본(民本)'이 강조되었던 역사적 맥락에는 바로 교화에서도 관인과 민인을 모두 합쳐서 이해하였던 흐름이 전제되어 있었던 것이다. 마치 조선 초 신분제에서 관인이나 민인이 모두 양인(良人)으로 묶여 국왕으로 대표되는 국가의 통치 대상이 되었던 것과 비슷하였다.

그에 비해 16세기 중반 이후 조선 중기에는 교화의 주체로서 국왕보다는 사림 혹은 사족이 전면에 나서게 되었다. 이들은 향촌 사회의 삶

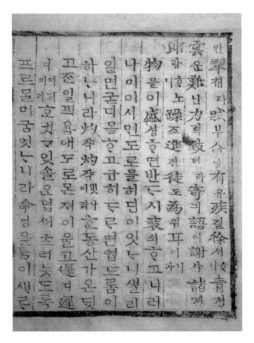

『어제소학언해(御製小學諺解)』(서울대 규장각한국학연
구원 소장)

의 현장에서 일반 민인들과 함께 살면서 자신과 그들을 구분하고 차별
하여 자신들은 교화의 주체가 되고 민인들은 교화의 대상이 되도록 설
정하였다. 사림은 조선 전기의 『삼강행실도』에서 보이는 수직적·일방
적 관계 대신에 『이륜행실도(二倫行實圖)』에 보이는 수평적 질서를 선호
하여 이를 실천하고자 하였다. 물론 일방적으로 민인만을 대상으로 한
것만은 아니었고, 그들 스스로가 대상이 되기도 하였다.

　그러나 대체로 조선 중기에 교화는 사림 내지 사족이 일반 민인을
대상으로 하여 『소학』에 표현된 사회를 재건하는 것을 목표로 하였다.

국왕으로부터 유래하는 교화의 원천적 근원을 부정하는 것은 아니었지만 자신들을 일반 민인과 구별하며, 교화의 대상으로서의 민인을 규정하는 데에 망설임이 없었다.

이런 상황에 지속되면서, 교화의 현장에서 국왕의 위상 내지 상징성은 약화될 수밖에 없었다. 그러나 탕평정치를 거치며 조선의 국왕은 다시 국가로부터 이루어지는 교화의 상징적 존재가 되었다. 그 가운데서도 영조는 교화의 주체가 국왕이며 모든 신민이 교화의 대상임을 분명히 하였다. 그래서 영조는 『어제소학언해(御製小學諺解)』와 같은 책들을 제작하여 백성들이 누구나 볼 수 있게 반포하였다. 더불어 이러한 책들에는 영조의 어제(御製) 서문(序文)을 수록하여 교화의 주체가 국왕임을 밝혔다.

영조와 정조의 시기에 국왕이 주체가 되어 작성한 어제 서문을 실은 책들이 유독 많이 제작되었는데, 이는 크게 보아서는 국왕이 교화의 주체가 되는 상징성을 드러낸 일이었다.

3) 민본 실현의 주체

민본의 정치 이념

조선시대의 정치는 유교, 그 가운데서도 특히 성리학의 정치사상을 따랐다. 조선은 왕조 국가이므로 명목상 국왕이 조선의 주인이며 최고의 정치 지배자임은 틀림이 없었다. 따라서 어떤 측면에서는 국왕이 독재를 하여도 이를 실질적으로 막을 방법이 마땅하지 않았다고 할 수 있다. 극단적인 경우 왕을 그 자리에서 내쫓는 반정(反正)을 하기도 하였지만 이는 성공할 경우이고 그렇지 않은 경우에는 도리어 대역죄인이 될 수밖에 없었다.

그러나 최고 지배자인 국왕이 마음대로 정치를 할 수 있다는 것은 이론적으로 그러하였다는 것이고, 실제의 역사에서는 국왕이라고 하더라도 늘 자신의 의지대로만 정치를 할 수 있는 것은 아니었다. 왕조의 장구적인 안정성을 확보하기 위해서는 일방적인 정치만이 아니라 백성을 위한 정치, 백성의 민생을 살피는 정치를 하지 않을 수 없었다.

이것은 최고 지배자인 국왕을 상징하는 상징과 상징체계로 작동되었던 호칭이나 의례, 오덕종시설(五德終始說)이나 역사 편찬과 같이 다양한 수식보다도 오히려 중요한 것이었다. 아무리 국왕에 대한 상징이 고도화되고 정당화되더라도 국왕을 정점으로 하는 왕조는 언제든지 무너질 수 있었던 것이 역사적인 사실이다. 그렇다면 국왕이 존재할 수 있는 힘은 어디에서 올 수 있었을까? 과연 무엇이 국왕의 존재를 가능하게 하는 실질적인 상징이었을까?

무엇보다 국왕이라는 최고 지배자를 존립 가능하게 만드는 요소는 백성들의 안정을 꼽을 수 있다. 국왕의 입장에서는 백성들을 안정적으로 지배함으로써, 무엇보다도 반란을 일으키지 않도록 여건을 마련하는 것, 이것이 국왕이 무엇보다 우선하여 할 일이었다. 물론 이 일은 국왕만이 다 할 수 있는 것은 아니지만 궁극적으로 왕조국가가 유지되는 한에서는 궁극적으로 국왕에게 무한 책임이 부여될 수밖에 없는 일이었다.

백성들의 안정과 민생을 위한 실질적인 조치를 시행하기 이전에, 백성들이 중요하다는 명제는 사상적으로도 끊임없이 정당화가 시도되었다. 대표적인 예로 들 수 있는 것이 유교 정치사상에서 보이는 민본사상(民本思想)이다. 민본은 민유방본(民有邦本)의 줄임말로서 백성을 나라의 근본으로 여기는 사상이다. 이러한 민본사상은 유교사상의 태두였던 공자와 맹자 때부터 지속적으로 제기되어왔다.

공자는 백성에 대해 '가난함을 걱정하지 않고 불균(不均)함을 걱정해야 하며, 균등하면 가난함이 없다'고 주장하였고, 또 '노인이 편안한 여생을 보내고 어린이가 사랑과 관심을 받아야 한다'고 주장하였다. 이러한 공자의 주장은 기본적으로 사회의 재생산 과정에서 분배와 사회보장에 대해 중요한 문제를 제기한 것이다.

토지 제도와 부세 제도

동아시아 전통 국가에서는 민에 대한 최대의 복지를 일차적으로는 생산수단인 토지의 균등한 분배에서 찾았다. 마치 좋은 일자리의 창출이 현대 국가에서도 가장 기본적인 복지 혹은 그 토대라고 여겨지는 것과 같은 이치이다. 그래서 전통 사회에서 토지의 균등한 분배와 이를 통한 민생의 안정은 국가가 민에게 해줄 수 있는 가장 공정하면서도 실현 가능한 것이기도 했다.

역사 속에서는 이것을 실현하기 위해 맹자가 주장한 정전제를 현실에서 실현 가능한 형태로 만들기 위한 부단한 노력이 경주되었다. 실제 '균전제(均田制)'라는 이름으로 중국의 일부에서 5세기부터 8세기까지 실제로 시행된 이 제도는 중국 고대의 이상적인 제도인 정전(井田)의 모델을 현실화한 것이었다.

균전제는 토지를 소유함으로써 세금을 내는 농민을 더 많이 확보하고자 하는 행정적 목적과 더불어 부자의 토지 겸병을 제한하고 빈곤을 줄이고자 하는 경세(經世)적 목적이 결합되어 있는 형태이다. 이 제도는 중국 당나라 때 이미 폐지되었다. 그럼에도 불구하고 전통 한국에서 이는 회복해야 할 제도로서의 상징적인 의미를 지니며 늘 새롭게 주장되었다. 14세기 후반 새 왕조를 개창하려고 했던 정도전 역시 이러한 시도에서 벗어나지 않았다.

조선이 건국된 후에 조선 건국의 주체 세력인 신흥 사대부들은 정전제를 시행하려는 논의를 한다. 그러나 토지를 정자(井字)로 구획하여 사전(私田)을 나누어주고 그 가운데에 공전(公田)을 공동으로 경작하여 거기서 나오는 소출을 세금으로 내는 정전제는 그대로 시행하기 어렵다고 보았다. 그래서 토지를 똑같이 분배하고, 10분의 1세를 거두는 균전론(均田論)이나 토지 겸병을 제한하는 한전론(限田論)이 제시되었다. 그러나 이러한 토지 제도 역시 토지가 많고 인구가 적은 지역에서는 실현 가능하지만, 이와는 반대로 토지가 적고 인구가 많은 곳에서는 실행되기가 쉽지 않은 측면이 있었다.

따라서 조선 초에는 이러한 문제를 해결하기 위해 주자가 『맹자』에 나오는 정전제를 10분의 1세로 해석한 것을 따라 10분의 1세를 실현하는 것을 왕도정치에 입각한 정전제를 실현하는 것으로 이해하게 되었다. 따라서 『맹자』 정전제의 조법(助法)·철법(徹法)·공법(貢法) 가운데 토지를 나누어주고 거기서 소출되는 양의 10분의 1을 거두는 손실답험

법(損失踏驗法)이 시행되었다.

그러나 이 방법을 시행하면서 이를 조사하는 사람들의 자의에 따라 문제가 발생할 소지가 있었다. 따라서 세종 대에는 이를 해결하기 위해 일정한 토지에서 평균 소출량을 정해서 10분의 1세를 거두는 공법을 시행하게 되었다. 하지만 이러한 공법조차도 풍년에는 큰 문제가 없지만 흉년이 되었을 때는 이마저도 부담이 된다는 문제가 있었다. 이 문제를 해결하기 위해 풍흉의 정도를 고려하여 이를 세수에 반영할 수 있는 연분구등법(年分九等法)을 첨가하여, 토지가 비옥한 정도에 따라 나눈 전분육등법(田分六等法)과 함께 적용하도록 하였다. 이러한 제도는 성종 대까지 이어졌다. 한편 정전제 역시 완전히 포기한 것은 아니었고, 개간된 황무지나 둔전(屯田)과 같은 국유지에서는 시범적으로 시행되기도 하였다.[57]

정전제의 실현을 둘러싼 이러한 노력에도 불구하고 정전제는 전세(田稅)에 국한되어 있었기 때문에 백성들로서는 공납이나 요역 또는 군역의 불평등은 여전히 문제가 되었다. 군역의 대립(代立)이나 공납에서 방납(防納)의 문제가 현실적으로 문제가 되었던 것이다. 이에 16세기에 사림이 등장하면서 토지 문제에서 균전제 시행의 어려움을 고려하여 한전제(限田制)를 주장하였다. 훈구들이 대체로 토지 소유의 상한을 50결로 주장한 것에 비해 사림들은 10결로 제한하는 한전을 주장함으로써 현실에서 균전에 좀 더 가까워지도록 노력하였다.

그러나 훈구 세력의 반발로 인해 사림들이 잇단 사화에서 실세(失

---

57 『세종실록』권11, 세종 3년 1월 16일(기묘).

勢)하자 사림들은 이 문제에 대해 좀 더 근본적인 해결책을 연구하여 제시하였다. 즉, 전세는 물론 공납과 요역까지 포함하는 10분의 1세를 시행할 것을 구상하였다. 우선 전세의 경우 공법에서 가장 적은 분량인 4~6두를 내는 영정법(永定法)을 시행할 것을 추진하였다. 그리고 공납과 요역을 가호(家戶) 단위로 거두던 것을 토지에서 1결당 12두로 환산하여 거두는 대동법을 시행할 것을 추진하였다. 이는 결국 토지를 많이 가진 사람은 세금을 많이 내고, 토지를 적게 가진 사람은 적게 내는 구조를 만들 수 있는 정책이었다.

대체로 조선 후기에는 정전을 현실에서 시행하는 것이 어렵다는 점에 거의 모든 학파나 당파가 공통적으로 인식하였다고 볼 수 있다. 다만 서인-노론 계열은 정전난행설(井田難行說)을 주장하며, 주자가 정전제를 10분의 1세로 규정한 것을 따라서 10분의 1세를 만들어서 사창(社倉)이나 환곡(還穀) 등의 구휼 정책을 시행하려고 하였다. 이에 비해 북인은 정전난행설을 주장하며 토지를 결(結)당 면적 단위로 균등하게 나누어 주고 10분의 1세를 거두는 균전론을 주장하였다. 그리고 남인의 경우 이익(李瀷) 등은 정전제는 시행이 불가능하다고 하였고, 균전론 역시 시행이 불가능하다고 하면서 대토지 겸병을 제한하는 한전론을 주장하여 상대적으로 유연한 개혁안을 제시하기도 하였다.

대체로 현실에서 정전제를 시행할 수는 없으나 주자가 정전제의 취지를 10분의 1세로 해석한 것을 따라서 부세(賦稅)로 문제를 풀려고 한 입장과 부세 대신 균전론이나 한전론을 계승하여 토지로 문제를 풀려는 입장으로 나뉜 것이다. 숙종 20년의 갑술환국을 계기로 서인이 정권을 차지함에 따라 이후에는 대체로 부세를 중심으로 10분의 1세를 구현하려는 입장이 우위를 차지하게 되었다.

　대동법이 지속되어 어느 정도 완성된 것, 균역법이 논란 끝에 시행된 것은 조선이 지속적으로 토지와 부세 문제를 해결하기 위한 노력이 어느 정도 결실을 맺은 덕이었다. 조선 후기 숙종 대 이후 경제가 안정되고, 영·정조 시기에 문화의 꽃을 피울 정도로 전성기를 맞을 수 있었던 데에는 기본적인 민생이 안정되고 그것이 문화로 연결될 수 있는 토대가 구축되었기 때문이다.

5부

의식주와 국왕의 상징

1. 국왕의 복식(服飾)

조선의 국왕은 의복에서도 국왕임을 나타내는 상징성을 부여함으로써
다른 이들과 구별되는 존재임을 드러내었다. 본래 의복은 그 의복을 입
는 사람의 신분이나 지위를 드러내는 역할을 하는 것이 그 기능 가운데
하나이다. 국왕은 다른 사람과는 차별적인 존재이므로 의복을 통해 이
를 드러내는 것은 자연스러운 일이었다. 더구나 엄격한 신분사회였던
조선에서 의복을 통해 신분을 확인하는 것 역시 당연한 일이어서 국왕
의 복식은 의대(衣襨)라고 높여 불렀다.

국왕이 입는 의복은 공식적인 자리에서 입는 공식 의복과 일상적인
생활에서 입는 비공식 의복으로 나눌 수 있다. 공식 의복은 다시 종묘
와 사직 등의 제례에서 입는 가장 공식적인 의복인 면복(冕服)과 신하
들을 만날 때 입는 공식적인 의복인 원유관복(遠遊冠服)이 있다. 또 일상
적으로 입는 시사복(視事服) 역시 공식적인 의복이라고 할 수 있다. 일
반적으로 조선시대의 임금이 착용하는 익선관과 곤룡포가 바로 이 시
사복에 해당한다고 할 수 있다.

의복에 표현되는 국왕의 상징성은 주로 공식적인 복장에 드러나기

마련이므로 주로 이를 통해 국왕의 상징을 살펴보고자 한다.

우선 가장 복잡하게 갖추어 입는 형태인 면복은 대사(大祀)인 종묘와 사직에서 제례를 행할 때 착용하는 대례복(大禮服)이다. 『국조오례의서례(國朝五禮儀序禮)』「제복도설(祭服圖說)」에 기록되어 있는 국왕의 면복은 규(圭), 면류관(冕旒冠), 의(衣), 상(裳), 대대(大帶), 중단(中單), 패옥(佩玉), 수(綬), 방심곡령(方心曲領), 폐슬(蔽膝), 말(襪), 석(舃)으로 구성되었다.

조선에서 처음 면복을 입게 된 것은 태종 3년에 구장복을 명으로부터 받게 된 것이 처음이다. 이때 받은 면복은 구류면 구장복이다. 이는 세종 32년(1450) 명으로부터 받은 왕세자의 면복이 팔류면 칠장복인 것과 대비된다. 이때 구류면은 면류관의 앞에 늘어뜨린 구슬을 꿴 줄의 수가 9개인 것에서, 구장복은 의(衣)와 상(裳)에 있는 무늬의 수가 9개인 것에서 이름 붙여진 것이다.

여기에서 면류관과 면복의 의와 상에 줄과 무늬의 숫자가 9개인 것은 매우 상징적이다. 숫자 9는 고대 중국에서 하늘을 상징하는 것으로 알려져 있다. 곧 9는 하늘의 명을 대신하여 인간을 다스리는 천자(天子), 곧 황제(皇帝)를 상징하였다. 황제가 사용하는 물건이나 거주하는 곳, 혹은 황제의 활동이 미치는 곳은 일반적으로 숫자 9와 관련되는 사례가 많았다. 입는 옷에 아홉 마리의 용이 새겨진 용포(龍袍)는 여기에서 기원한 것이다. 『주역(周易)』에서도 64괘 가운데 첫 번째가 건괘이며, 건괘의 다섯 번째 효(爻)의 이름인 구오(九五)가 천자의 자리를 의미하였다. 따라서 숫자 9는 황제와 밀접한 연관이 있었던 것이다.

위 왼쪽부터 위아래로 규, 면류관, 의(앞), 의(뒤), 중단(앞), 중단(뒤), 상, 대대. (『국조오례서례』, 서울대 규장각한국학연구원 소장)

구장복에 새겨진 무늬를 보면 5장문은 의에 그리며, 4장문은 상에 수를 놓았다. 의에는 왕권을 상징하는 용무늬가 옷의 양쪽 어깨에 그려져 있으며, 뒷면에는 하늘에 오르는 길을 상징하는 산이 그려져 있다. 또 소매에는 화(火), 화충(華蟲), 종이(宗彝)가 새겨져 있다. 화는 조약광휘(照爐光輝), 화충은 문채의 화미(華美), 종이는 예기(禮器)로서 효(孝)를 의미한다. 상에 새긴 4장문은 조(藻), 분미(粉米), 보(黼), 불(黻)인데, 조는 물풀로서 문채의 화미, 분미는 쌀알로서 양민(養民), 보는 결단(決斷), 불은 신민(臣民)이 악을 저버리고 선을 향함[背惡向善]을 뜻한다.

5장문에 그려진 용이 국왕을 상징하는 신비의 영물(靈物)인 것은 주지하는 바이며, 산은 하늘로 올라가는 길을 상징하므로 최고 권력자인 임금만이 하늘에 올라갈 수 있음을 뜻한다. 불꽃 무늬의 화는 세상을 밝게 비추는 능력을 뜻하며, 화충은 꿩의 무늬를 모방하여 화려한 문덕

구장복의 의(衣)에 들어가는 5가지 문양(『국조오례서례』, 서울대 규장각한국학연구원 소장)

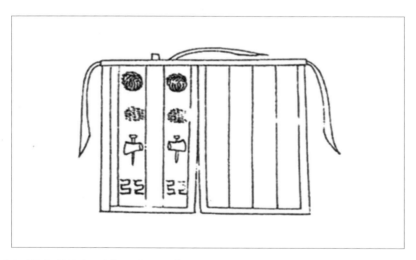

구장복의 상(裳)에 들어가는 4가지 문양(『국조오례서례』, 서울대 규장각한국학연구원 소장)

(文德)이 있는 왕을 의미한다. 예기는 종묘와 사직에 제사 지내는 임금을 상징한다. 제기 안에는 호랑이와 원숭이가 그려져 있는데, 호랑이는 용맹, 원숭이는 지혜를 상징한다.

5장문은 의에 그리고, 4장문은 상에 수놓는데, 그림은 양(陽)에 해당하므로 위에 그린 것이고, 수놓는 것은 음(陰)에 해당하므로 아래에 수를 놓은 것이다. 이 가운데서도 용과 산은 오로지 왕만이 누릴 수 있는 상징이었다. 왕세자의 7장문에는 당연히 용과 산을 그리지 않았다.

면복을 입을 때 드는 규(圭)의 경우도 국왕을 상징하였다. 원래 규는 고대 중국에서 제왕이 천지에 제사를 지낼 때나 일(日)·월(月)·성신(星辰)에 제사 지낼 때 썼던 예기(禮器)이다. 규는 끝이 뾰족한 산 모양을 하고 있는데, 이는 산을 통해 하늘로 오르는 것을 가리키거나 봄에 만물이 새롭게 나오는 모양을 상징하는 것으로 볼 수 있다.

면복을 입을 때 목둘레에 걸어 가슴에 늘어뜨리는 방심곡령(方心曲領) 역시 국왕을 상징한다. 곡령의 둥근 부분은 하늘을 뜻하며, 네모난 모양은 땅을 상징하기 때문이다.

원유관복(遠遊冠服)은 여러 신하들과 의식을 치를 때 입는 의복으로서 정조(正朝)·동지(冬至)·삭망(朔望) 등의 하례(賀禮) 때나 종묘에 가기 위해 출궁하거나 환궁할 때, 중궁이나 세자빈을 책봉할 때 등 가례(嘉禮)를 행할 때 입었다. 또 사직에 친제를 지내거나 선농제를 지낼 때도 입었다. 국왕이 원유관복을 입을 때의 구성은 『국조오례의서례』에 따르면 규·관·의·상·대대·중단·패·수·폐슬·말·석으로 되어 있다.

일반적으로 우리가 국왕의 복식을 기억하는 가장 일반적인 모습은 시사복을 착용하였을 때로서 흔히 곤룡포에 익선관을 착용한 모습이다.

규(圭)(국립고궁박물관 소장)

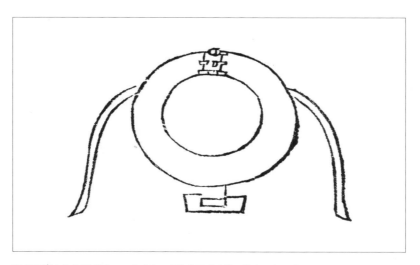

방심곡령(方心曲領)(『국조오례서례』, 서울대 규장각한국학연구원 소장)

5부 의식주와 국왕의 상징

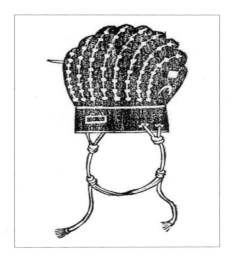

원유관(遠遊冠)(『국조속오례의보서례(國朝續五禮儀補序禮)』, 서울대 규장각한국학연구원 소장)

이러한 의복은 왕이 가장 일상적으로 입는 의복이어서 상복(常服)에 해당한다. 국왕의 시사복은 익선관, 곤룡포, 대, 화(靴)로 구성이 된다.

익선관은 앞면이 2층을 이루고 있는데 앞이 낮고 뒤가 높은 형태이다. 뒤쪽에 달린 2개의 뿔〔兩角〕은 꺾여 올라갔으며 모정(帽頂)보다 약간 높아 위로 돌출되어 있다. 관은 모라(毛羅)로 싸서 만들며 뒤쪽에 2개의 큰 뿔〔大角〕과 2개의 작은 뿔〔小角〕이 위를 향하여 붙었다. 익선관은 세종 대부터 본격적으로 쓰인 것으로 추정되는데, 원래 중국의 당대(唐代)부터 쓰였으나 명나라에서 통용되던 것을 조선에서 사용한 것이다.

그런데 명나라에서 쓰였던 익선관은 황제만 사용한 것은 아니었다. 황제에서부터 친왕, 군왕에 이르기까지 일상복의 관으로 사용되었다. 또 조선에서도 임금만이 아니라 세자도 착용하였다. 따라서 익선관은 국왕

영친왕의 익선관 앞뒤(국립고궁박물관 소장)

영친왕의 곤룡포(국립고궁박물관 소장)

5부 의식주와 국왕의 상징

이 주로 사용하였지만 국왕만의 상징으로 보기는 어려운 면이 있다.

곤룡포는 앞가슴과 등 뒤, 양어깨에 금선(金線)으로 수놓은 오조원룡보(五爪圓龍補)를 달았다. 목은 단령(團領, 깃을 둥글게 만듦)이며, 소매는 두리소매(소매통이 넓은 소매)이고 목둘레와 깃의 가장자리·밑단 부분에 선을 대었다. 이 가운데서도 앞가슴과 등, 양어깨에 놓인 용무늬는 그 자체로서 국왕을 상징하며, 발톱이 5개이므로 5조라고 하였던 것이다. 이에 비해 왕세자의 경우는 용의 발톱이 4개, 왕세손은 3개이다.

2. 국왕의 음식

조선의 국왕이 먹는 음식은 수라(水剌)라고 하여 특별하게 취급되었다. 수라는 고려 때 몽골어에서 유래한 말로서 임금의 진지를 높여서 부른 말이었다. 그래서 조선의 궁중에서는 국왕과 왕비가 평소에 받는 진짓상을 수라상이라고 하였다. 수라를 드시는 것을 '수라를 젓수신다'라고 하여 '진지를 잡수신다'보다 한 단계 높여서 표현하였다. 일반적으로 왕자나 공주에게는 진지라고 표현하였다.

'수라상'이 지금도 진수성찬의 대명사이듯이 임금의 밥상은 다른 이들의 밥상과 다른 특별한 상이었다. 수라상은 밥과 밑반찬인 기본 찬품을 제외하고 12가지의 반찬이 차려지는 12첩 반상이 기준이었다. 이는 오직 왕과 왕비만이 받을 수 있었으며, 일반적인 사가에서는 9첩 반상이나 7첩 반상 또는 5첩, 3첩 반상을 사용할 수 있었다.

12첩 반상의 수라상은 일상적인 생활에서 받는 상이었고, 특별한 행사가 있을 때, 즉 각종 궁중 연희와 같은 때에는 대전어상(大殿御床)을 받았다. 대전어상에 차려지는 음식은 궁중음식 가운데서도 특별하였다. 예를 들어 정조가 생모인 혜경궁 홍씨를 위해 회갑연 때 차린 상의

혜경궁 홍씨의 회갑연 재현 장면

경우 1척 5촌(45센티미터 내외)의 높이로 음식을 높이 쌓아 올린 그릇이 70개였고, 5촌 높이의 음식이 12가지였다. 또 정조가 받은 상도 29개의 그릇을 높이 쌓아 올려서 화려함의 극치를 보였다. 이렇게 음식을 높이 쌓는 잔치의 모습은 그 이후 유행하게 되어 현재까지도 볼 수 있다.

　일상적인 수라상을 차리기 위해서는 각종 진상품을 활용하였다. 진상품은 각 도(道) 단위로 관찰사, 병마절도사, 수군절도사 등이 중앙의 내자시(內資寺), 내섬시(內贍寺), 사도시(司䆃寺), 사재감(司宰監), 사포서(司圃署), 의영고(義盈庫)에 바쳤다. 그러면 이곳에서는 이 물품들을 날마다 궁중에 조달하였다. 진상품들은 각 전(殿)의 어선(御膳, 임금에게 올리던 음식), 궁중의 제향(祭享), 과장(科場), 예장(禮葬, 예식을 갖추어 치르는 장사), 별치부[別致賻, 정·종3품 이하의 시종이나 대시(臺侍)가 상사(喪事)를 당하였을 때 국왕이 따로 돈이나 물건을 내리던 것] 등에 사용되었다. 따라서 진상품은 임금만을 위해서 사용한 것은 아니었고 넓게 보아서는 임금과 궁중 등에 사용되던 물품을 폭넓게 이르는 말이다.

진상품목은 국왕의 대전(大殿)에 올리던 것을 중심으로 보면 다음과 같다. 날마다 진공(進貢)하는 축일공상(逐日供上)으로 멥쌀, 기장쌀, 두부 콩, 겨자, 대구, 조기, 알젓, 새우젓, 소금, 고운 소금, 참기름, 다맥(茶麥, 차를 만드는 데 사용하는 보리), 식초, 생강, 황각(黃角), 황각즙진유(黃角汁眞油), 우무, 팥죽에 쓰는 붉은팥, 꿀, 배, 밤, 대추, 호두, 황률, 잣, 곶감, 참외, 수박, 생치(生雉), 생선 등이 진공되었다.

소선(素膳, 고기나 생선이 들어 있지 않은 반찬)으로는 황대두(黃大豆), 포태(泡太), 분곽(粉藿), 조곽(早藿), 다시마, 석이버섯, 감태(甘苔), 미역귀, 참가사리, 김, 곤포, 표고버섯, 상말(上末), 메밀가루, 점(粘), 즙진유(汁眞油), 껍질을 벗긴 깨, 메주, 생강 등이 진공되었다.

달마다 진공하는 축삭공상(逐朔供上)으로는 분강갱미(粉糠粳米), 밀, 들기름 및 비누 만드는 팥, 진공할 때에 초(草) 잡는 두루마리, 백문석(白紋席), 선을 두르는 청색의 베, 김치용 소금, 유지(油紙), 등 바르는 백지, 등의 심지로 사용할 씨를 뺀 면화, 아홉새 백면포, 양치하는 데 드는 녹새, 들기름, 비망기에 사용되는 다듬은 권지(卷紙), 큰 비, 중간 비, 갈퀴 등이 진공되었다.

이 밖에도 월령(다달이 정한 때에 따라 바치는 것), 연례(1년에 한 번씩 정기적으로 바치는 것), 삭선(朔膳, 각 도에서 매달 초하루에 올린 물품으로 차려서 임금에게 드리는 수라상), 진하(進賀) 등의 명목으로 각종 물품이 진공되었다. 평상시에 쓰일 옷감, 장(醬), 탄신일과 명절에 쓰일 옷감과 식료품도 특별히 진공되었다.

수라상은 소주방(燒廚房, 대궐 안의 음식 만드는 곳)에서 주방 상궁이 차렸다. 수라상을 차릴 때에는 대원반, 곁반, 책상반 등 모두 3개의 상을 썼다. 각 상에 올리는 내용물은 대원반의 경우는 은수저 1벌, 은입사시 1벌, 흰밥, 미역국, 간장류, 김치류, 찬품류, 토구 등이며, 곁반의 경우 기미용 은입사시 1벌, 금테를 한 상아저 1벌, 팥밥, 곰국, 찬품류, 빈 그릇 1개, 빈 접시 2개, 냉수 대접(여름에는 사기대접, 겨울에는 은대접) 등이다. 또한 책상반에는 퇴선간에서 끓인 조치(찌개), 전골, 찜과 더운 음식을 받았다가 원반으로 올린다. 이 밖에 냉수주전자, 숭늉주전자, 빈 접시 1개, 휘건(고운 목아사나 고운 무명), 첩뚜껑, 행주, 가위 등을 올린다.

수라상에 올리는 기본 음식과 12가지 반찬은 다음과 같다.

기본 음식

밥(흰밥, 팥밥), 국(미역국, 곰국), 김치(섞박지, 깍두기, 동치미), 장(초간장, 초고 추장, 겨자즙), 조치(젓국조치, 고추장조치), 찜(갈비찜), 전골 등이다.

반찬

숙채(애호박나물, 숙주나물, 도라지나물 등 삼색나물), 생채(무생채), 구이(너비아니구이, 생선구이), 조림(조리개)(조기조림, 사태장조림), 전(민어전, 뒤쌈), 적(송이산적, 사슬적), 자반(북어무침, 장똑또기, 대구포, 어란, 장포육), 젓갈(새우젓), 회(육회·민어회), 편육, 장과(삼합장과, 오이통장과), 별찬(육회, 어회, 어채, 수란) 등이다.

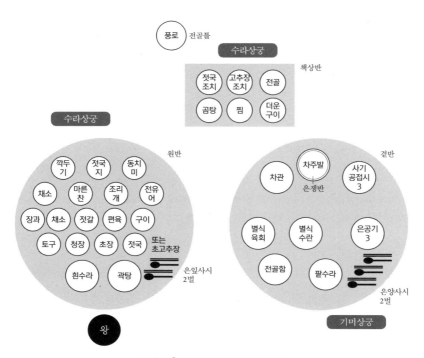

수라상(『한국민족문화대백과사전』)

    수라상이 준비되면 방으로 가져가는데, 왕과 왕비는 함께 먹더라도 겸상을 하지 않고 따로 먹거나 방을 달리해서 먹기도 하였다. 대원반은 남에서 북으로 향하여 놓고, 곁반은 수라상의 동편에 약간 떨어져 나란히 놓으며, 책상반은 원반과 곁반 사이의 앞쪽에 기미상궁을 마주 보도록 놓는다. 수라상을 방에다 준비한 다음에는 왕을 모시고 들어온다.

    임금이 앉으면 찬품단자를 보이고, 수저를 올린 다음, 기미상궁이 먼저 음식에 독이 있는지 여부와 맛을 살피는 기미를 하고, 수라상궁의 시중을 받으면 식사를 하게 된다. 왕이 수라를 드는 동안에는 그날의 당번인 3명의 궁녀가 책상반 위쪽에 일렬횡대로 앉아서 지켜본다.

　국왕이 먹는 음식은 당대에 최고의 정성을 기울여 준비한 것들이다. 반찬의 수가 절대적으로 많은 것은 아니었지만 양반이나 서민에 비해 풍요로웠던 것은 사실이다. 하지만 이마저도 흉년이나 가뭄이 들거나 기상이변이 있는 경우 반찬의 수를 줄이는 감선(減膳)을 시행하였다. 여기에 더해 정전(正殿)을 피해 행궁(行宮)이나 별서(別墅)에 머물기도 하였다. 백성들의 고통을 함께하기 위한 국왕의 상징적 조치였다.

3. 궁궐 건축

궁궐은 조선시대 국왕의 거처로서 그 자체가 곧 임금을 의미하였다. 궁궐은 국토의 중심인 왕도(王都)에서도 가운데 위치함으로써 국가의 통치가 비롯되는 중앙으로서의 의미가 있었다. 물론 여기에는 지리적·물리적으로도 가운데이기도 하지만 정신적·심리적으로도 정치의 중심으로서의 의미가 부여되어 있었다.

전통시대의 왕조에서 국가를 경영하기 위해 왕도를 건설할 때에는 『주례(周禮)』의 「고공기(考工記)」에서 기본 원리를 찾았다. 이에 따르면 사방의 도성을 9등분하고, 그 중앙 구획에 왕궁을 배치하였는데, 이는 중화(中華)를 표현한 것으로 볼 수 있다. 또한 국도(國都)의 구성 원리로서 전조후시(前朝後市), 좌묘우사(左廟右社), 전조후침(前朝後寢), 오문삼조(五門三朝) 등을 적용하였다.

전조후시는 궁궐을 중심으로 앞쪽으로는 정치를 실행하는 관청을 두고 뒤쪽에는 시장을 두는 것이고, 좌묘우사는 궁궐의 왼쪽에 임금의 선조 위패를 모신 종묘를 두고 오른쪽에는 사직단을 배치하는 것이다. 전조후시와 좌묘우사가 시가지 전체에 대한 것이라면 전조후침과 오문삼조는 궁궐을 건설하는 데 필요한 원리이다. 전조후침은 궁궐의 앞쪽에 정치를 행하는 조정을 두고 뒤쪽에는 국왕과 그 가족들의 거처를 두는 것이며, 오문삼조는 궁궐을 세 지역으로 나누어 그 사이에 문을 5개 두는 것이다. 천자의 경우 5문이고 제후에게는 3문이 적용되었다.

이러한 왕도와 궁궐에 대한 구성 원칙은 조선에서 대체로 따르기는 하였지만 우리의 지리적 여건 등을 고려하여 조선의 사정에 맞게 변화를 주기도 하였다. 전조후시의 경우에도 경복궁은 뒤로 북악산을 주산으로 하였기에 뒤에 시장을 둘 수 없었다. 또 외조(外朝), 치조(治朝), 연조(燕朝)의 오문삼조의 경우도 제후국에 맞게 삼문삼조를 적용하였으나 이 역시 엄격하게 적용하지는 않았다. 곧 조선에서 실제적인 궁궐의 공간은 왕실 가족의 생활공간인 내전(內殿)과 정전(正殿)을 중심으로 한 외전(外殿)으로 구분되었다.

이 가운데서 국왕과 직접적으로 관련되는 공간은 정전(正殿)과 편전(便殿), 침전(寢殿) 등이다. 궁궐의 공간에서도 정전-편전-침전은 가장 중심이 되는 공간으로서 궁궐의 중축선(中軸線)에 해당하는 곳에 위치하였다. 정전은 외전의 중심이며 의례를 치르는 공간이며, 편전은 일상적으로 국정을 논하는 공간이고, 침전은 휴식과 잠을 취하는 공간이다.

외전의 핵심 공간인 정전은 주로 국왕이 대규모 의례를 거행하는 공간으로서 가장 중요한 곳이며, 건물의 격으로도 가장 높은 곳이다. 궁궐 내에서도 모든 건물의 중심이 되는 건물이 바로 정전이다. 따라서 정전의 위치는 궁궐이 위치한 왕도의 기운이 모이는 핵심적인 곳으로서 조선의 경우에는 대체로 궁궐 뒤쪽에 있는 주산(主山)의 기(氣)가 모이는 곳이기도 하다. 경복궁의 근정전(勤政殿)은 북악산을 뒤로하고 있으며, 창덕궁의 경우 인정전(仁政殿)은 응봉(鷹峰)을 뒤로하고 있다. 이러한 기맥은 멀리는 백두산까지 백두대간으로 연결된다.

정전의 이름을 보면, 경복궁은 근정전, 창덕궁은 인정전, 창경궁은 명정전(明政殿), 경희궁은 숭정전(崇政殿), 덕수궁은 중화전(中和殿)으로, 조선시대에 궁궐로서 기능을 거의 하지 못했던 덕수궁을 제외하면 정전에 모두 정치를 의미하는 '정(政)'이라는 글자가 들어감을 알 수 있다. 정치를 삼가고[근정(謹政)], 어진 정치를 펴고[인정(仁政)], 밝은 정치를 시행하고[명정(明政)], 품위 있는 정치를 행하라[숭정(崇政)]는 의미를 정전에 부여한 것은 곧 정전에서 이루어지는 행위가 모두 정치와 관련되는 것임을 알 수 있다.

그러면 정전에서 이루어지는 정치는 무엇일까? 외전인 정전에서 행해지는 행사는 대체로 의례와 관련된 것이 많았다. 정월 초하루와 동지, 생일을 맞아 문무백관으로부터 하례(賀禮)를 받는 곳이며, 중국의 황제에게 예를 올리거나 황제의 칙서나 조서가 오면 이를 맞이하고, 다른 나라 사신들의 서신을 받는 의례도 이곳에서 이루어졌다. 왕세자의 관례나 왕비·왕세자의 책봉 의례, 왕세자빈을 맞는 의례도 이곳에서 시행되었다. 또 큰 경사가 있거나 군대의 출정, 승첩을 기념하는 의례와 문무과의 전시(殿試) 및 양로연(養老宴)을 비롯한 왕실의 경사도 이곳에서 거행하였다.

따라서 이러한 의례는 곧 정치의 일부분으로서 중요한 역할을 했던 것을 알 수 있다. 지금도 최고 지도자인 대통령의 공식 일정 가운데 상당한 부분이 공식·비공식 행사 또는 의례적인 것과 관련되는 것을 비교해본다면 조선시대의 의례가 유난한 것은 아닐 수도 있다. 법(法)과

예(禮)의 경중을 비교해볼 때 조선시대에는 오히려 예주법종(禮主法從)으로 법보다 예를 중시한 측면이 있다. 법으로 문제를 해결하기보다는 우선 예를 우선시하였던 것이 조선시대의 특징이다.

외전의 중심인 정전이 구체적인 정치를 토론하는 장소이기보다는 의례를 행하는 곳이었다면 실제로 구체적인 정치의 토론이나 결정은 편전에서 수행하였다. 각 궁궐에 있는 편전의 명칭은 경복궁은 사정전(思政殿), 창덕궁은 선정전(宣政殿), 창경궁은 문정전(文政殿), 경희궁은 자정전(資政殿), 덕수궁은 덕홍전(德弘殿)이다. 편전의 명칭에 들어간 정치를 의미하는 '정(政)'자 역시 이곳이 정치를 행하는 공간이라는 점을 분명하게 드러내고 있다.

정치를 생각하거나[思政], 정치를 펼치거나[宣政], 문치(文治)의 정치를 하거나[文政], 정치를 돕는[資政] 곳이 편전이었다. 따라서 편전은 국왕의 집무실에 해당하여 국왕이 신하들과 국정을 논의하고 결정하는 공간이었다. 편전에서 행해졌던 일은 매일의 조회인 상참(常參)이나 시사(視事), 임금과 신하들이 모여서 공부하는 경연(經筵), 신하들의 인사에 해당하는 사조(辭朝) 등이었다. 또 임금이 서거한 경우 시신을 안치하는 빈전(殯殿)의 역할을 하기도 했다.

역사적으로 본다면 조선 초기에 만들어진 편전인 사정전은 정치적 기능을 투명화한 의미가 있었다. 즉, 고려 말 관료들은 정치 논의를 위한 공개적인 장소로 편전을 주목하였다. 왜냐하면 원 간섭기 군주들은 소수 측근들을 데리고 궁중 깊숙한 밀실에서 정치적 결정을 내리는 일이 비일비재했기 때문이었다. 그래서 관료들은 밀실이 아니라 공식적인 장소에서 정치를 행할 것을 주문했고, 그때 주목된 장소가 바로 편전이었다. 이렇게 볼 때 편전에서 공식적인 정치가 행해진 것은 조선왕조에서 국왕 중심의 정치가 투명해진 상징으로 이해할 수 있겠다.

이러한 발전 과정은 세종 대부터 활성화되었다. 편전은 태종 대까지는 편안하게 거처하는 곳〔燕居之處〕으로서 내전(內殿)의 성격이 강하였다. 그러나 세종 대부터 경연이 활성화되고, 사관(史官)과 대간(臺諫)이 편전에 입시하며, 상참 등의 의례 제도가 정비되고 정무적인 활동과 의례가 수행되면서 공간의 공적 성격이 두드러지게 되었다.

그러나 정전과 편전의 기능이 이와 같이 늘 정형화한 형태로 고정되어 있던 것은 아니다. 대체로 본다면 정전은 의례의 수행 공간, 편전은 구체적인 정책의 논의 및 집행 공간으로 볼 수 있지만 경우에 따라서는 다양한 형태로 운영되었다. 예를 들어보면, 정전은 조선 초기에는 의식과 정무 활동을 병행하다가 의식 공간으로 전용되었는데 정전에서 정치적인 의견을 듣거나 결정하는 청정(聽政) 활동이 완전히 배제된 것은 아니었다. 그러다가 영조 대에는 왕권의 강화 경향과 더불어 경연이나 인견(引見) 등의 편전 기능도 수행하였다.

반면 편전의 경우에는 국왕의 사적 공간으로 인식되었다가 상참(常參)과 사관의 입시 등으로 인해 공적인 성격이 부여되었다. 이후 편전과 침전 사이에 별도로 편전의 기능을 수행하는 별전(別殿)이 생기면서 편전의 기능을 분담했다. 이 경우 본래의 편전은 대편전(大便殿), 별전은 소편전(小便殿)으로 구분되었다. 조선 후기 창덕궁의 경우 희정당(熙政堂), 경희궁의 흥정당(興政堂)이 소편전에 해당하였다.

또한 조선 후기의 편전에서는 사신 접견이 이루어지기도 했다. 조선 전기에는 대체로 법궁(法宮)을 기준으로 정전에서 사신의 접대가 이루

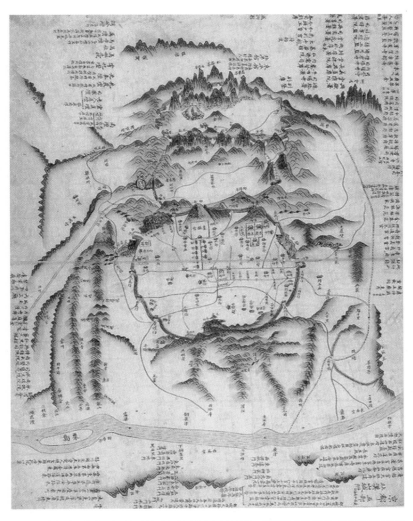

조선 후기의 서울(『해동지도(海東地圖)』 중 〈경도오부(京都五部)〉)(18세기 중엽, 서울대 규장각한
국학연구원 소장)

어지는 것이 통례였지만, 조선 후기, 특히 인조 대 이후에는 국왕의 병환을 이유로 하여 사신 접견의 의례를 정전이 아닌 편전에서 행하기도 하였다.

조선 국왕의 상징은 앞에서 살펴본 바와 같이 매우 다양하였다. 국왕의 상징이 갖는 의의는, 그렇게 구상화하여 드러냄으로써 국왕을 수식하고 장식하며, 왕을 대신하고 높이는 효과가 있었다. 그러나 상징이 아무리 훌륭하고 꾸밈이 좋아도, 국왕의 상징에 포함되어 있는 무형의 상징성이 쇠락하면 구상화된 상징 역시 그 의미가 퇴락될 수밖에 없다. 국왕의 상징이 상징으로서 존중받지 못하고, 그 무형의 내용적 의미가 허구화될 때 상징으로 대표되었던 국왕의 존재는 무의해지며, 왕조 역시 무너질 수밖에 없었던 것이 역사적인 현실이다. 그런 면에서 국왕의 상징에서 무형의 내용을 채우는 것은 백성의 삶으로부터 나와야만 했다. 백성의 삶의 안정, 이것이 국왕이 추구할 최고의 상징이었다.

조선시대 국왕의 상징은 이미 왕정이 발달되어온 마지막에 위치하였기 때문에 고도의 추상성이 내포되어 있었다. 이러한 추상성에는 원시 신앙적인 요소에서부터 유교, 불교, 도교 등의 다양한 종교·사상적 영향이 배어 있었다. 국왕을 하늘과 연결하여 하늘을 대신하여 다스리는 존재로 이해하는 것은 국왕의 존엄을 하늘에 대비하여 상징한 것이었다. 물론 조선시대에는 천자국인 중국에 비해 제후국으로서 하늘에 직접 제사를 지낸 일은 드물었으며, 하늘의 직접적인 대행자를 적극적으로 자처하지 않았다.

그러나 조선의 건국에서 태조가 천명을 받았다고 생각했던 것은 하늘과의 연결을 국왕의 주요한 근거 내지 상징으로 삼았기 때문이다. 적극적으로 하늘과의 연결에 나설 수는 없었지만 천자를 뜻하는 신비한 동물인 용과 봉황을 상징으로 사용한 것에도 주목할 수 있다.

인간적으로는 국왕을 최고의 인간인 성인(聖人)으로 만든다는 생각 역시 유교 또는 성리학에서 파악하는 국왕의 상징이었다. 성인에서 성인으로 이어진 요순(堯舜)의 왕위 계승과는 달리 세습적인 왕위 계승이 이루어진 후에 국왕에게 요구된 것은 성인(聖人) 군주였다. 이것은 송조(宋朝)에서 시작되었고, 조선의 국왕에게 본격적으로 적용되어 조선 중기 이후 국왕을 이해하는 데에 매우 중요한 상징이 되었다.

유교와 관련해서 국왕은 국가의 각종 의례를 주관함으로써 그 상징성을 극대화하였다. 국왕이 지내는 제사가 대다수인 길례(吉禮)만이 아니라 행차 혹은 거둥 시에 군복(軍服)을 입음으로써 군례에서도 국왕의 주도성이 상징되었다.

국왕의 상징을 천지인의 관점에서도 살펴볼 수 있다. 이를 보면 왕의 상징은 고정된 것이 아니라 역사적 과정을 거쳐 형성되었으며, 조선시대 내에서도 그 의미나 내용에서 약간의 변화를 동반하였음을 확인할 수 있다.

왕권의 상징이 없어지는 때는 언제였을까? 갑오농민전쟁의 2차 시기에 백성들은 더 이상 국왕이 필요 없다는 요구를 한 것이 아닐까? 더 이상 국왕이라는 상징, 국왕의 상징이 효과를 낼 수 없었던 때, 즉 백성들의 삶을 더 이상 국왕이 책임질 수 없음을 자각한 시기가 곧 왕권의 상징이 무의미해지는 때가 아닐까?

| 참고 문헌 |

- 『조선왕조실록(朝鮮王朝實錄)』
- 『대사례의궤(大射禮儀軌)』, 『진작의궤(進爵儀軌)』, 『인정전중수의궤(仁政殿重修儀軌)』
- 『국조오례의(國朝五禮儀)』, 『국조오례서례(國朝五禮序例)』, 『국조속오례의(國朝續五禮儀)』, 『춘관통고(春官通考)』, 『대한예전(大韓禮典)』
- 『삼봉집(三峯集)』, 『양촌집(陽村集)』, 『열성조계강책자차제(列聖朝繼講冊子次第)』
- 『승정원일기(承政院日記)』

강관식, 「조선시대 초상화를 읽는 다섯 가지 코드」, 『미술사학보』 38, 2012

강관식, 「털과 눈 – 조선시대 초상화의 祭儀的 命題와 造形的 課題」, 『미술사학연구』 248, 2005

고연희 외, 『한국학, 그림을 그리다』, 태학사, 2013

구만옥, 「〈천상열차분야지도(天象列次分野之圖)〉 연구의 쟁점(爭點)에 대한 검토(檢討)」 『동방학지』 140, 2007

국립고궁박물관, 『조선의 국가의례, 오례』, 2015

권연웅, 『경연과 임금 길들이기』, 지식산업사, 2015

권연웅, 「朝鮮前期 經筵의 災異論」, 『歷史教育論集』 13·14, 1990

김낙필, 「조선후기 民間道敎의 윤리사상」 『韓國文化』 12, 1992

김문식, 『정조의 제왕학』, 태학사, 2007

김문식, 「18세기 후반 정조 능행의 의의」, 『한국학보』 88, 1997

김선민, 「청 제국의 지배이념과 지배체제」, 『史叢』 88, 2016

노영구, 「조선후기 漢城에서의 閱武 시행과 그 의미—大閱 사례를 중심으로」, 『서울학연구』 32, 2008

동양사학회편, 『東洋史上의 王權』, 한울아카데미, 1993

명세나, 「조선시대 오봉병 연구—흉례도감의궤 기록을 중심으로」, 이화여자대학교 대학원 석사 논문, 2007

박례경, 「조선시대 國家典禮에서 社稷祭 儀禮의 분류별 변화와 儀註의 특징」, 『규장각』 29, 2006

박정혜, 『조선궁궐의 그림』, 돌베개, 2012

박종천, 「이미지 기행: 화폭에 담은 자연, 자연에 새긴 종교적 이념—〈금강전도〉와 〈일월오봉병〉, 구곡(九曲)과 석각(石刻)의 유교문화」, 『종교문화비평』 18, 2010

박희용, 「宮闕 正殿 唐家의 形式과 空間構造」 『서울학연구』 33, 2008

백인산, 「조선왕조(朝鮮王朝) 도석인물화(道釋人物畵)」 『澗松文華』 77, 2009

서울대 규장각한국학연구원, 『조선국왕의 일생』, 글항아리, 2009

소순규, 「조선 초 대열의(大閱儀)의 의례 구조와 정치적 의미」, 『사총』 75, 2012

신명호, 『궁중문화—조선왕실의 의례와 생활』, 돌베개, 2002

신명호, 『조선의 왕』, 가람기획, 1998

신명호 외, 『조선의 왕으로 살아가기』, 돌베개, 2011

안기혁, 「여말선초 대중국관계와 國王諡號」 한신대학교 한국사학과 석사학위논문,

2016

양은용, 「朝鮮時代 修練道教의 展開와 養生思想」『韓國宗教史研究』4, 1996

역사건축기술연구소, 『우리 궁궐을 아는 사전』, 돌베개, 2015

윤진영, 「藏書閣 所藏 『御眞圖寫事實』의 正祖~哲宗代 御眞圖寫」『장서각』11, 2004

이상호, 「『조선왕조실록(朝鮮王朝實錄)』에 나타난 성종기(成宗期) 재이관(災異觀)의 특징」『국학연구』21, 2012

이욱, 「조선시대 친경례(親耕禮)의 변천과 의미」, 『종교연구』34, 2004

임민혁, 『왕의 이름, 묘호』, 문학동네, 2010

임승휘, 『절대왕정의 탄생』, 살림출판사, 2004

장영기, 『조선시대 궁궐 운영 연구』, 역사문화, 2014

정은주, 『조선시대 사행기록화』, 사회평론, 2012

정재훈, 『영조의 독서와 학문』, 한국학중앙연구원출판부, 2015

정재훈, 「18세기 연행과 정조(正祖)」, 『동국사학』53, 2012

정재훈, 『조선의 국왕과 의례』, 지식산업사, 2010

정재훈, 『韓國儒學思想大系 Ⅷ-法思想 編』, 한국국학진흥원, 2008

조선미, 「朝鮮王朝時代 御眞製作 過程에 관하여」, 『미학』6, 1979

조선시대사학회, 『東洋 三國의 王權과 官僚制』, 국학자료원, 1998

조인수, 「조선 초기 태조 어진(御眞)의 제작과 태조 진전(眞殿)의 운영-태조, 태종 대를 중심으로」, 『미술사와 시각문화』3, 2004

조재모, 『궁궐, 조선을 말하다』 아트북스, 2012

최갑순·김상범, 「淸朝 支配의 理念的 指向과 國家祭祀 運營-順治~乾隆時期를 중심으로」『역사문화연구』34, 2009

최종성, 『『기우제등록』과 기후의례』, 서울대학교출판부, 2007

한복려, 「조선왕조 궁중음식」, 『民族과 文化』 6, 1997

한상권, 『朝鮮後期 社會와 冤訴制度』, 일조각, 1996

한형주, 「對明儀禮를 통해 본 15세기 朝-明 관계」, 『역사민속학』 28, 2008

한형주, 「조선시대 국가제사의 시대적 특성」, 『민족문화연구』 41, 2004

한형주, 『朝鮮初期 國家祭禮 研究』, 일조각, 2002